조선후기 기생의 공간과 문화

조선후기 기생의 공간과 문화

박수진

도서출판 지성人

◇ 박수진

전북 전주 출생. 전주대학교 국문과를 졸업하고, 한양대학교에서 석사, 박사학위를 받았다. 한양대 동아시아문화네트워크 연구단 연구원, 전남대 BK21플러스 지역어기반 문화가치창출인재양성사업단 박사후 연구원을 거쳐 현재 성결대학교 파이데이학부 강사, 한양대학교 국어국문학과 강사로 재직 중이다. 공간과 문화를 결합한 문화지리학과 소외된 지역문학, 소수자들에 대해 관심을 가지고 있다.

주요 논저로『문화지리학으로 본 문림고을 장흥의 가사문학』이 있고,「〈탐라별곡〉에 드러난 제주의 문화 공간 연구」,『제주 고전문학의 지평과 해양문화』(공저),「18세기 장흥지역 향촌의 위기상황과 대응양상-〈임계탄〉을 중심으로-」,『위기와 성찰의 뉴노멀시대』(공저)가 있다.

주요 논문으로「조선 후기 야담집에 나타난 역병의 형상화 양상과 그 의미-《어우야담》과《천예록》을 중심으로」,「개화기 가사에 나타난 전통적 봉건 담론의 지속과 균열-여성 교육을 소재로 한 가사작품을 중심으로」등이 있다.

조선후기 기생의 공간과 문화

2023년 3월 06일 초판 1쇄 발행
저 자 박수진
펴낸이 엄승진
책임편집.디자인 도서출판 지성인 편집실
펴낸곳 도서출판 지성인
주 소 서울 영등포구 여의도동 11-11 한서빌딩 1209호
메 일 Jsin0227@naver.com
연락주실 곳 T) 02-761-5915 F) 02-6747-1612
ISBN 979-11-89766-38-2 (93810)

정가 21,000원

잘못 만들어진 책은 본사나 구입하신 곳에서 교환하여 드립니다.
이 책은 저작권법에 의해 보호를 받는 도서이오니 일부 또는 전부의 무단 복제를 금합니다.

들어가기

    필자의 박사 논문 주제는 문화지리학이었다. 박사 논문을 쓰고는 문화지리학에서 다른 연구에 눈을 돌려야 했다. 문학 연구자가 문화지리학에 대한 글을 쓰고 있으니 힘이 들 수밖에 없었다. 그래서 새로운 관심거리가 필요했다. 이후 살폈던 관심의 대상이 바로 '소수자'였다. 말 그대로 소수자는 소외받고 인정받지 못한 사람들을 말한다. 우리 주변에는 많은 소수자들이 있다. 그들에게 관심이 조금이라도 있었다면, 그들의 삶이 조금 달라지지 않았을까 하는 마음이었다.

    그 첫 번째 관심 대상은 기생이었다. 이전에도 기생에 대한 많은 선행 연구가 이루어졌다는 것은 알고 있었다. 하지만, '나만 할 수 있는 무언가가 있지 않을까' 하는 생각에 더 진한 매력을 느꼈다. 잘할 수 있을지는 또 다른 문제였다. 기생은 연구하면 할수록 참으로 매력적이었다. 비록 그녀들이 써 놓은 자료들이 그리 많지 않지만, 그런 까닭에 그녀들의 관점으로 바라보며 무엇을 이야기하고자 하였는지를 알 수 있었다. 공간에 대한 논의는 박사 이전부터 지금까지도 관심의 대상이기에 아직도 고민하는 것 중 하나다. 그렇게 기생이라는 인물들, 그녀들의 공간, 그녀들의 문화에 대한 연구들을 가지고 썼던 논문들이 하나하나 쌓이게 되었고, 어느덧 한 권의 책으로 묶어지는 분량이 되었다. 이 연구들 가운데서도 3장에서 6장까지의 4편은 2014년부터 2017년까지 한국연구재단의 지원사업을 받아서 쓴 논문들이다.

삶은 공간에 의해 이루어지므로, 공간과는 매우 밀접한 연관이 있다고 말하는 것이다. 어떤 공간에서 어떻게 생활하느냐에 따라 그 사람이 어떤 삶을 살았는지 알 수 있다. 그렇기 때문에 사람들에게 공간은 매우 중요한 역할을 한다. 즉, 공간은 사회를 반영하고 문화를 형성하는 그릇이 되기도 한다. 따라서 이 책은 그런 사람들의 생활과 문화를 엿볼 수 있는 공간에 초점을 맞춰 제시한 것들이다. 필자는 작품에 드러난 공간을 따라가면서 그녀들의 삶과 문화적 의미들을 살피고자 하였다.

이 책에 모인 7편의 글들은 학술지에 발표했던 논문들을 엮어 책의 목적에 맞게 다시 고쳐 쓴 글들이다. 물론 책은 여섯 편의 논문과 한 편의 보론으로 구성하였다.

6편의 연구들은 기생들이 살았던 공간과 문화에 대해 언급한 글들인 반면, 마지막 글은 기생의 욕망 구조에 대한 글이다. 이 글은 기생의 생활상을 드러낸 작품이기는 하나, 공간과는 거리가 있는 듯하여 보론으로 하여 마지막 보론에 따로 배치하였다.

「〈금루사〉의 의미 구조 분석과 공간 구조 연구」는 작품의 의미 구조를 분석하여 적강, 공간, 욕망이라는 구조에 대해 논의한 글이다. 구조 양상에서는 그레마스의 행위소 모형을 토대로 사랑과 이별의 행위소 모형으로 나누어 그 의미들을 파악하였고, 작품의 공간에 따른 구조적 특성으로는 아름다운 자연의 공간, 사랑과 이별의 공간, 소외된 특별한 공간으로 나누어 〈금루사〉의 공간 구조를 드러내었다.

「〈군순월이원가〉의 작품 분석과 시·공간 구조 연구」는 군산월과 김진사의 이별가사를 토대로 작품을 분석한 글이다. 작품의 시·공간 구조를 과거와 고정 공간으로 연결하고, 현재와 이동 공간으로 나타냈으며, 미래와 상상[환상]의 공간으로 나누어 제시하였다.

「《염요(艶謠)》를 통해 본, 풍류 공간의 사회문화적 의미」는 작품에 드러나는 풍류 공간을 세 가지로 나누어 살펴본 글이다. 금강은 그리움, 이별의 공간으로, 화산교는 즐거움의 공간, 부정(不正)의 공간으로 나누었으며, 마지막으로 서호의 배는 흥취의 공간으로 나누어 풍류 공간의 의미를 살피었다.

「《소수록》에 나타난 기생들의 내면 의식과 사회문화적 의미 연구」는 《소수록》이라는 기생들이 창작한 작품집이 갖는 구성과 의미들을 분석하여 기생들의 내면 의식을 파악하고자 한 글이었다. 《소수록》은 기생들이 창작한 작품집이었으므로, 그녀들이 내면 의식을 가장 잘 담고 있다고 보고, 그 특징과 19세기 사회문화적 의미를 탐구하였다.

「고려대학교 도서관 소장『악부』소재《외입장이 격식》을 통해 본 유흥 공간의 정치학」은 공간의 문화정치학적 입장에서 유흥 문화에 드러난 의미들을 주체, 공간, 권력의 관계를 따져 공간의 의미화, 공간의 제도화, 표면화된 진실로 나누어 그 의미들을 파악하고자 하였다.

「《북상기(北廂記)》에 드러난 인물형상과 공간인식」은 《북상기》에 등장하는 인물들의 형상을 모순관계와 일치관계로 나타냈으며, 공간인식은 유흥과 사치의 공간, 안빈낙도 및 연희의 공간, 약속과 해방의 공간, 내기와 놀이의 공간, 통합과 치유의 공간으로 나눠 각각의 공간들이 가진 의미들을 설명하였다.

마지막 보론에 있는 「〈츤 희영 명긔 명션이라〉의 욕망 구조 고찰」은 《소수록》1편에 해당되는 작품인 해영의 명기 명선에 대한 하나의 이야기로 구성되는 부분에 착안하였다. 명기 명선과 양반 남성 김진사의 욕망 구조를 그레마스 행위소 모형으로 분석하고 그들의 욕망 양상에 대해 고찰하였다.

여러 모로 부족한 논문들을 책으로 엮었지만, 기생에 대한 공간과 문화에 대해 연구하는 동학들에게 그나마 유용하게 읽혔으면 하는 바람이다.

보잘것없는 이 한 권의 책을 위해 애써주신 분들이 너무도 많다. 부족한 제자에게 많은 가르침을 주신 지도교수 이도흠 선생님, 항상 따뜻한 격려로 힘을 북돋아 주신 정민 선생님께는 지면을 빌어 깊은 감사의 말씀을 드리고 싶다. 이외에도 힘들 때 힘이 되어주신 많은 선생님들과 선, 후배에게도 감사를 드린다.

마지막으로, 항상 곁에서 격려해주는 사랑하는 가족들에게 고마움을 전한다. 항상 부족하지만 제 몫을 할 수 있도록 지원해주시는 양가 부모님, 옆에서 말없이 든든하게 챙겨주는 남편, 가족들에 대한 고마움은 이루 말할 수가 없다. 부족한 원고를 흔쾌히 받아 책으로 엮어주신 지성인 엄승진 사장님께도 감사 말씀을 드린다.

2023년 2월
박 수진

목 차

□ 들어가기　5

제 1 장
<금루사金縷辭>의 의미 구조 분석과 공간 구조 연구 ········· 13

작품의 의미구조 분석 ··· 15
 1. 적강 구조의 재현 ··· 15
 2. 공간 구조의 확장 ··· 19
 3. 욕망 구조의 모순 ··· 26
구조 양상의 행위소 분석 ·· 30
 1. 사랑의 행위소 모형 ·· 31
 2. 이별의 행위소 모형 ·· 33
작품 공간의 구조적 특성 ·· 35
 1. 아름다운 자연의 공간 ·· 37
 2. 사랑과 이별의 공간 ·· 38
 3. 소외된 특별한 공간 ·· 40
맺음말 ··· 41

제 2 장
<군산월이원가>의 작품 분석과 시·공간 구조 연구 ········· 44

〈군산월이원가〉의 작품 분석 ····································· 46
 1. 작품 구조 ··· 47
 2. 형식적 특징 ·· 49
  2.1 대화 형식 ·· 49
  2.2 고사 인용 ·· 54
  2.3 시점 변화 ·· 60
작품의 시·공간적 구조 ·· 68
 1. 과거의 어느 때 : 고정 공간 ··································· 69
 2. 현재의 상황 : 이동 공간 ······································· 70

3. 미래의 모습 : 상상(환상) 공간 ································· 73
맺음말 ··· 75

제 3 장
『염요(艶謠)』를 통해 본, 풍류 공간의 사회문화적 의미 ················ 77

작품의 시대적 상황 ··· 80
작품에 드러난 풍류 공간 ··· 84
  1. 금강 : 그리움, 이별의 공간 ···································· 86
  2. 화산교 ·· 92
    2.1 잔치와 놀음 : 즐거움의 공간 ······························· 95
    2.2 쾌락과 부정(不正)의 공간 ···································· 98
  3. 서호 위의 배 : 흥취의 공간 ·································· 102
풍류 공간의 사회문화적 의미 ····································· 104

제 4 장
『소수록』에 나타난 기생들의 내면 의식과 사회문화적 의미 연구 ··· 106

『소수록』의 구성 및 의미 분석 ··································· 107
기생들의 내면 의식 ··· 114
  1. 님에 대한 사랑과 원망 ··· 115
  2. 소외된 하층민의 자의식과 욕망 ······························ 122
  3. 조선 사회의 모순과 비판 ······································ 127
19세기 사회문화적 의미 ··· 134
  1. 하위 주체의 일탈 ··· 135
  2. 지배와 저항의 문화 ·· 137
  3. 공간 문화의 복합성 ·· 140
맺음말 ··· 141

제 5 장
고려대학교 도서관 소장 『악부』 소재 《외입장이 격식》을 통해 본 유흥 공간의 정치학 ·············· 143

작품의 내용 및 구조 ·············· 145
  1. 작품의 내용 ·············· 145
  2. 작품의 형식과 구조 ·············· 149
    2.1 대화체 형식 ·············· 150
    2.2 상황에 따른 대립 구조 ·············· 152

유흥 공간[기방(妓房)]에서의 문화정치 ·············· 157
  1. 주체와 공간의 관계 : 공간의 의미화 ·············· 157
  2. 공간과 권력의 관계 : 공간의 제도화 ·············· 160
  3. 권력과 주체의 관계 : 표면화된 진실 ·············· 166

결론 ·············· 169

제 6 장
『북상기(北廂記)』에 드러난 인물형상과 공간인식 ·············· 171

『북상기』의 내용 분석 ·············· 172

『북상기』에 등장하는 인물 형상 ·············· 175
  1. 모순관계로 성립된 두 인물 : 순옥과 낙안선생 ·············· 175
  2. 일치관계로 성립된 두 인물 : 봉래선과 이양진 ·············· 179

『북상기』에 드러난 공간인식 ·············· 182
  1. 유흥(遊興), 사치(奢侈)의 공간 : 순옥의 집 ·············· 183
  2. 안빈낙도(安貧樂道) 및 연희(演戲)의 공간 : 낙안당(樂安堂) ·············· 187
  3. 약속(約束), 해방(解放)의 공간 : 두물고개 주막 ·············· 188
  4. 내기, 놀이의 공간 : 이양진의 여관 ·············· 190
  5. 통합(統合), 치유(治癒)의 공간 : 순옥의 집[북상(北廂)] ·············· 193

맺음말 ·············· 195

보론
〈츈 희영 명긔 명션이라〉의 욕망 구조 고찰 ················· 197
문제제기 ·· 197
〈츈 희영 명긔 명션이라〉의 작품 구조 ······················ 198
작품에 드러난 인물들의 특징 ····································· 202
  1. 기생 명선 ·· 202
  2. 양반 김진사 ·· 209
인물의 특징을 통해 본 욕망 구조 ······························ 212
  1. 기생 명선의 욕망 구조 ······································· 213
  2. 양반 김진사의 욕망 구조 ·································· 216
〈츈 희영 명긔 명션이라〉의 욕망 양상 - 결론을 대신하여 ·········· 217

■ 참고 문헌 220
■ 색인 225

제 1 장
〈금루사(金縷辭)〉의 의미 구조 분석과 공간 구조 연구

 이 글은 제주지역의 애정가사(愛情歌辭)인 〈금루사(金縷辭)〉7)의 의미 구조를 분석하고, 인물 양상을 그레마스 행위소 모형에 적용하여 나타내려는 것이다. 또한, 상호관계 속에서 그 의미 양상을 도출하여 제주 공간의 특성을 파악하려 한다.
 논자가 그레마스 이론으로 텍스트를 분석하고자 하는 이유는 그레마스 이론이 텍스트를 하나의 '의미 작용의 체계'로 정의하고, '의미 체계에 관한 일반이론' 혹은 '의미의 파악과 생성의 모든 조건을 하나의 개념적인 구축 형태로 명시8)하기 때문이다. 이 이론은 문학 작품을 하나의 기호 체계로 보고, 연구 대상이 되는 텍스트가 가지는 의미 생성 과정을 객관적으로 고찰하여 풍부한 의미를 도출해 낼 수 있다고 생각한다.
 〈금루사〉는 〈영주재방일기(瀛洲再訪日記)〉에 실려 있는 가사 작품이다. 〈영주재방일기〉는 민우룡이 두 번째 제주도를 방문한 1776년 제주도의 생활상을 기록하고 있으며, 《취은정유고(醉隱亭遺稿)》에 전하고 있다. 이

---

7) 이 작품의 제목인 '금루사(金縷詞)'는 당나라 이기(李錡)의 첩 두추랑(杜秋娘)이 지은 노래이다. 그 가사는 이렇다. "님에게 권하노니 金縷衣(금루의: 금실로 만든 옷)를 아쉬워 마소서. 님에게 권하노니 소년시절을 모름지기 아쉬워하소서. 꽃이 피어 당한 꺾임은 다만 꺾일 때를 기다린 것이거니 없는 꽃을 기다리다 부질없이 딴 가지를 꺾지 마시오.(勸君莫惜金縷衣, 勸君惜取少年時, 花開堪折直須折, 莫待無花空折枝)" 후에 사람들이 이 시에다 노래의 곡조를 붙여서 불렀다. [구(句)] 송사(宋詞)의 〈금루곡(金縷曲)〉, 원래 당(唐)나라 〈금루의(金縷衣)〉에서 나왔다. [주(周)]"라는 작품에서 후세 사람들이 가조로 삼은 것이다. 이는 〈천태방은록〉에 전한다. 최용철, 『전등삼종(상)』, 소명출판, 2005, 136쪽.
8) 송미리, 『그레마스 이론에 의한 Maupassant, 「La Parure」의 기호학적 분석』, 조선대학교 석사학위논문, 2002, 2쪽.

책에는 민우룡이 제주도로 가기 이전 기록에서부터 서울로 올라갔던 기록과 그 뒤에 다시 제주도에 가게 된 노정(路程), 그때의 기후나 인정, 세태 등을 담고 있다. 더욱 중요한 것은 민우룡이 제주 기생인 애월(愛月)과의 재회를 다룬 가사 작품인 〈금루사〉가 이곳에 실려 있다는 점이다.9)

〈금루사〉에 대한 연구는 많이 이루어지지 않았다. 〈금루사〉 관련 연구는 처음 홍재휴에 의해 이루어졌다. 그는 〈금루사〉가 유학(儒學)에서 금기되던 남녀 사이의 사랑 이야기를 진솔하고도 과감하게 토로하고 있는 작품이라는 데서 문학사적 의의를 드러냈다. 또한, 작가가 실제 체험을 토대로 한 작품이라는 점에도 큰 의의를 두었다. 게다가 《취은정유고》를 바탕으로 〈금루사〉의 구성과 〈배비장전〉의 구성을 비교하여 유사점을 밝히기도 하였다. 이 작품은 특히 평민문학이 발흥하던 영·정조대를 배경으로 하여 이루어진 문학으로, 작자와 배경, 제작 동기가 분명하다고 하였다. 그러면서 소설 〈배비장전〉의 구성과 유사한 부대 실화 속에 삽입된 삽입 가사로의 의의를 가진다10)고 보았다. 안혜진은 〈금루사〉를 유가(儒家)에서 금기시되던 남녀 사이의 사랑을 진술하고도 과감하게 토로하고 있는 작품이라 하여 작품의 특성과 그 의의를 살폈으며, 작가가 향촌사족임에도 애정가사를 쓸 수 있는 근거를 밝혔다.11) 또한, 정인숙은 〈금루사〉와 〈농서별곡〉을 중심으로 한 남성이 지은 애정가사에 드러난 기녀의 형상화 방식에서 현실감이 떨어지고 진정성이 결여된 측면에서 남성적 시각의 한계를 드러냈다12)고 보았다.

이러한 다양한 선행 연구가 있지만, 본고에서는 작품에 등장하는 인물을 통한 의미 구조와 구조 양상의 행위소 분석을 살펴 작품의 공간 구조

---

9) 민우룡의 〈영주재방일기〉는 『취은정유고』에 수록되어 있다. 『취은정유고』는 현재 계명대 동산도서관에서 소장되어 있는 유일본으로 알려져 있다.
10) 임기중, 〈금루사〉, 『한국역대가사문학집성』, 2005, KRPia에 수록되었으며, 홍재휴, 「〈금루사〉고」, 『국문학연구』 5집, 효성여대 국어국문학연구실, 1976에서 다시 재인용하였다.
11) 안혜진, 「금루사 연구」, 『이화어문논집』 21집, 이화여자대학교 국어국문학과, 2003.
12) 정인숙, 「남성작 애정가사에 나타난 기녀의 형상화 방식」, 『한국고전여성문학연구』 16집, 한국고전여성문학회, 2008.

적 특징을 논의하고자 하는 것이다. 따라서 본고는 〈금루사〉의 인물에 드러난 구조를 그레마스 행위소 이론에 적용하고 분석하여 의미 구조에 드러난 인물들의 관계를 살피고자 한다. 이를 통해 제주 공간에서 일어나는 행위들을 찾아 그 공간에 드러난 사회 구조의 특수성에 대해 언급하고자 한다.

작품의 의미 구조 분석

〈금루사〉는 애정가사(愛情歌辭)다. 이 작품은 다른 작품들과는 다르게 의미상으로 전반부와 후반부로 나누어 설명할 수 있다. 전반부에 드러난 공간은 천상계(天上界)이며, 등장인물은 낙포선녀(洛浦仙女)와 선객(仙客)의 만남과 관련된 이야기로 남녀의 사랑을 주제로 하고 있다. 이와는 달리, 후반부에 드러난 공간은 지상계(地上界)이며, 등장인물은 작품의 작가인 민우룡과 그가 사랑하는 기생 애월로 사랑과 이별의 내용을 주제로 하고 있다. 다르지만 같은, 같으면서도 다른 두 인물이 생활하는 두 공간에서 이루어지는 작품을 구조 체계로 구분하여 살펴보도록 하자.

1. 적강 구조의 재현

적강(謫降)[13]은 천상의 존재가 천상에서 지은 죄로 말미암아 지상으로 유배 오는 것을 의미한다. 작품에서 적강 모티프로 이야기를 전개하면 작품의 시간과 공간, 인물 설정 등은 다르게 나타나게 된다. 즉, 적강 모티프는 특별한 인물의 비범함을 나타낼 때 사용하는 기법이기 때문에 적강 모티프에서 나오는 인물은 영웅 이야기가 등장하게 된다. 그래서 영웅 이

---

13) '적강 화소'와 '적강 구조'는 다르다. '적강 화소'는 선계에서 옥황상제를 모시고 있던 선관 선녀가 사사로운 잘못을 드러낸 죄로 인간 세상에 내쫓겨 온갖 시련을 겪다가 천상으로 복귀되는 것을 말한다. 작품에 따라 적강했다는 사건이 삽화로 등장하는 경우를 '적강 화소'라 하고, '적강 화소'가 작품 전체 줄거리의 뼈대로 쓰인 경우를 '적강 구조'라고 한다. 문용식, 「적강 및 환생 화소의 쓰임새」, 『한양어문연구』 11집, 한양언어문화학회, 1993, 210쪽.

야기에서 주인공의 비범함을 드러내기 위해 천상의 인물이 지상으로 내려와 생활하면서 고초를 겪고, 마지막에는 일을 해결하여 다시 천상으로 돌아가는 구조를 갖게 된다. 또한, 이러한 적강 모티프는 과거와 현재의 대비, 천상적 공간과 지상적 공간의 이원화, 천상의 무후한 인물과 지상에 내려오게 되는 허물 많은 인물의 대조 등으로 인간의 실존적 문제를 다루고 심리적 갈등을 표출하는데 중요한 장치로 작용하여 왔던 것이다. 특히, 사대부 시가에서는 일련의 유배가사에서 뿐만 아니라 기행가사 등에서도 이 적강 모티브는 널리 등장하게 되었다.14) 그러므로 이러한 적강 모티프는 소설처럼 복잡한 구조에서 많이 드러나는 기법 중의 하나라고 볼 수 있다. 이에 무엇보다도 적강 모티브는 가사 작품에서 표현하기가 쉬운 일이 아니기 때문에, 적강 구조를 드러낸 가사 작품은 상징적 의미를 담고 있다고 볼 수 있다.

가사 작품에 등장하는 적강 모티프는 〈관동별곡〉과 〈사미인곡〉 등의 공간적 배경인 광한전, 백옥경 등의 신선세계는 정치적 유토피아로서의 상징적 분위기를 환기하는 것으로 지적된다.15) 그러나 〈금루사〉의 경우는 정치적 유토피아가 아니라 유가(儒家)에서 금기된 남녀의 사랑을 나타내기 때문에 특이한 작품이라 할 수 있다. 그러므로, 이러한 상징적 의미는 서로 숙명적 인연임을 제시하고 있음을 의미한다. 작품에서 드러나는 적강 구조를 살펴보도록 하자.

> 어와 져 낭자(娘子)ㅣ야 내 말솜 드러보소/ 연화(烟火)에 뭇쳐신들 숙연(宿緣)이야 이즐소냐/ 낙포선녀(洛浦仙女) 보랴 ᄒ면 전생(前生)에 네 아닌다/ 남관포의(南關布衣) 백면생(白面生)도 선객(仙客)인 줄 뉘 알니오/ 반도춘색(蟠桃春色) 요지연(瑤池宴)에 도적ᄒ 이 네언마는/ 여주(與受)를 동죄(同罪)ᄒ니 너와 나와 적하(謫下)로다

---

14) 최규수, 「적강 모티프 유배가사 작품에 나타난 표현방식의 특성과 시적 효과」, 『이화어문논집』 13집, 1994, 406~409쪽.
15) 성기옥, 「사대부 시가에 수용된 신선 모티프의 시적 기능」, 한국고전문학회 편, 『국문학과 도교』, 태학사, 1998, 29쪽.

제 1 장 <금루사(金縷辭)>의 의미 구조 분석과 공간 구조 연구   17

　이 부분은 '적하(謫下)'라는 단어를 통해 적강 구조를 더 뚜렷하게 드러내고 있다. 맨 처음 등장하는 '어와'는 작품 앞에 나오는 감탄사로, 가사 작품에서는 주의의 관심을 끌기 위해 많이 사용한다. 이 작품의 주체는 남성이고, 대상은 여성이다. 남성이 여성을 부르며, 여성에게 본인의 말을 듣도록 유도하고 있다. 즉, 이는 남녀의 소통 관계를 나타내는 것이 아니라 일방적인 남성의 구애를 드러낸 부분이므로, 남성이 여성에게 보내는 메시지임을 알 수 있다.
　이 구절의 공간적 배경은 '천상(天上)'이다. '연화(烟火)', '요지연(瑤池宴)', '선객(仙客)', '선녀(仙女)' 등의 단어들로 선계(仙界)를 나타내며, 이는 신성(神聖)한 존재임을 언급한 것이다. 하지만, 그 가운데서도 아래로 내려왔음을 의미하는 '적강(謫降)', '적하(謫下)'는 시적 공간이 천상계에서 지상계로 이동되었음을 의미한다. 즉, 시적 주체인 남성은 스스로 '남관포의(南關布衣) 백면생(白面生)'이라 하여 '선객(仙客)'임을 제시한다. 또한, 시적 화자인 남성은 여성을 '낙포선녀(洛浦仙女)'라 하여 남성과는 전생에서부터 깊은 인연이었음을 의도적으로 제시하고 있다. 이 '낙포선녀'는 선계에서 신성한 복숭아를 따는 죄를 범하게 되고, 그 복숭아를 받은 선객 역시 같은 죄로 적강하였음을 나타낸다. 이 구절의 마지막 부분은 선객과 낙포선녀가 적강하여 다시 만나게 된 반가운 마음을 표현한 것이다. 이 부분에서 시적 화자는 작품 첫 단락에서 선녀와 선객으로 만났던 전생(前生)을 회상하고, 운명 같은 인연임을 새삼 강조한다. 특히, 작품 첫 부분에 드러난 적강 모티브는 주체와 대상이 끈질긴 인연임을 언급하며, 이는 상징적 의미인 재현(再現)을 나타낸 것이다.

　　창망(蒼茫)흔 구점연(九點烟)에 참상(參商)이 난호이니/ 벽해수(碧海水) 양양(洋洋)ᄒ야 일대(一帶) 은하(銀河) 되어 잇다/ 너도 나를 보랴 ᄒ면 팔잠(八岑)이 첩첩(疊疊)ᄒ고/ 나도 너를 보랴 ᄒ면 삼산(三山)이 묘묘(杳杳)ᄒ다

첫 구절에 등장하는 '구점연(九點烟)'은 지상의 경관이 아홉 점의 연진(煙塵)과 같다. 이는 이하(李賀)의 〈몽천(夢天)〉을 인용한 것이다. '구점연'은 원래 중국을 가리킨다. 여기서는 인간 세상을 나타내고, 지상계와 천상계를 구분하는 경계의 대상으로 설정한 것이다. 또한, '참상(參商)'은 '참성(參星)'과 '상성(商星)'으로, 서로 떨어져 있어 만날 수 없는 관계를 나타낸다. 이 둘의 관계는 '낙포선녀'와 '선객'을 의미하기도 한다. '참성'과 '상성'이 서로 나누어져 서로 만날 수 없는 것처럼 '낙포선녀'와 '선객'의 관계를 비유하여 적강 구조를 강조하고 있는 것이다.

다음 구절은 천상계의 경관(景觀)을 묘사하고 있다. 공간적으로는 천상계로 벽해수의 깊고 푸른 바다의 모습을 연상하게 한다. 물이 흘러 넘치는 모습이 마치 하나의 띠를 이룬 은하를 드러내는 듯하다고 말한다. 즉, 이는 천상계의 아름답고 웅장한 모습을 상상하게 한다. 그러나 '팔잠(八岑)'과 '삼산(三山)'는 이들의 관계를 방해하는 사물로 등장한다. '팔잠'은 겹치고 겹쳐 놓은 듯한 멀고 험난한 모습을 나타내고, '삼산'은 어둡고 아득하며 깊고 넓은 모양을 가리킨다. 이 두 가지는 가까이 있지 않은 먼 곳을 의미이기도 하지만, 순탄하지 못한 사랑을 암시하기도 한다. 따라서 이 부분은 이야기의 뒷부분을 암시해주는 역할을 한다. 즉, 이는 위의 구문과는 다르게 지상계를 천상계로 표현한 것이라 할 수 있다.

> 평생(平生)에 한(恨)이 되고 오매(寤寐)에 원(願)ᄒ더니/ 옥황(玉皇)이 감동(感動)ᄒ지/ 선관(仙官)이 두호(斗護)ᄒ지 태을(太乙)의 연엽선(蓮葉船)에 풍범(風帆)을 높히 달아/ 육오수(六鰲鬚)에 비를 미고 영주산(瀛洲山)에 드러오니/ 선구(仙區) 물색(物色)은 기수(琪樹)와 요화(瑤花) ㅣ 로다

시적 화자는 서로 떨어져 있음을 원망이라도 하듯 평생에 한으로 남았다고 언급한다. 이 모습에는 언제나 함께 하고 싶은 간절함이 녹아 있다고 볼 수 있다. 이에 옥황상제가 감동한 것인지, 선관이 선녀를 두둔하고

보호하려는 것인지는 알 수 없지만, 두 인물의 인연을 지켜준 이가 옥황상제임을 제시한 것이다. '태을(太乙)'은 태을선녀를 가리키며, '육오수(六鰲鬚)'는 천상계에 있는 호수를 의미한다. 또한, '옥나무'와 '옥꽃'은 옥(玉) 모티브로 신성함을 상징한다고 볼 수 있다. 따라서 '태을', '육오수', '옥나무', '옥꽃' 등은 모두 천상계의 매개물이 된다. 공간은 '연엽선', '육오수'에서부터 영주산에 이르는 변화 양상을 드러낸다. 이는 천상계를 언급하고 있으나, 실제적 공간은 영주산이다. 영주산은 지금의 한라산이고, 하늘과 가장 가까운 신성한 곳임을 의미한다. 이는 실제 공간을 언급하여 진실성을 드러내려 한 부분으로, '옥나무'와 '옥꽃'으로는 천상계임을 표현하여 아름다운 경치의 황홀함을 전하려 했던 것임을 알 수 있다.

이렇듯 여기서 언급한 적강 구조는 일반적으로 여러 작품에 드러난 적강 구조와는 다르게 영웅성이나 신성성을 나타내지는 않는다. 그러나 작품에 드러난 적강 구조를 통해 천상에서 이루지 못한 남성의 사랑을 지상에서나마 염원하고 있는 구조라는 것을 볼 수 있다.

2. 공간 구조의 확장

어느 작품이든지 공간은 어느 한 곳에 머물러 변하지 않는 경우는 드물다. 왜냐하면 작품에서 공간의 변화는 이야기의 전환을 드러내며, 동시에 이야기의 방향도 함께 이끌어내기 때문이다. 본문 작품 역시 그러하다. 본 작품은 공간의 이분화가 확실히 구분된 것이다. 이러한 공간의 이분화 체계는 대부분 몽유계 작품에서 나타난다. 그러나 이 작품은 몽유계 작품이 아니다. 하지만, 이 작품은 몽유계 작품과 매우 밀접한 공간 구조를 나타내고 있음을 알 수 있다. 즉, 천상과 지상의 공간 구조를 나누고 있고, 이를 토대로 꿈 이전의 세계를 지상으로, 꿈의 세계를 천상으로 나타내 공간의 이분화를 언급하고 있기 때문이다. 그렇다면 이 공간의 이분화는 작품에 어떤 의미로 작용하는지 살펴보도록 하자.

풍경(風景)도 됴커니와 호인연(好因緣)이 더욱 됴타/ 부용안(芙蓉顏) 유엽미(柳葉眉)는 전생(前生)과 흔 빗치오/ 연운빈(緣雲鬢) 옥설기(玉雪肌)는 진태(塵態)가 젼혀 업다/ 정원루(定遠樓) 붉은 둘에 월모사(月姥絲)를 자아내야/ 앵제연어(鶯啼燕語) 화류절(花柳節)에 초대운우(楚臺雲雨) 다정(多情)ᄒᆞ니/ 인간(人間)에 사월(四月) 팔월(八月) 천상(天上)에 칠일(七日)일다/ 사랑도 그지업고 태도(態度)도 가즐시고/ 창조(娼條) 야엽(冶葉)은 왕랑(王郎)의 옥단(玉檀)인 듯/ 무수(舞袖) 섬요(纖腰)는 소유(小遊)의 경홍(驚鴻)인 듯/ 청양(淸楊)은 진진(眞眞)이오 단진(丹脣)은 빙빙(娉娉)이라/ 깁흔 사랑 고은 태도(態度) 비(比)ᄒᆞᆯ 듸 젼혀 업다

인용문에 등장하는 실제 공간은 '영주산'이다. 그러나 여기서는 천상계로 그려진다. 영주산의 풍경도 좋고, 서로의 인연도 좋음을 드러내면서 동시에 계속 인연이 되어 전생(前生)과 차생(此生)을 함께 하여 더욱 좋다고 표현한다.

다음 부분은 시각적 이미지로 선녀의 외형적 묘사를 드러낸 것이다. 전생의 모습을 형상화하여 아름다운 얼굴 형태로 그려내고 있다. 보송보송 오른 귀밑머리와 매끄러운 피부는 기생의 나이가 어리다는 것을 짐작하게 한다. 이 부분에서는 고사(故事)를 인용하여 두 인물의 사랑이 서로 인연임을 더욱 강조한다. '정원루(定遠樓)'는 지금의 제주성 남문으로 공간적 배경을 묘사하고 있다. 그곳에서 시적 화자와 님과의 만남을 밝은 달밤에 월하노인(月下老人)[16]이 만든 인연의 실을 연결한 것처럼 그 만남을 필연적으로 제시한다. 또한, 시간적으로 새가 지저귀고 꽃이 피는 '봄날'임을 드러낸다. 이 부분 역시 '초대운우(楚臺雲雨)'라 하여 초나라 양왕과 선녀가 사랑을 나누었다는 이야기[17]로, 남녀의 은밀한 사랑을 나

---

16) '월하노인(月下老人)'은 두 남녀의 인연을 맺어준다는 전설상의 노인이다. 한 손에는 붉은 실을 쥐고 있고, 다른 한 손에는 책을 들고 있다고 전한다.
17) 옛날 초(楚)나라 양왕(襄王)이 고당(高唐)에 갔는데 먼 길에 피곤해 그곳에서 낮잠을

타내는 고사를 인용하고 있다. 이는 님과의 만남이 양왕과 선녀의 만남처럼 고귀하다는 것을 대신한 것이다. 두 고사의 인용은 시적 화자와 님과의 만남이 하늘이 맺어준 인연임을 드러내며, 신비적 인물의 주선으로 이루어진 사랑에 대해 지상계와 천상계의 인물이 초현실적인 사랑을 나누게 되는 낭만적인 이야기로 전개된다. 이 두 인물 사이는 엄연히 서로 다른 두 세계가 존재하고, 이 두 세계의 시간적 차이는 엄청나지만, 그 시간도 그들의 사랑을 깨뜨릴 수 없다는 확고하고 단단한 사랑을 나타내고 있다.

다음 구절에서는 소설에 등장하는 기생들을 인용하여 기생 애월의 아름다움을 비유하고 있다. '창조(娼條) 야엽(冶葉)'[18]은 어리고 예쁜 기생을 의미하며, 그녀는 〈왕경룡전(王慶龍傳)〉의 여주인공인 왕랑(王郞)의 '옥단(玉檀)'을 가리킨다. '무수(舞袖) 섬요(纖腰)'는 가는 허리에 춤을 잘 춘다는 뜻으로 아름다운 외모와 재능을 겸비한 인물을 말한다. 이는 김만중의 〈구운몽(九雲夢)〉에 등장한 '적경홍'을 의미한다.[19] 기생 애월이 나이가 어리고 아름다운 외모와 재능이 뛰어난 인물임을 드러낸 부분이다. 선행 연구에는 다음 구절에 등장하는 '진진(眞眞)'과 '빙빙(娉娉)'을 기생의 이름으로 해석하고 있다. 그 이유는 두 사람의 고사나 기록은 없기 때문에, 기생의 아름다운 외모를 이름으로 빗대어 설명하였다[20]고 본 것이

자게 되었다. 그런데 꿈속에서 한 여인을 만나 정을 통하였다. 그 여인은 떠나가면서 작별인사를 이렇게 하였다. "저는 무산(巫山) 남쪽 언덕에 살고 있는 선녀입니다. 아침에는 구름으로 나타나고 저녁에는 비로 나타나겠습니다." 여기서 생겨난 '조운모우(朝雲暮雨)'라는 말은 남녀 간의 애정 행위를 표현하는 말이 되었다. 구름은 여성을 상징하고, 비는 남성을 상징하는 것으로, '비가 쏟아지면 구름은 흩어진다.'는 문장이 있다. 그것은 한 차례 애정 행위의 마무리를 비유적으로 노래한 것이기도 하다. 이를 운우지사(雲雨之事), 운우지정(雲雨之情)이라고도 한다. 이상억, 조기형, 『고사, 명언 화전 600』, 이담북스, 2010, 350~351쪽.
18) 어린 가지와 새롭고 예쁜 잎으로 부드러운 지엽을 의미한다. 구양수의 사(詞)에 나타난다. 황충기, 『한국학 주석사전』, 국학자료원, 2001, 455쪽.
19) '왕랑의 옥단'은 〈왕경룡전〉의 인물이다. 〈왕경룡전〉은 양반의 자제인 왕경룡과 기녀인 옥단춘과의 사랑을 다룬 애정소설로 조선 후기에 널리 읽혔던 한문소설이다. '소유의 경홍'은 김만중의 〈구운몽〉에 나오는 적경홍을 말한다. 경홍도 옥단과 동일한 기생의 신분을 가졌다. 안혜진, 앞의 논문, 2003, 79쪽.

다. 이를 조금 더 구체적으로 나타내면 기생 애월의 모습을 형상한 부분이라고 할 수 있다. '청양(淸楊)이 진진(眞眞)이오'라고 한 부분에서 '진진(眞眞)'은 맑은 버들로, 고운 머릿결을 가진 기생을 말하고 있으며21), '빙빙(娉娉)'은 붉은 입술이 매혹적인 기생으로 이름과 모습을 서로 비교하며 설명하였음을 나타낸다. 이 구절에는 고사(故事)를 인용하여 다른 기생들의 아름다움을 빗대어 기생 애월의 모습을 견주어 설명하고 있다. 이 부분은 현실 세계에 존재하지 않은 인물을 비유하고 있으며, 이는 현실 세계의 기생 애월의 모습과의 비교를 통해 공간 구조의 확대를 더욱 강조하였음을 알 수 있다.

> 녹수춘파(綠水春波) 깁흔 곳에 노는 원앙(鴛鴦) 쩌 잇ᄂᆞᆫ 듯/ 홍파(紅葩) 경예(瓊蘂) 작작(灼灼) 흔듸 나는 호접(胡蝶) 머무는 듯/ 부용장(芙蓉帳) 들리후고 합환몽(合歡夢)을 일울 적의/ 나삼(羅衫)을 후려 잡고 세어(細語)로 ᄒᆞ온 말숨/ 청산(靑山)이 불노(不老)ᄒᆞ고 녹수(綠水)ㅣ 장존(長存)이라/ 전생(前生) 차생(此生) 굿은 연분 백년(百年)으로 긔약ᄒᆞ고/ 후생(後生)에 갈지라도 써나지 마오리라/ 너는 주거 농옥(弄玉)이오 나는 주거 자진(子晋)이라/ 남기 되면 연리지(連理枝)오 고기 되면 비목어(比目魚)ㅣ라

이 부분은 시간적 배경을 설명하고 있다. '녹수춘파(綠水春波)'는 봄을

---

20) 안혜진, 위의 논문, 2003, 79쪽.
21) '진진(眞眞)'은 기생 이름이라고 할 수 있다. 그 일화는 다음과 같다. ; 당나라 진사 조안(趙顏)은 화공에게서 미인을 그린 그림 한 폭을 얻었다. 화공이 그에게 말했다. "이것은 여신을 그린 그림으로 여자의 이름은 진진이라 합니다. 백일동안 그녀의 이름을 부르면 반드시 대답이 있을 것입니다. 그녀가 대답을 하자마자 곧장 백가(百家)의 채회주(彩灰酒)를 그녀에게 쏟아 부으면 사람으로 변할 것입니다." 조안이 화공의 말대로 하였더니 그림 속의 미녀 진진이 정말로 걸어 나왔다. 말하고 먹고 마시고 하는 것이 모두 보통 사람과 똑같으며 일년 후에는 아들도 하나 낳았다. 후에 조안이 그녀를 요괴라고 의심을 하자 진진은 아들을 데리고 그림속으로 들어가 버렸다. 그림 속에는 어린 아이 하나가 더 생겨나 있었다. 이 이야기는《문기록(聞奇錄)》에 나온다. 〔주(周)〕 최용철, 앞의 책, 2005, 186쪽.

나타내며, 공간적으로 아름다운 자연을 의미한다. 그곳에서 노니는 원앙의 모습 또한 매우 아름답다고 묘사하고 있다. '원앙'은 신혼부부의 금슬을 나타내는 상징으로, 여기 등장하는 원앙은 시적 대상물이 된다. 시적 화자는 님과의 관계가 원앙처럼 되기 원한다는 것을 의미하는 것이다. 또한, 아름다운 꽃에 나비가 머물 듯이, 작가 역시 시적 대상물로 나비를 선택한 것이다. 또한, 여기의 '부용장(芙蓉帳)'은 기생을 의미한다. 그래서 기생들의 시나 노래에는 '부용장'의 등장이 많다.22) 이 구절은 하룻밤을 보낸 시적 화자와 님의 모습을 나타낸 것으로, 서로 떼려야 뗄 수 없는 사랑하는 관계임을 언급한 것이다. 또한, 청산이 늙지 않고 푸른 물 역시 길이 보존되는 것처럼 시적 화자와 님과의 관계도 마찬가지로 변하지 않을 것임을 다짐하고자 한다.

다음 부분은 고사를 인용하여 영원히 사랑할 것을 강조한다. '농옥'과 '자진'은 중국 고사에 등장하며, 통소와 피리를 잘 불어 신선으로 그려지는 인물이다. 만약, 그들이 다시 사람으로 환생한다면 '농옥'과 '자진'처럼 되기를 희망할 것이고, 나무로 환생한다면 '연리지(連理枝)'가 되기를 원할 것이다. 또한, 물고기로 환생한다면 '비목어(比目魚)'가 되기를 바랄 것이라 언급한다. 이들은 모두 혼자서는 절대 살아갈 수 없는 것들로, 서로 짝을 이루어야만 의지하며 살아갈 수 있는 것들로 비유하고 있다. 이는 두 사람이 영원히 함께할 것을 약속하는 징표로 이를 강조한 것이다. 이러한 '고사의 인용'은 한 생애를 나타내는 공간적 의미보다는 삼생(三生)이라 일컫는 전생(前生), 차생(此生), 후생(後生)을 님과 함께 하고 싶은 염원을 공간 구조의 확대로 의미화시키고 있다. 그러나 시적 화자가 제시한 삼생은 근본적으로 공간을 이원화를 나타낸다. 삼생 가운데서도 전생과 차생을 하나의 이치로 묶었을 뿐, 무엇보다도 단단하고 굳은 인연에 대한 감사함을 나타내고 있다. 그런 반면, 후생에서는 다시는 헤어지지

---

22) 매창의 시나 〈청루별곡〉, 〈규원가〉 등에서도 '부용장'이라는 단어를 활용하고 있다. 이는 곧 연꽃 같은 예쁜 얼굴을 말하며, 더러운 곳에서도 아름다운 꽃이 피어난다고 하여 기생을 비유하는 꽃이라 일컫는다.

말자는 다짐을 언급한다.

> 삼경(三更)에 못 든 잠을 사경(四更)에 계오 드러/ 접마(蝶馬)를 놉히 달녀 녯 길흘 추자 가니/ 월태(月態) 화용(花容)을 반가이 만나 보고/ 천수(千愁) 만한(萬恨)을 역력(歷歷)히 ᄒ렷더니/ 창전(窓前) 벽오(碧梧) 소우성(疎雨聲)에 삼혼(三魂)이 훗터지니/ 낙월(落月)이 창창(蒼蒼)ᄒ듸 삼오소성(三五小星) ᄲᅮᆫ이로다

인용문의 공간적 배경은 두 부분으로 나눌 수 있다. 작품에서는 하나의 공간적 배경을 언급하고 있지만, 실제 공간은 잠자는 공간과 꿈을 제시하는 꿈속 공간이다. 시간적 배경은 '삼경(三更)'이라 하는데, 깊고 조용한 시간이다. 시간적 배경은 공간적 배경에서 경계를 형성하는 큰 역할을 한다. 그래서 이 부분은 공간적 배경과 시간적 배경이 매우 중요한 역할을 담당한다. 삼경은 밤 11시~새벽 1시의 늦은 시간이다. 하지만, 시적 화자는 밤늦도록 잠을 이루지 못하다가 늦은 후에야 잠이 든다. 시적 화자가 잠들고자 했던 이유는 현실에서 볼 수 없는 님을 꿈에서 만날 수 있는 간절한 마음 때문이다. '접마(蝶馬)'는 '나비와 말'을 가리킨다. 장자의 〈호접몽(胡蝶夢)〉에서 꿈을 의미하는 것처럼, 여기서도 나비는 꿈을 의미하는 단어라 볼 수 있다. 그래서 '접마'는 꿈을 나타낸다. 꿈속에서 님에게 가는 모습만으로 기쁜 모습이 역력하다. 이러한 상황을 '말을 높이 달려 옛길을 찾아간다'고 언급한 것이다. 이는 시적 화자가 님에 대한 그리움을 표현한 것이라 볼 수 있다.

다음 구절에서는 늦게서야 잠이 들어 꿈속에서 님을 찾아가는 모습을 그리고 있다. '월태(月態)'는 달처럼 환한 자태를 말하고, '화용(花容)'은 꽃같이 예쁜 얼굴로 님의 얼굴과 모습을 나타낸다. 이런 님의 모습이 반갑기 그지없다. 시적 화자는 님을 만나보고, 자신이 갖고 있었던 온갖 시름을 하나하나 말하려고 한다. 그러나 꿈에서 님을 만나지 못한다. 꿈에 님을 만나려 가려는 것인데, 창 앞 오동나무에서 떨어지는 빗소리 때문에

잠을 깼던 것이다. 시적 화자는 잔뜩 기대했던 꿈에서도 님을 만날 수 없음을 언급하며, 허무하게 잠에서 깬 상황을 묘사하고 있다. 이후에 창밖에는 달이 지고 몇 개의 별만 반짝이고 있었다는 내용으로 님을 만날 거라는 기대감에 부풀었던 시적 화자의 마음을 허무감으로 나타낸 것이다. 이는 화자의 심경 변화를 드러내는 구절이라 볼 수 있다.

> 어와 내 일이야 진실로 가소(可笑)로다/ 너도 싱각ᄒ면 뉘웃츰이 이시리라/ 황옥경(皇玉京)에 올나 가셔 상제(上帝)끠 부목(復命)홀 제/ 이 말슴 다 알외면 네 죄가 즁ᄒ리라/ 다시곰 싱각ᄒ야 회심(回心)을 두온 후에/ 삼경(三生) 숙연(宿緣)을 져ᄇ리지 말게 ᄒ라

'어와'는 감탄사로, 시가 장르에서 마지막에 사용한다. 위에서 언급한 '내 일'은 님을 생각하고 원망하는 모든 감정들을 나타낸 것이다. 시적 화자는 이런 감정들이 웃을 만하다고 표현한다. 이는 서로 사랑하는 마음이 아닌 일방적 사랑으로 인한 시적 화자의 심정을 드러낸 것이라 할 수 있다. 한편으로는 남들이 알면 얼마나 웃길까 하는 비아냥의 모습도 포함되어 있다. 그러면서, 시적 화자는 기생 애월에 대한 원망의 마음을 드러내며, 님은 일방적으로 사랑하게 한 그대에게 뉘우침이 있을 것이라 한다. 그리고는 다시 처음으로 돌아가 천상계로 이동하여 공간의 변화를 드러낸다.

'황옥경(黃玉京)'은 천상계를 의미한다. 시적 화자는 천상계에서 상제(上帝) 즉, 옥황상제를 만나서는 지상에서 있었던 일을 모두 아뢰겠다며 님을 협박한다. 이미 정해진 인연의 끈을 끊어버린 '낙포선녀'의 죄를 언급하며, 인연의 소중함을 다시 확인하고자 한다. 시적 화자는 협박의 과정을 통해 님에게 본인의 마음을 고백하고자 한다. 하지만 님에게 직접적인 대답을 듣지 못하고, 다만 시적 화자의 생각만을 언급하고 있을 뿐이다. 이에 다시 마음을 돌아보고 삼생의 인연에 대해 다시 생각해 보자며 이야기를 마무리한다. 즉, 시적 화자는 '선관과 민우룡', '낙포선녀와 기생

애월'에 대한 인물을 동일시하여 공간의 확대를 나타낸 것이다. 지상계에서는 민우룡과 기생 애월의 인연임을 강조하고, 천상계에서는 선관과 낙포선녀의 애틋한 사랑을 언급한 것이 그것이다. 그러면서 전생에서는 서로 좋은 인연이었으나, 다음 생에서는 서로 이루어질 수 없는 사랑에 대한 연민만을 담고 있다.

천상에서 이룬 사랑과 지상에서 이루지 못한 사랑을 통한 천상계와 지상계의 공간 구조는 꿈과 현실로 이어지는 공간 구조로 확대된다. 이러한 공간 구조의 확대는 선관이 선녀에게 보내는 사랑이 민우룡과 기생 애월의 사랑으로 이어지며, 이는 곧 하나의 사랑으로 전생과 차생, 후생에 이르는 영원한 사랑을 드러내기 위해 대체된 것으로 여겨진다. 즉, 시적 화자의 이루지 못한 사랑은 욕망을 감추기 위한 기술로 사용되었으며, 욕망 구조의 계기를 마련하게 되었다고 할 수 있다.

3. 욕망 구조의 모순

모든 인간은 욕망을 가지고 있으며, 인간이 만들어낸 문학 작품 속에도 반드시 욕망이 반영되어 있다. 라깡은 이러한 욕망을 욕구와 요구 사이에 있는 간격에서 발생하는 결핍이라 했고, 이 욕망은 결코 충족될 수 없다고 언급했다. 라깡이 말한 욕망은 모자람, 부재와 결핍으로 발생하게 되며, 이러한 결핍은 다시 욕망으로 이어진다.[23] 그렇다면, 작품에 드러난 남녀 관계를 살펴 모순이 드러난 시적 화자의 욕망 구조를 살펴보자.

> 산맹해서(山盟海誓) 깁히 ᄒ고 천정가연(天定佳緣) 밋엇더니/ 신정(新情)이 미흡(未洽)ᄒ야 중도개로(中道改路) 무슴 일고/ 산계(山鷄) 야목(夜鶩) 본정성(本情性)이 노류장화(路柳墻花) 도로 되니/ 방맹(芳盟)도 부운(浮雲)이오 사랑도 춘몽(春夢)이라

---

23) 이동성, 「라깡의 구조주의 욕망이론」, 『동서언론』 9집, 동서언론학회, 2005, 310쪽.

두 사람은 영원한 사랑을 맹세하지만, 변심하는 님의 태도를 드러낸다. '산맹해서(山盟海誓)'은 산과 바다에 맹세한다는 뜻으로, 시적 화자와 님과의 관계가 하늘이 정해준 사이라 생각하므로 하늘에서 축복한 인연임을 강조한 것이다. 그러나 '신정(新情)'은 님에게 생긴 새로운 정인(情人)을 의미하고[24], 이로 말미암아 시적 화자와 나누었던 맹세가 끝까지 이루어질 수 없음을 원망한다. '산꿩'과 '들오리'는 원래 성격이 급한 동물로, 잡기 어려운 사람을 비유한다. 또한, 이들의 특성은 정착하지 못한다는 것이다. 시적 화자는 사랑의 욕망을 추구하지 못했고, 이에 대해 기생 애월을 연인에서 기생으로 전락시키고 만다. 이로 말미암아 시적 화자는 님에게 배신당한 마음을 원망하며 굳은 약속도, 사랑도 부질없다며 자신의 욕망을 이루지 못함을 한탄한다. 이 부분은 내적, 외적으로 하나의 욕망도 이루지 못한 상황을 언급한 것으로, 행위의 모순을 보여주는 부분이라 할 수 있다. 시적 화자는 님을 사랑하는 내적 욕망은 가득하지만, 직접 표출하지 않은 모순을 자아내고 있음을 알 수 있다.

> 성중(城中) 일보지(一步地)예 삼천(三千) 약수(弱水) 망망(茫茫)ᄒᆞ니/ 청산미(靑山眉) 세류요(細柳腰)는 뉘게 뉘게 헌태(獻態) ᄒᆞ여/ 금보요(金步搖) 벽전환(碧鈿環)은 어듸 어듸 노니ᄂᆞᆫ/ 청조(靑鳥)는 아니 오고 두견(杜鵑)이 슬피 울 제 여관한등(旅館寒燈) 적막(寂寞)ᄒᆞᄃᆡ 온 가슴에 불이 난다

---

[24] 14일 영목[營牧: 진영을 말하는 것으로 보인다.]의 관리와 노비 및 기생들이 연이어 날 찾아오니, 마치 고향에 있는 것 같아 너무도 기뻤다. 그러나 애월에게는 장사꾼인 남편이 있었기에, 나는 애월과의 예전 정을 생각하지 않았다. 비록 당부하는 말을 했지만, 애월은 종일토록 와서 나를 모시면서 함께 잠자리에 들었다. 옛 정이 있기 때문이니, 도리로는 그리 해서는 안 됐다. 마침내 애월과 더불어 거처를 함께 하면서 밤새도록 정다운 얘기를 나누느라, 아침 해가 뜨는 것도 알지 못했다.(十四日, 營牧吏奴及妓輩, 連續來現, 有若故園而目, 莫不欣喜, 而愛妓則, 以旣有商夫 故余以勿慮 如故之意 雖申言及 而終日來侍 仍爲同寢 其在故情 追理不得邁邁 遂與之同處 終宵情話 不覺東日已旭矣.) 필사본 〈영주재방일기〉의 내용으로 홍재휴, 앞의 논문, 1976에서 재발췌하였다.

시적 화자는 님에 대한 원망에도 불구하고 사랑을 포기하지 않는다. 시적 화자는 님이 있는 성 안으로의 한 걸음이 실질적으로는 매우 가까운 거리에 있음을 의미한다. 하지만 변심한 님이 있는 곳이기 때문에 심리적으로는 멀게만 느껴지는 것이다. 다음 구절의 '청산(靑山)'은 빽빽하게 나무가 들어차 있는 것처럼 보이는 눈썹을 의미하고, '세류(細柳)'는 가는 버드나무 같은 허리를 나타낸다. 이는 아름다운 자태를 가진 님의 모습을 비유적으로 설명한 것이다. 그러면서 시적 화자는 님을 혼자 소유하고 싶은 마음에 다른 어떤 사람에게도 님을 보이지 않게 하고자 한다. 그러나 님은 기생이기 때문에 어쩔 수 없이 이 상황에 대해 질투심을 느끼게 된다. '금보요'와 '벽구환'은 님을 예쁘게 꾸며주는 도구로 기생을 나타내는 상징물이기도 하다. 이 부분은 잘 꾸민 님의 모습에 점점 매료되었음을 언급한 것이다. 이러한 정황들로 보았을 때, 시적 화자는 배신한 님을 그리워하고 있음을 의미한다. 그러나 시적 화자는 님에 대한 원망과 미워하는 마음보다는 님에 대한 염려와 그리움을 표출하여 님에 대한 사랑이 더 크다는 것을 강조하고 있다.

> 이 불을 뉘 쓰리오 님 아니면 홀 씰 업고/ 이 병을 뉘 곳치리 님이라야 편작(扁鵲)이라/ 밋친 ᄆᆞᆷ 외사랑은 나는 졈졈 깁건마ᄂᆞᆫ/ 무심(無心)홀손 이 님이야 허랑(虛浪)코도 박정(薄情)ᄒᆞ다

외사랑에 가슴 아파하는 시적 화자의 심정을 나타내고 있다. 시적 화자는 사랑 받기를 원하지만, 님은 그 마음을 받아 주지 않는다. 이에 시적 화자는 사랑하는 마음이 불처럼 일어나서 급기야 상사병에 걸린다. 하지만, 그 마음 역시 쉽게 사그라지지 않는다. 시적 화자의 외사랑을 드러낸 부분으로, 잊을 수 없는 님에 대한 고백을 나타내고 있다. 이는 오직 님만 자신의 병을 고칠 수 있다[25]고 언급하기 때문이다. 그러나 시적 화자는

---

25) 편작은 『사기(史記)』에 전기가 실려 있는 중국 주대(周代)의 명의(名醫)다. 성은 진(秦), 이름은 월인(越人)으로, 발해군(渤海郡) 사람이다. 제자와 함께 여러 나라를 다

님과의 하룻밤으로 끝나버린 사랑에 힘들어 하면서도, 무심한 님이 자신을 사랑하지 않는다는 마음의 확신을 하게 된다. 그럼에도 불구하고 시적 화자는 영원히 사랑할 것을 다짐하며, 무심한 사랑의 결핍으로 사랑의 욕망으로 간직하려 한다.

위 작품의 의미 구조를 토대로 내용을 정리하면 다음과 같다. 〈금루사〉는 다른 작품들과는 다르게 전생(前生), 차생(此生) 및 후생(後生)의 2단계를 통해 작품 세계를 다양하게 드러내고자 하였다. 전생에서는 천상계의 생활로 '선관'과 '낙포선녀'의 사랑이 풍부하게 드러내고 있다. 이는 이생과의 인연을 강조하고 있는 부분이기도 하다. 차생에서는 민우룡과 기생으로 인물의 변환을 가져온다. 인물들은 전생과는 다른 사랑의 감정으로 세상을 살아간다. 그러나 차생에서는 많은 제약들이 발생한다. 조선시대에는 불합리한 신분제도로 인해 사대부와 기생의 사랑은 불완전할 수 밖에 없었던 것이다. 반면, 후생에서는 전생과 같은 천상계의 모습으로 다시 변환된다. 적강 구조, 공간 구조, 욕망 구조 등을 살펴볼 때, 이러한 구조들은 소설에 등장하는 액자구성으로 연결지어 설명할 수 있다. 이러한 내용들을 토대로 작품의 시대, 구조, 주체, 행위, 공간, 지향성을 표로 만들면 다음과 같다.

니면서 진료했으며, 편작이라는 이름은 조(趙)나라에 갔을 때 지어진 것이다. 그는 많은 종류의 병을 침·약초 등으로 치료했고, 맥박에 의한 진단에 탁월했다고 전한다. 『사기』에는 조간자(趙簡子)가 의식을 잃었을 때 소생하리라고 알아맞힌 이야기, 괵(虢)의 태자가 시궐(尸厥)이라는 병에 걸려 거의 죽은 것으로 여겨졌을 때 침석(鍼石)·위법(熨法) 등을 사용하여 치유시킨 이야기, 제(齊) 환공(桓公)의 안색만을 보고도 병의 소재를 알아냈다는 이야기 등이 그러하다. 그러나 같은 책에 있는 위의 해당 인물에 대한 전기에는 그 기록이 없는 점과 그들의 연대가 수백 년에 걸쳐 있다는 점에 비추어볼 때, 편작은 여러 가지 전설을 합해 만든 가상인물인 듯하다. 한편 산동(山東)지방에 있는 새의 전설이 변형된 것이라는 설 등이 있다. 편작이 〈난경(難經)〉의 편찬자라고도 하지만, 이는 그의 명성을 빌린 것으로 보인다. 그는 후세에 명의의 대명사로 알려졌다. 사마천, 소준섭 역, 『사기(史記) 상』, 〈편작, 창공열전〉, 서해문집, 2008, 190~209쪽.

시대	18세기
사회구조	신분사회 + 가부장적 질서
작품구조	액자구성(액자구조)
주체	민우룡 ↔ 기생 애월 // 선관 ↔ 낙포선녀
공간 구분	제주 ↔ 한양 // 천상계 ↔ 지상계 // 꿈 ↔ 현실
사랑행위	실체: 신분제도의 모순에 따른 사랑 (양반과 기생의 사랑)
	소통: 시로 정표를 표현
	사건: 민우룡이 제주에 내려간 사건으로 애월과의 만남
지향성	신분제도에 따른 사랑 // 이별

구조 양상의 행위소 분석

그레마스는 주체와 대상, 발신자와 수신자, 조력자와 적대자 등의 대립 쌍을 통해 행위소 모형을 구성하였다.26) 주체는 원하는 대상이나 욕망을 찾는 존재이고, 주체와 대상의 관계는 이 욕망의 관계로 설명할 수 있다. 그러므로 주체와 대상은 결속적 관계이며, 상호 전제의 관계 속에서 양방

---

26) 욕망의 축은 주체가 대상을 추구하는 욕망을 구현하는데, 이들 주체와 대상의 관계는 쉽게 말해 능동과 수동의 관계로 이루어진다. 전달의 축은 의사소통 도식에서 차용된 것으로 발신자가 수신자에게 대상을 전달하는 일방적 전제 조건의 관계이다. 능력의 축은 주체가 대상을 추구하는 경우 주체를 도와주는 협조자(조력자)와 그를 방해하는 반대자(적대자)가 존재할 수 있는데, 이 둘의 대립적 관계이다. 각 행위소 중에서 주체는 대상을 추구하거나 원하는 존재, 인간의 욕망과 관련시킬 때는 그 욕망을 실현하는 자이다. 대상은 주체가 추구하는 객체, 주체에 의해 원해진 존재, 욕망과 관련시킬 때는 욕망의 대상이 된다. 발신자는 대상을 주체로 만나도록 이끄는 자, 욕망과 관련시킬 때는 욕망을 일으켜 발하는 곳이다. 수신자는 주체가 대상을 구현함으로써 그 혜택을 받는 자, 욕망과 관련시킬 때는 실현된 욕망을 누리는 자이다. 조력자는 주체가 대상을 추구하는 것을 도와주는 자, 욕망과 관련해서는 욕구를 강화하는 자이다. 적대자는 주체가 목적을 구현하는 행위를 방해하고 주체에게 해악을 끼치는 기능을 수행하는 자, 욕망과 관련시킬 때는 욕망에 대한 억압, 꿈에 대한 현실을 구체적으로 표상한 자이다. 오정근, 『기호학적 접근방법에 의한 축제의 의미와 의미구조』, 한국학술정보, 2009, 73~74쪽.

향으로 연결된다.27) 논자는 이 분석틀을 통해 작품에 드러난 주체, 대상을 바탕으로 대립쌍들을 찾아보고, 행위소 모형을 구성해 보고자 한다.

'민우룡'과 '선객', '기생 애월'과 '낙포선녀'는 서로 같은 인물임에도 불구하고 행위의 변화에 따라 그 주체도 변화한다. 〈금루사〉의 구조는 행위 변화에 따라 두 가지로 나눈다. 이는 주체의 변화에 따라 '행위'가 달라지기 때문이다. 따라서 주체의 행위는 사랑할 때와 이별할 때인 두 가지로 나누며, 이는 곧 공간의 변화를 의미한다.

첫 번째로 '주체'는 선객과 민우룡, 낙포선녀와 기생 애월로 서로 같은 인물이면서도 다른 인물로 드러난다. 이는 다른 행위에 의해 주체와 대상을 분별할 수 있기 때문이다. 이러한 주체는 천상계와 지상계라는 공간 변화에 따라 달라지게 되며, 두 주체는 같으면서도 다른 행위소를 갖게 된다고 볼 수 있다.

1. 사랑의 행위소 모형

민우룡과 기생 애월이 서로 사랑할 때에 행위의 주체는 선객이 되고, 대상은 낙포선녀가 되며, 공간은 천상계가 된다. 그레마스의 행위소 모형으로 이 두 구조를 살펴보자. 우선 선객이 주체가 된 사랑할 때의 행위소 모형은 다음과 같다.

[선객(仙客)과 선녀(仙女)의 행위소 모형 - 사랑의 행위소(천상계)]

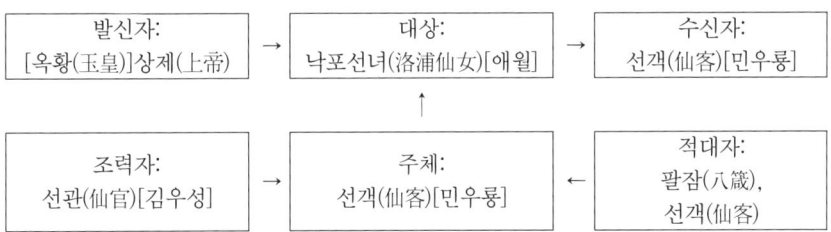

---

27) 임운주, 「그레마스 기호학적 접근을 통한 애니메이션 캐릭터 분석- 장편 애니메이션 "슈렉"을 중심으로」, 『한국문화콘텐츠학회논문지』, 한국문화콘텐츠학회, 2009, 101쪽.

작품에 드러난 공간은 선계(仙界)이며, 두 인물이 다시 만나는 공간은 '영주산'이다. 이 영주산은 실제 제주도 한라산의 별칭으로도 쓰인다. 그러므로 영주산은 선녀와 선객이 있는 선계를 언급하는 부분이기도 하지만, 그곳이 바로 제주라는 실제 공간이기도 하다. 주체는 이야기를 진행하는 주인공이기 때문에 '선객'이 된다. 또한, 주체의 대립쌍인 대상은 '낙포선녀'가 된다. '선객'과 '낙포선녀'는 서로 사랑하는 사이지만, 같이 있지 않고 멀리 떨어져 있다. 그러므로 보고 싶어도 볼 수 없고, 만나고 싶어도 만날 수 없는 사이로 등장하게 되는 것이다. 이에 이 사실을 알게 된 선관(仙官)은 이들을 도와주어 서로 자주 만날 수 있게 한다. 그러므로 선관의 역할은 주체와 대상 사이에서의 조력자가 된다.

'팔잠(八岑)'와 '삼산(三山)'은 아름다운 산수(山水)의 모습이다. 그러나 그 둘 사이에서는 '첩첩(疊疊)하고, 묘묘(杳杳)하다'고 하여 산이 겹쳐 포개진 아득하고도 험난한 모습과 아득한 모습으로도 나타난다. 이는 곧 두 사이가 멀리 떨어져 있음을 의미한다. 또한, 이 둘은 멀고도 험한 곳에 서로 따로 살고 있다. 하지만, 그들은 서로 사랑하는 마음이 가득하여 이에 감동한 옥황상제(玉皇上帝)와 선관(仙官)은 이 두 사람의 사랑을 이룰 수 있도록 두 사람을 '영주산'으로 보낸다. 영주산 역시 천상계의 일부분이기 때문에 아름다운 옥나무와 옥꽃으로 가득한 곳으로 제시된다. 그래서 결국 그들은 적강 구조를 통해 인간으로 환생하여 다시 만난다. 그렇게 선객은 영주산에 내려와서 낙포선녀와 사랑을 나눴고, 이에 그 사랑은 변하지 않을 것이라 믿는다. 그런 까닭에 조력자는 둘의 사랑을 지켜준 옥황상제와 선관임을 알 수 있다. 그 이유는 선객과 낙포선녀가 옥황상제와 선관 덕분에 영주산에 정착할 수 있고, 그들로 인해 둘의 사랑은 더욱 깊어졌기 때문이다.

적대자는 둘 사이의 사랑을 방해하는 첩첩하고 아득히 먼 팔잠, 삼산이 된다. 선객과 선녀는 서로 사랑하는 사이이며, 서로 떨어질 수 없는 관계로 나타낸다. 그러나 만날 수 없는 어려운 상황을 만드는 바위와 산으로 인해 이 두 사람의 관계가 멀어질 수밖에 없다.

발신자 - 대상 - 수신자를 나타내는 가로축은 욕망을 나타내기 때문에 발신자는 욕망을 발생하게 한 인물이나 사건을 나타낸다고 볼 수 있다. 그러나 발신자는 욕망을 불러일으키는 인물이나 사건이라기보다는 여기서는 가치 체계를 판단할 수 있는 것이어야 한다.[28] 그러므로 발신자는 옥황상제가 된다. 그 이유는 두 인물의 옳고 그름의 가치를 판단할 수 있는 유일한 절대자이기 때문이다. 옥황상제는 선객과 낙포선녀를 평가하는 심판자의 역할을 할 수 있는 인물이다. 다시 말해, 이는 시적 화자의 신분이 현실 세계에서 다시 천상계로 돌아간다는 뜻을 언급한다고도 볼 수 있다.

천상계의 이야기는 '선객과 낙포선녀'를 주인공으로 삼고 있다. 그러나 다른 공간을 드러낸 지상계의 이야기에는 '민우룡'과 '기생 애월'이 주인공이다. 이는 '낙포선녀'와 '선객', '기생 애월'과 '민우룡'은 천상계와 지상계의 인물들로 나누어 구성되는 이야기로 되어 있다. 하지만, 여기서는 중의적인 표현으로 나타난다. 즉, 이 두 대상은 서로 같은 인물이나 지칭하는 대상이 다를 뿐이다. '낙포선녀'는 '기생 애월'이 되고, '선객'은 '민우룡'이 된다. 이러한 중의적인 표현은 낭만성이 더욱 강화되는 효과를 창출한다.[29]

2. 이별의 행위소 모형

이별의 상황에서 행위의 주체, 대상, 공간을 살펴보자. 행위의 주체는 기생 애월이고, 대상은 민우룡이며, 공간은 지상계다. 위에서 제시한 사랑할 때의 행위소 모형과 두 대상은 같지만, 행위가 다름을 통한 변화 양상은 두 번째로 다루는 이별 행위소 모형으로 살펴보자.

---

[28] 그레마스, 김성도 역, 『의미에 대하여- 기호학적 시론』, 인간사랑, 1997, 67~70쪽.
[29] 안혜진, 앞의 논문, 2003, 76쪽.

[기생 애월과 민우룡의 행위소 모형- 이별의 행위소(지상계)]

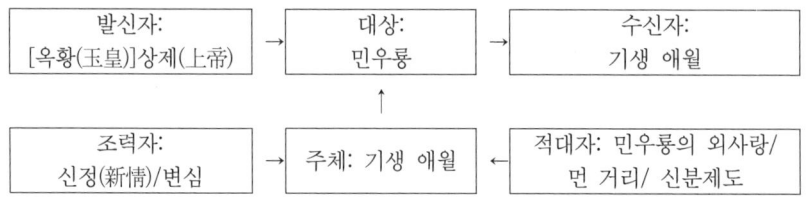

위의 표는 기생 애월과 민우룡에 대한 이별의 행위소 모형을 나타낸 것이다. 천상계와는 다르게 주체는 이별을 고하는 기생 애월이고, 대상은 기생과 사랑하는 관계인 민우룡이다. 기생과 민우룡은 서로 사랑하는 사이지만, 기생의 신정(新情)으로 인해 민우룡은 그 사랑에서 멀어지게 된다. 기생이 주체가 되기 때문에 기생의 이별하는 행위가 우선되어야 한다. 그러므로 적대자는 민우룡의 외사랑이 된다. 또한, 조력자는 기생이 이별을 결심하게 된 계기를 꼽으면 된다. 이별의 가장 큰 이유는 '신정'이 되지만, 변심(變心), 님과의 먼 거리, 신분제도 등도 언급할 수 있다. 실제 민우룡과 기생 애월이 이별하게 된 궁극적인 이유가 님과의 먼 거리로 인한 그리움과 '신정' 때문이다. 민우룡이 한양으로 돌아가고, 기생 애월은 언제 돌아올 지도 모르는 님을 기다려야 하는 상황이었기 때문에, 그리움으로 인한 신정이 생긴 것이 이별의 상황을 만들었다고 보는 것이다. 이는 〈영주재방일기〉를 통해 알 수 있다. 그가 제주(濟州)에 와서 두 번째로 만났던 1776년에 기생 애월은 이미 장사하는 남편을 얻어 살고 있었다[30]고 전한다. 즉, '제주'는 육지와 멀리 떨어져 있는 공간적 제약 때문에 육지에 살고 있는 사람들이 쉽게 왕래할 수도 없거니와 왕래할 거리도 못되었다고 전한다. 그러므로 자주 오지도, 가지도 못하는 안타까운 상황을 드러내는 부분이라고 볼 수 있다. 실제 민우룡이 한양으로 떠나 있는 사이에 사랑을 그리워하는 기생 애월에게 다른 사람이 생겼고, 그와 가정을 이루었음을 언급한 부분이기도 하다. 기생 애월은 민우룡을 기다리지 못

---

[30] 홍재휴, 앞의 논문, 1976에서는 『취은정유고』에 수록된 민우룡의 〈영주재방일기〉의 내용을 인용하였다.

하고, 다른 남자를 만나 생활을 하게 된다. 그러므로 기생 애월의 새로운 사랑이 이별의 가장 큰 이유가 되었지만, 무엇보다도 한양과 제주라는 먼 거리 또한 두 인물의 이별에 큰 영향을 주었다고 볼 수 있다. 제주라는 공간적 제약으로 인해 기생 애월은 민우룡에게 소원해졌음을 알 수 있다. 그러나 그 이외에도 신분제도의 규제 또한 이별의 이유가 되었다고 볼 수 있다. 따라서 두 인물이 헤어지게 된 근본적인 이유는 거리상의 문제도 있지만, 제도상의 문제가 더 큰 역할을 한 것으로 여겨진다. 사랑의 행위에서도 언급했듯이, 발신자는 가치 체계의 관리자여야 한다. 즉, 발신자로 하여금 기생의 모습을 분명히 드러낼 수 있는 가치를 언급해야 한다. 따라서 여기서 발신자는 모든 것을 주관할 수 있는 옥황상제가 되어야 한다. 그 이유는 그가 천상계를 총괄하는 역할을 하며, 천상계의 왕이기 때문이다.

〈금루사〉를 통해 '사랑의 행위소'와 '이별의 행위소'의 두 가지 형태로 나누어 그레마스 행위소 모형으로 설명하였다. 각각의 주체와 대상, 발신자와 수신자, 조력자와 적대자의 관계를 살펴 작품의 구조 분석을 알기 쉽게 하였고, 그 관계 구조 또한 간단히 도식화하고자 하였다. 또한, 인물의 기능과 의미도 분석하여 작품에서 일어난 사건의 구조를 좀 더 쉽게 파악하고자 하였다. 그렇다면, 그레마스 행위소 모형으로 얻어진 의미 구조를 바탕으로 제주 공간의 구조적 특성을 살펴보도록 하자.

작품 공간의 구조적 특성

제주는 지리적, 지형적으로 매우 아름다운 곳이다. 지형적으로는 돌이 많고 논이 없어 농사를 짓고 살아가기에는 열악한 환경이다. 또한, 4면이 바다로 되어 그 주변의 자원들로 많은 양식들을 섭렵할 수 있는 곳이기도 하다. 자연적으로 살아가기 편한 곳은 공급이 충족되기 때문에 문학 등의 예술이 발달하게 마련이다. 그러나 그만큼 자연이 충족되지 못하면 가난한 백성들이 많아진다. 그러므로 이렇게 창작된 작품들은 대부분 제주에서 나고 자란 사람이 아닌 한양의 사대부에 의해 지어졌다고 볼 수 있는 것이다. 제주는 한양에 비해 사회제도가 매우 엄격하게 지켜지는 공간이다. 물론 제주 역시 그럴 수 있다. 그러나 제주는 사회제도적인 측면보다는 지리적, 자원적, 문화적인 것들을 먼저 생각할 수 있는 곳이다. 우선, 제주는 아름다운 자연이 있고, 풍부한 자원들이 생산되며, 제주만의 독특한 문화적 측면을 소유하고 있는 공간이라는 점에서 제주의 특징을 드러낼 수 있다. 또한, 제주는 귤과 말이 유명한 곳이다. 과거에는 성곽 안팎으로 귤과 유자나무를 심어 진상 품목으로 바치기도 하였고, 가을철 귤과 유자가 완전히 익어갈 때 성에 올라가 보면 사방이 온통 금빛 세계를 이루어 황금 천근을 받은 만호후의 영지와 같다고 하였다.31) 그러나 제주 사람들에게 자연은 생존을 위해 극복해야 할 필연적 대상이었다. 제주 사람들에게 제주는 섬이라는 한정된 공간에서 척박한 땅, 비좁은 경작지, 거센 바람 등 지리적, 지형적, 환경적 요인에 크게 지배받아 힘든 생활을 견뎌야만 했기 때문이다. 특히 여성들은 탕건, 망건, 양태 잦는 일, 맷돌 갈기, 방아 찧기 등 여자가 할 일 외에도 힘든 밭농사와 바다 일까지 하게 됨으로써 노동의 강도가 높았다고 할 수 있다.32)

또한, 제주에 온 지방관들은 선정(善政)을 베푸는 경우가 드물었다. 제주로 내려온 지방관들은 서울로 돌아가는 것만이 주된 관심사였기 때문에 본인의 이익을 쌓기에 여념이 없었다. 제주 목사가 근무하던 관청에는 아예 '서울을 바라보는 누각'이라는 뜻의 '망경루(望京樓)'가 있을 정도였다고 전한다. 조천에 있는 '연북정' 역시 마찬가지다. 물론 임금께 충성하는 마음을 담은 의도로 세워진 건물이겠지만, 이런 의미로도 해석이 가능하다. 그만큼 그들에게 제주는 하루라도 빨리 떠나고 싶은 미개의 땅이었던 것이다. 지방관들 외에도 어쩔 수 없이 제주에 올 수밖에 없었던 조선의 양반들이 또 있었다. 그들은 권력 다툼의 결과, 좌천보다 더 심한 퇴출로 밀려난 유배객들이었다. 유배형은 종신형이라 본래 제주에서 최후를

---

31) 제주문화원, 『증보탐라지』, 제주시, 2005, 162쪽.
32) 양영자, 『제주민요의 배경론적 연구』, 제주대 탐라문화연구소, 2006, 98쪽.

맞아야 했다. 하지만 정국의 변화가 생기면 그들도 복권되어 되돌아갈 수 있게 되었다. 그렇다 보니 그들은 좌절 속에서도 기대를 버리지 않았던 것이고, 많은 유배객들은 많은 작품을 남기기도 하였다. 사실 유배객들이야말로 지방관들보다 서울로 돌아가고자 하는 염원이 훨씬 더 컸음을 알 수 있다. 그런 만큼 조선의 양반들에게 제주는 저주의 땅으로 여겨졌다.33) 이렇게 일반적인 제주 공간의 특성에서 〈금루사〉의 의미 분석을 통한 공간의 특징을 논의해 보고자 한다. 이미 제주에 관한 연구들은 많이 이루어졌다.34) 그럼에도 불구하고, 제주의 공간적 특성을 논한 연구들은 많이 발견되지 못하였다. 따라서 논자는 작품에 드러난 제주의 특성으로 제주 공간의 구조적 특징을 살펴보고자 한다.

1. 아름다운 자연의 공간

제주는 육지와는 다르게 사면이 모두 바다라는 특징이 있다. 지형적, 지리적 특징으로 천상과 가까운 아름다움을 지녔다고 전한다. 제주의 특수성은 아름다운 자연을 천상계와 지상계로 만들었고, 이는 다른 여느 지역보다도 특수화된 공간으로 형성하기에 가장 적합한 듯하다. 이렇게 천상의 모습을 지니고 있는 제주의 자연은 아름다움과 신비감마저 느끼게 한다. 즉, 하늘과 가까운 산의 신비함을 드러내기에 충분하고, '영주(瀛州)'라는 신비로운 이름으로 인해 천상계의 느낌을 고조시킨다. 또한, 육지에서 볼 수 없는 바다는 경외감마저 들게 하니 이 모두가 천상계를 나타내는 조건을 가진 공간으로 형용할 수 있을 듯하다.

제주는 아름다운 자연을 가진 곳으로 하늘과 맞닿아 있는 듯이 신선의 산이라 불리는 한라산이 제주도 중앙에 자리잡고 있다. '영주십이경(瀛州十二景)'이라 하여 아름다운 제주의 풍경을 읊은 작품도 전한다. 제주라는 곳이 아름답고 신성함을 유지한 곳으로 여겼기 때문에 천상계의 모습

---

33) 이영권, 『제주역사기행』, 한겨레신문사, 2004, 128쪽.
34) 정 민, 『탐라문견록, 바다밖의 넓은 세상』, 휴머니스트, 2008.
   이상규, 『남환박물』, 푸른역사, 2009.

을 제주라는 곳에 비유한 것이다. 봄날의 아름다운 자연을 노래하고 있는 〈금루사〉는 다른 애정가사와는 달리 자연 경관의 아름다운 광경을 담아 천상계와 지상계의 넘나듦을 통해 아름다운 제주의 모습을 한껏 뽐내기도 한 작품이다.

아름다운 자연을 가진 고장이라면 제주뿐만 아니라 강원도, 전라도, 경기도, 충청도, 경상도에 이르기까지 모든 고장의 아름다운 곳을 언급할 수도 있다. 그러나 제주의 특별함은 무엇보다도 쉽게 사람들이 왕래할 수 없는 접근성이 열악하다는 사실이다. 물론 나쁜 의미로는 죄를 지어 유배 온 사람들이 많았기 때문에 죄 많은 땅이라 일컫는 사람도 있었다. 하지만 그보다는 아름다움을 보존하고 유지할 수 있었던 이유도 왕래가 잦지 않았기 때문이라 생각한다. 사람이 쉽게 접근할 수 없었으므로, 훼손되지 않은 자연으로 인해 천상계와 동등한 신비로움을 만끽할 수 있게 된 것이다.

〈금루사〉의 경우는 남녀의 애정을 그린 작품이지만, 애정 속에서도 기행가사가 갖는 신비함을 간직한 제주의 모습을 엿볼 수 있었다. 더불어 여기에 언급된 제주의 모습은 신비롭고 기이하며, 아름답고도 장엄한 광경이다. 그러한 자연을 지닌 제주의 공간은 기행가사가 아닌 애정가사라는 특성으로 자연의 아름다운 풍광과 남녀의 아름다운 사랑의 조화로움이 한껏 더 멋진 아름다움을 드러낼 수 있었던 것이라 생각한다.

2. 사랑과 이별의 공간

제주의 지역 문학 가운데 애정가사는 거의 찾아볼 수 없다. 〈금루사〉가 유일하다. 제주 문학에서 대부분이 유배를 주제로 다룬 작품들이 많다. 특히, 가사문학 가운데서 애정이라는 특이한 주제를 드러내는 작품이 있다는 것에 큰 의의가 있다고 생각한다. 이 작품에서 작자 민우룡은 기생 애월을 사랑하는 공간으로 제주를 활용하고 있다. 그렇다면 왜 하필 '제주'라는 공간을 선택하였을까? 라는 의문을 가지고, '제주' 공간을 선택한 이유에 대해 논의해 보고자 한다.

　애정가사에서 필수적인 소재는 '사랑'과 '이별'이다. 이 작품은 두 사람의 비극적인 사랑을 말하고 있다. 어떤 하나의 주제를 언급한다기 보다는 보는 관점에 따라서 사랑과 이별이라는 두 주제를 언급하였다고 볼 수 있다. 작품에서 주체와 대상이 사랑을 이룬 공간을 '천상계'라 한다면, 이별을 이룬 공간은 '지상계'가 된다. 두 주인공 민우룡과 기생 애월은 선관과 선녀가 되어서는 사랑하는 사이였지만, 죄를 짓고 지상에 내려와 다시 만나게 되는 적강 구조를 선보이고 있다. 이는 곧 천상에서 이룰 수 없는 사랑을 지상계에서 이루고자 하는 염원을 드러내고 있음을 의미한다.

　시적 화자는 사랑과 이별의 공간으로 실제로는 제주 지역을 선택하고 있다. 이러한 제주는 기생 애월이 있는 공간이기도 하다. 아름다운 기생처럼 작품에서 제주라는 곳은 매우 아름답고 신성한 곳으로 연출되고 있다. 애월은 원래 제주에 살고 있는 기생으로, 어디든지 자유롭게 이동할 수 있는 신분을 가진 사람이 아니다. 물론, 제주 안에서는 자유롭게 이동할 수 있으나 그 이외의 공간으로의 이동은 자유롭지 못하다. 그러나 이와는 반대로 작자 민우룡은 유배인이 아니며, 한양에서 제주 통판으로 부임하는 김우성을 따라 제주도를 유람하는 인물로 양반층이다. 그렇기 때문에 기생 애월보다는 훨씬 수월하고 자유롭게 이동할 수 있는 특권을 가진 사람이다. 이러한 반대성은 작품의 이야기를 더욱 애틋하게 만드는 방법으로 사용되기도 한다. 신분상 민우룡은 양반 출신이고, 기생인 애월은 천민 출신이다. 이 두 계층의 은밀한 사랑은 한양에서는 절대 이루어질 수 없다. 그렇다고 민우룡이 큰 재력을 가진 인물이나 높은 신분의 양반이 아니었기 때문에 첩으로 기생 애월을 들이기에도 문제가 있었을 것이다. 특히, 중앙집권체제에서의 신분제도는 특별한 의미를 가지고 있다. 조선은 중앙집권체제를 이루고 있었지만, 제주는 한양과는 너무 먼 거리에 있었기 때문에 큰 영향을 미치지 못하였다. 그러므로 중앙이 아닌 제주에서는 양반 남성과 기생 여성의 사랑은 가능한 일이었다. 그러나 민우룡이 평생 제주에 거주하고 있는 것이 아니었으므로 때문에 그 둘의 사랑이 이루어졌지만, 영원히 지속될 수는 없었을 것이다. 그 두 사람의 이별은 그들의 뜻과는 관계없이 민우룡이 한양으로 돌아가 발생하게 되었다. 애월이 기생의 신분으로 혼자서 제주에서 사는 일은 쉬운 일이 아니었을 것이다. 언제 돌아올지 모르는 정인(情人)을 기다리는 일 또한 기생 애월에게는 매우 어려운 일이었을 것이다. 따라서 시적 화자가 제주 공간을 사랑과 이별의 공간으로 선택한 이유는 중앙집권체제의 제도에서 눈을 피할 수 있는 은밀한 곳, 간섭 없는 안전한 곳이었기 때문임을 추측해 볼 수 있다.

3. 소외된 특별한 공간

18세기 조선은 중앙집권체제를 유지하고 있었다. 이 중앙집권체제는 중앙에서 상당한 권력을 행사하기 때문에 지방 세력들은 힘을 키우지 못하고 항상 소외된 채 살아야만 했었다. 제주 역시 중앙에서 가장 멀리 떨어진 곳이었으므로, 중앙에 비해 많은 발전을 하지 못하였다. 더구나 중앙에서 정권을 누리던 양반들에게 제주는 꺼리는 대상이 될 수밖에 없었다. 이는 비단 빈약한 경제력이나 낙후된 문화 때문만은 아니었다. 무엇보다 중앙에 진출한 많은 양반들은 높은 지위로 제주에 발령을 받았더라도 그들은 좌천되었다고 받아들였기 때문이다. 제주에 부임하게 되면 중앙 정계의 실력자와 접촉할 기회가 줄어들어 정보에 어두울 수밖에 없기 때문에 당연히 다시 중앙으로 진출한다는 것이 불리하게 작용했을 것이다. 게다가 바다를 건너는 일은 자칫 목숨까지 잃을지도 모르는 위험한 상황이었기에 제주로 오는 것은 더욱 회피의 대상이 되었던 것이다. 그런 까닭에 병을 핑계로 제주를 떠나는 일도 종종 있었다[35]고 한다.

지형적, 지리적 이유로 특별한 공간을 찾는다면, 제주뿐만 아니라 산수(山水)가 아름다운 곳은 참으로 많다. 그렇다면 제주일 수밖에 없는 이유는 무엇일까? 그 이유는 제주라는 곳이 서울과 가장 먼 곳에 위치하면서

---

35) 이영권, 『새로 쓰는 제주사』, 휴머니스트, 2005, 160쪽.

서로 왕래가 잦지 않은 섬이기 때문일 것이다. 예전에는 교통수단이 빈번하지도, 편리하지도 못했기 때문에 사람들의 왕래가 드물었다는 것은 어쩔 수 없는 사실이었다. 그런 측면에서 인간은 천상계에 마음대로 오갈 수 없는 입장이고, 선인들 역시 지상계를 멋대로 오갈 수 없었다. 따라서 인간의 자취가 덜 묻게 된 곳, 육지와 멀리 떨어진 곳으로 지상낙원의 공간인 제주가 천상계와 비슷한 곳으로 인정받을 수밖에 없었던 것이다. 그렇다면, 적강하게 된 지상계의 공간이 왜 제주(濟州)였을까? 과연 '제주'의 어떤 특성 때문에 제주가 천상계로 대체되었는지 궁금증이 남게 된다. 이는 제주의 아름답고 신비한 자연환경과 쉽게 접근할 수 없는 경계(境界) 때문이라고 생각한다.

맺음말

이 연구는 〈금루사〉에 나타나는 인물들을 통해 제주 지역의 사회문화적인 공간의 의의를 살피고자 하였다. 〈금루사〉는 『취은정유고』의 〈영주재방일기〉에 실려 있는 작품으로, 이는 민우룡과 기생 애월의 사랑을 그렸다. 이 작품은 제주의 유일한 애정가사로 손꼽히기도 한다. 우선, 작품에 드러난 의미 구조를 살피고, 이를 통해 그레마스의 행위 모형소로 구체적인 인물들의 관계와 제주지역에서 일어난 행위의 공간을 찾아보고, 사회문화적 공간 구조를 파악하여 그 특성을 언급하고자 하였다.

이 작품의 의미 구조는 세 가지로 나누어 분석하였다. 첫 번째는 적강 구조의 재현(再現)이다. 적강 구조는 대개 영웅소설에서 많이 등장하는 형태이다. 그러나 이 작품에서는 영원한 사랑을 이루리라는 염원의 심정을 적강 구조를 통해 다시 한번 언급하였다. 두 번째는 공간 구조의 확장이다. 공간을 크게 천상계와 지상계로 나누었고, 그 의미 분석에서 나타난 사랑을 이룬 천상계의 모습과 이루지 못한 사랑을 안타까워하는 지상계로 이분법적인 세계를 통한 공간의 확장을 가져왔다. 세 번째는 욕망 구조의 모순이다. 민우룡과 선관, 기생 애월과 낙포선녀의 대등적 관계를 나타내고 있다. 그러나 시적 화자인 민우룡과 기생 애월의 이루지 못한 사랑을 결핍으로 엮어진 욕망 구조로 언급하고 있는 반면, 선관과 낙포선녀는 외적 모습과 내적 모습의 갈등 양상을 언급하였다.

　이러한 의미 구조를 바탕으로 그레마스의 행위소 모형을 적용하여 주체의 분류에 따른 사랑의 행위소와 이별의 행위소로 나누어 살펴보았다. 그레마스의 행위소 모형에서 강조하는 주체 ↔ 대상, 조력자 ↔ 적대자, 발신자 ↔ 수신자 등의 대립쌍으로 나누어 사랑의 행위소 모형과 이별의 행위소 모형으로 나누어 살펴보았다. 작품에 나타난 사랑의 행위소 모형은 [선객과 선녀의 행위소 모형]이다. 주체는 선객이고, 대상은 사랑하는 관계인 선녀이다. 공간은 천상계이기 때문에 조력자는 선관이며, 적대자는 멀고 험한 배경을 드러낸 팔잠과 삼산이다. 또한 발신자는 가치체계를 판단할 수 있는 옥황상제이며, 수신자는 욕망을 받는 사람인 선객이다. 이와 대조적인 모습인 이별의 행위소 모형은 [기생과 민우룡의 행위소 모형]이다. 주체는 기생이며, 대상은 민우룡이다. 공간은 지상계이기 때문에 조력자는 신정, 변심, 서울과 제주라는 먼 거리, 신분제도 등 많은 요소들을 포함한다. 적대자는 이별하는 데 방해되는 요소이므로 변하지 않은 민우룡의 외사랑이라 할 수 있다. 또한, 이 역시 발신자는 가치 체계를 판단해야 하므로 모든 것을 지시할 수 있는 옥황상제가 되며, 수신자는 기생 애월이다.

　이 행위소 모형은 제주 지역의 공간 연구를 세 가지 측면으로 나누어 설명하였다. 1) 아름다운 자연의 공간은 지리적, 지역적인 특징으로 많은 사람의 왕래가 없었던 점을 착안하였다. 따라서 제주 지역의 지형적인 아름다움을 간직한 천상계의 의미를 그대로 담을 수 있었던 점을 강조하였다. 2) 사랑과 이별의 공간은 중앙 집권의 간섭을 받지 않는다는 점에서 신분제도에서 제외된 공간으로 활용하기도 하였다. 3) 소외된 공간은 쉽게 왕래할 수 없는 경계로 인해 그럴 수밖에 없는 특별한 공간으로서의 의미를 드러내고자 하였다.

　본고는 제주 지역의 애정가사인 〈금루사〉의 인물 양상으로 그레마스 행위소 이론에 적용하여 의미를 분석하였다. 이를 통해 그 상호 관계 속에서 작품에서 드러난 제주 공간의 구조적 특성을 파악하고자 하였던 것이다.

제 2 장
〈군산월이원가〉의 작품 분석과 시·공간 구조 연구

본고는 19세기 가사인 〈군산월이원가〉의 의미를 분석하고, 이를 통해 드러나는 시·공간 구조를 살펴보고자 한다. 〈군산월이원가〉[1]는 사대부 김진형과 기생 군산월의 사랑과 이별을 그린 작품이다. 이 두 인물의 사랑과 이별을 그린 작품으로는 김진형이 지은 〈북천가(北遷歌)〉도 있다. 이 두 작품은 서로 같은 사건을 바탕으로 하였지만, 사랑과 이별의 양상으로 다른 견해를 드러내고 있다.[2] 그런 까닭에 김진형의 〈북천가〉를 애정가사라고 하지 않는다. 애정 관련 요소가 있음에도 불구하고 〈북천가〉는 기행가사로 언급하고 있다.

조선의 기녀(妓女)제도는 양반 남성의 성적 욕망을 충족하게 하기 위한 제도였다. 기녀제도의 존폐론이 지속되었음에도 윤리 이전에 존재하는 욕망을 해소하기 위한 제도적 공간 내에서 기녀제도는 용인되어 왔다. 이로 인해 기녀는 문학 작품들의 주요 소재가 되는 경우가 많았는데, 18세기부터 19세기 가사문학에 사대부와 기녀의 애정담이 지속적으로 발견되는 현상도 이러한 문화적 경향성 내에서 이해될 수 있는 것이다.[3] 즉, 18세기

---

1) 원광대학교 박순호 교수가 소장한 가사집 『별교사』에 실려 있다. 『별교사』에는 표제와 같은 제목의 가사 한 편과 〈남산동 이진사 효행록〉이라는 가사체 소설이 함께 수록되어 있다. 『별교사』 역시 경북 지역에서 나온 책으로 보이는데, 함경도 명천 기생 군산월의 작품이 어떻게 이 지역까지 전해졌는지 의심스럽다. 정병설, 『나는 기생이다』, 문학동네, 2007, 84쪽.
2) 이 작품은 기녀인 군산월의 입장을 대변한 것이다. 흥미로운 점은 사대부인 김진형의 〈북천가〉와 대립되는 관점에서 군산월의 눈으로 본 사건을 언급한 글이다.
3) 김윤희, 「19세기 사대부 가사에 표면화된 기녀와의 애정 서사와 형상화의 특질」, 『어문논집』 67집, 민족어문학회, 2013, 100쪽.

중엽 이후 가사작품에서는 기녀의 형상이 본격적으로 드러나기 시작했다. 김인겸의 〈일동장유가(日東壯遊歌)〉, 이운영의 〈순창가(淳昌歌)〉, 민우룡의 〈금루사(金縷辭)〉에서 각각 다른 기녀의 삶이 구체적으로 형상화되었다. 〈금루사〉는 기녀의 존재는 전혀 드러나지 않은 채 작품 내에서 시적 화자에 대한 사랑의 대상으로만 나타나고 있다. 또한, 〈순창가〉는 어떤 고을의 하리가 고발한 한 사건을 통해 기녀들의 삶이 나타나거나, 〈일동장유가〉는 여행지에서 만나고 접한 인물들의 일로 나타나기도 한다.[4] 〈군순월이원가〉는 기녀 본인의 이름을 직접 드러내 스스로 지은 작품인 것처럼 언급하면서 유배 온 양반 남성과의 사랑과 이별을 그린 일을 나타내고 있다.

그동안 이루어진 〈군순월이원가〉에 대한 연구들은 다음과 같다. 처음 이정진은 학계에 알려지지 않은 〈군순월이원가〉를 소개, 연구했으며, 서지적(書誌的) 소개와 더불어 작가 문제 및 작품 분석 등을 통해 창작 동기도 잘 드러냈다. 또한, 그는 〈군순월이원가〉의 문학적 의의로 기녀가사를 점과 더불어 〈북천가〉와 관련하여 답가 형식의 작품으로 쌍을 이루는 작품이라고 언급했다.[5] 그에 비해 고순희는 〈군순월이원가〉의 작품세계를 분석하여 작가 문제를 비롯한 작품의 19세기 당대 여성의 글쓰기 양상을 보여주며 현실에 대한 원인을 규명하고자 했다. 이 연구에서는 군산월이 한 개인으로서의 모습뿐만 아니라 당대 여성을 포함한 시대인의 모습도 아울러 담고 있다. 그리하여 이 작품을 통해 19세기 중엽의 여성 현실과 인식의 단면을 알아볼 수 있었던 것이다. 허구적 서사 맥락이 아닌 사실적 경험을 바탕으로 한 개인 정서의 표백인 시가라고 하는 점에서 19세기 중엽의 여성인식과 현실을 보다 직접적으로 알아볼 수 있는 자료라고 하였다.[6] 또한, 〈군순월이원가〉는 〈북천가〉와의 비교 연구도 함께 진행되었다. 만남의 경험과 창작시기를 공유하고 있음에도 불구하고 그것을 가사

---

4) 고순희, 「18세기 가사에 나타난 기생 삶의 모습과 의미」, 『고전문학연구』 10집, 한국고전문학회, 1995, 242쪽.
5) 이정진, 「군순월이원가고」, 『향토문화연구』 3집, 원광대학교 향토문화연구소, 1986.
6) 고순희, 「〈군산월애원가〉의 작품세계와 19세기 여성현실」, 『이화어문논집』 14집, 이화여자대학교 이화어문학회, 1996, 89~90쪽.

화하여 나타난 작품의 성격은 매우 다르다. 그러므로 〈군순월이원가〉는 애정가사라 칭하고, 〈북천가〉는 유배가사라 했던 것이다.7) 이러한 두 작품을 비교한 연구도 있다. 김윤희는 19세기 가사 〈북천가〉와 〈군순월이원가〉가 사대부 김진형과 기생 군산월의 사랑 및 이별을 공통적 소재로 한 작품이지만, 신분과 젠더의 차이에 따른 상대적 시선이 발견된다는 점에 주목하여 비교론적 고찰을 시도했다.8)

이렇듯 〈군순월이원가〉의 연구는 다양하게 이루어졌다. 그러나 작품의 특징을 언급한다거나 시·공간과 관련된 연구는 이루어지지 못했다. 따라서 본고에서는 〈군순월이원가〉의 작품 특징을 드러내고, 시·공간의 연구를 통해 공간과 시간의 연결점을 찾아 그 의미를 살펴볼 것이다.

〈군순월이원가〉의 작품 분석

〈군순월이원가〉는 흔히 애정가사(愛情歌辭)라 칭한다. 물론 애정가사는 등장하는 두 인물이 서로 사랑하는 마음을 노래한 작품들을 말한다. 그러나 이 작품은 애정가사라고 칭하기에는 석연치 않은 구석이 많다. 애정가사는 두 사람의 사랑과 관련된 작품 구조가 이루어져야 하지만, 이 작품은 주체의 관점에서 보았을 때, 애정보다는 이별을 언급한 작품이기 때문이다. 즉, 이 작품의 주체가 기녀이고, 기녀의 관점에서는 애정보다는 이별 위주의 글쓰기가 드러났기 때문이다. 따라서 이 글은 조금 더 자세히 살펴보면, 애정가사라고 말할 수 없다.

두 인물이 만나 사랑을 하고 위기를 겪으나 그 위기를 넘어 서로 사랑하면 해피엔딩이 되는 그런 애정을 노래한 작품이 아니다. 글 쓰는 주체의 입장에서 두 인물이 만나 사랑을 하고 위기를 겪지만, 그 위기를 넘어서지 못하고 서로 이별하며 비극적인 결말을 맺게 된다. 그런 까닭에 이

---

7) 고순희, 위의 논문, 1996, 87~88쪽.
8) 김윤희, 「이별에 대한 사대부와 기녀의 상대적 시선」, 『한국학연구』 42집, 고려대학교 한국학연구소, 2012, 135쪽.

별가사라고 볼 수 있는 것이다. 이 작품은 '군산월'이라는 기녀의 입장에서 바라본 이별의 이유를 드러내고 있고, 기녀 자신의 한탄이 녹아 있기 때문에 논자는 이 작품을 애정가사라고 보기에는 다소 무리가 따른다는 견해이다. 물론, 장르로 나눠 설명할 때, 이 작품은 애정가사의 한 요소로 이별을 논하고 있다고 할 수 있다. 단적으로 말하면, 애정가사의 한 부분을 이야기하고 있기 때문에 애정가사라고 하기 어렵다는 것이다. 그렇기 때문에 이 작품은 어느 하나로 단정 지어 설명할 수 없으므로, 애정가사의 측면보다 작품을 창작 주체에 따라 기녀가사(妓女歌辭) 혹은 여성가사(女性歌辭)라 함이 더 옳다고 보는 것이다.

이러한 특징들을 통해 작품 구조를 단락별로 나누어 분석해 보고, 작품의 형식적 특징을 세 가지로 나누어 설명하고자 한다.

1. 작품 구조

〈군산월이원가〉는 군산월이 김학사와 헤어져 고향으로 돌아간 후에 쓴 것으로 보인다. 김학사와 군산월은 서로 헤어진 후, 각각 〈북천가〉와 〈군산월이원가〉를 지었을 것으로 추정한다. 즉, 만남의 경험과 창작시기를 공유하고 있음에도 불구하고 그것을 가사화(歌辭化)하여 나타난 작품의 성격은 매우 다르다. 〈북천가〉의 경우는 김학사의 유배생활을 중심으로 이야기로 전개되고 있는 반면, 〈군산월이원가〉의 경우는 군산월이 김학사와 만나 사랑을 하고 이별을 맞는 이야기로 전개되고 있다.

〈군산월이원가〉의 내용에 맞게 단락을 나누어 보면 다음과 같다.

기	1단락	이별의 슬픔	만남 이전의 상황	1-16구	32구
	2단락	기생의 행실		17-32구	
승	3단락	김학사와의 만남과 인연	만남과 사랑, 가족과의 이별	33-51구	101구
	4단락	해배소식과 동행 결정		52-81구	

	5단락	부모, 동생과의 이별		82-115구	
	6단락	남행		116-134구	
전	7단락	김학사의 이별 소식	김학사와의 이별, 귀로	135-251구	180구
	8단락	이별 장면		252-275구	
	9단락	이별 후 귀로		276-315구	
결	10단락	부연구	부연	316-323구	7구

〈군산월이원가〉는 크게 4개의 구조로 나눌 수 있다.9) '만나기 이전(起) - 만남과 사랑(承) - 이별(轉) - 부연 설명(結)'의 구조로 나누어 작품의 전개 과정을 살펴볼 수 있다.

만나기 이전[기(起)]의 상황에서는 군산월이 기녀(妓女)가 된 이유와 기박한 기녀의 삶에 대해 언급하고 있다. 물론 본인의 상황을 중심으로 언급하고 있는 사건이기는 하나, 모든 기녀들의 어려운 생활과 그들의 심경을 대변한 결과라고 볼 수 있다. 그러나 작품의 첫 부분을 통해서 이별의 슬픔을 드러내며 작품의 전체 내용을 암시하고 있음을 알 수 있다. 두 번째로 제시된 두 인물의 만남과 사랑[승(承)]을 드러낸 부분에서는 군산월과 김학사가 만난 정황에 대해 나타내고 있다. 두 사람이 만나 서로 호감을 갖게 되고, 사랑하게 된 상황을 순차적으로 드러내고 있으며, 해배 소식 이후 김학사와 동행하여 남행하는 상황을 언급하고 있다. 그러나 세 번째로 김학사와의 이별[전(轉)]을 드러낸 부분에서는 반전이 일어난다. 김학사는 군산월과 함께 고향으로 돌아가는 도중 갑자기 군산월에게 이별을 통보하고 집으로 돌아갈 것을 권유한다. 마지막에서는 부연 설명[결(結)]이기 때문인지는 모르겠으나, 앞의 이야기와의 연결이 매우 어색하

---

9) 이정진, 앞의 논문, 1986, 78쪽에서는 작품을 기, 승, 전, 결 4개의 구조로 나누었다. 기는 서사부분에 해당하며, 1~35구로 나타냈다. 승은 만남 및 학사의 해배 부분으로 36~134구에 해당된다. 또한 전은 학사의 변심과 이별을 나타내고 있고, 135~315구로 언급했다. 마지막 결은 부연 설명된 부분으로 316~323구에 제시하였다.

다. 이러한 구조 역시 앞의 작품들과는 맞지 않는다. 이야기의 회상을 드러낸 부분이기 때문에 창작될 당시가 아닌 이후에 쓰였을 가능성도 배제하지 않을 수 없다10)는 논의도 있다.

이 작품에서 가장 많은 비중을 차지하는 구문은 '군산월과 김학사의 이별 장면'이다. 주인공 군산월이 님과의 이별을 서술하고 있는데, 님을 잊지 못하는 여인의 마음으로 그들의 이별하는 과정부터 배신당하여 집으로 쫓겨가는 과정까지를 언급한 이별과 슬픔을 드러낸 작품이다. 더구나 이 작품은 이별 장면이 해배 소식 이후 드러나지 않고, 함께 남행하는 중간에 이루어졌음이 매우 의심스럽다. 기생(妓生)인 군산월에게는 상상조차 할 수 없는 이야기이지만, 그럼에도 불구하고 이별의 순간을 순응하며 집으로 돌아오는 상황을 드러내고 있다. 그런 까닭에 이 작품의 창작 동기는 김학사의 이별에서 비롯되었음을 알 수 있다. 즉, 대부분[180구]가 이별과 관련된 내용이기 때문이다. 하지만, 직접적인 원인은 김학사의 변심(變心)에 대한 고발이라고 볼 수 있을 것이다. 해배 소식 이후의 이별 통보가 아니라 함께 할 날을 기대하며 함께 떠나는 중간에 벌어진 일이기 때문에 갑자기 일어난 이별 통보는 충격적이지 않을 수 없다. 이러한 원인은 같은 사건으로 다른 작품을 창작한 김진형의 <북천가>와의 비교, 대조를 통해 더 자세히 알 수 있을 듯하다. 그렇기 때문에 무엇보다도 작품의 주체는 작품마다의 주제를 표명해 준다고 볼 수 있을 것이다.

2. 형식적 특징

2.1 대화 형식

말하기 방식에는 여러 가지가 있다. 그 가운데서도 대화는 인간이 사

---

10) 고순희, 앞의 논문, 1996, 96쪽에서 마지막 구는 작가가 이미 이별 이후 혼자 사는 삶의 외로움을 늘어놓아 그것을 받아 완성시킨 것이고, 개작구일 때는 미래의 의지를 과거 완료 사실로 바꾸어 놓은 것에 불과해 둘 사이에는 강화 정도의 차이가 있을 뿐 향유자나 작가의 의식에는 변함이 없다고 보기 때문이다. 그리하여 본고에서는 마지막 구는 향유자의 덧붙임구 내지 개작구라는 입장에서 논의를 진행할 것이다.

용하는 일상적인 말하기 방식 중의 하나이며, 반드시 둘 이상의 인물이 존재해야만 가능하다. 즉, 두 사람이 서로 주고받는 형식의 말을 '대화'라고 한다. 이러한 대화체는 "대화의 형식을 따른 글의 투"를 의미한다.11) 이러한 대화체의 형식은 가사 작품에서도 많이 활용되었고, 이러한 대화체 가사 수용은 조선 후기로 가면서 점차 극적 특성이 강화된다는 사실을 전제로 하여 많이 발달하게 되었다.12) 대화체13)가 던지는 중요한 의미는 두 사람 이상의 인물과 장소, 그리고 사건 등을 전제로 작품이 서사적 요소를 획득한다는 사실이다. 곧, 서사적 구조를 형성한다는 것을 의미한다. 노래 속에 대화를 도입한 점은 서사적 요소를 지닌 노래라는 사실에서 판소리와 상통하는 중요한 단서를 발견할 수 있다.14) 이렇듯 〈군순월이원가〉 역시 대화체 형식으로 이루어져 있고, 서사적 요소를 획득하고 있는 작품이다. 작품에 드러난 대화 부분을 찾아 그 형식을 살펴보도록 하자.

학수의 ᄒᆞᄂᆞ 마리 군순월을 여기 두고/ 고향의 도라 간들 오미불망 어이 할고/ 언약이 이셔스니 다리고 가오리다/ 본관의 셩덕보소 남북주고 힝

---

11) 김형태, 『대화체 가사의 유형과 역사적 전개』, 소명출판, 2009에서는 대화체 가사의 특징과 사회적 기능을 각각 4가지로 언급하였다. 그 특징으로는 1) 실사(實事)의 반영과 현장성의 극대화, 2) 다수의 수용자 지향성, 3) 화법(話法)의 다양성, 4) 신속한 내용 전개로 나누어 설명하였으며, 사회적 기능으로는 1) 동시대 의사소통의 메커니즘, 2) 도덕률의 효과적 전달 도구, 3) 수용층 확대의 동인, 4) 극적 특성을 활용한 사회성 반영으로 나누어 설명한다.
12) 대화체는 "텍스트 구조상의 유형"과 "대화방식에 따른 유형"으로 구분된다. 김형태, 위의 책, 2009, 46쪽.
13) 대체적으로 대화체 형식의 가사 작품이라고 하면 〈고공가〉와 〈고공답가〉, 〈만언ᄉ〉와 〈만언ᄉ답〉, 〈붕우가〉와 〈붕우ᄉ모답가〉, 〈사친가〉와 〈답사친가〉 등처럼 서로 짝을 이루어진 작품들이 대부분으로 텍스트 간 대화의 방식을 이용한 경우가 있다. 그러나 그 이외에도 대화 방식에 따른 유형으로 〈삼인답가〉, 〈병문친고육두풍월〉, 〈세사우탄〉 등의 하나의 작품으로 화답 형식을 이룬 작품들이 나타나게 된다. 김형태, 위의 책, 2009, 230~231쪽.
14) 최성심, 「가사에 나타난 대화체론」, 『국어국문학 논문집』 12집, 동국대 국어국문학부, 1983, 105쪽.

직쥬고/ 님힝의 하는 마리 뫼시고 즐가거라/ 쳘의강슨 뒤도샹의 김학스 꽃치 되어/ 긱회을 위로하고 조심하여 잘가러가/ 군숸월이 그말 듯고 일희일비 그지 업다/ 쳘이타향 가즈 하니 부모동싱 그리워라/ 아니 가즈 싱각하니 이왕의 김학스의/ 쳔쳡이 되여시니 아무리 쳔쳡인들/ 스종제법 모을 손가 마음의 뢰한 체로/ 부모동숭 손을 즙고 은근의 위로하되/ 이왕의 김학스을 군즈로 셤겨시니/ 김학스 회뵈ᄒ여 향손의 도라가니/ 불싱이부 이니 졀기 나도 이져 가나이다/ 아모리 긔싱이ᄂ 힝실이야 다를 손가/ 여즈유힝 원부모라 츌가외인 싱각말고/ 만셰 만셰 안보하여 무양ᄒ긔 지니시면/ 타향의 몸을 떠셔 쳘이말이 멀고 머나/ 다시 와셔 보오리다

이는 김학사, 본관, 군산월의 대화로 이루어진 구절이다. 김학사의 대화가 먼저 시작되고, 본관과 군산월의 대화가 차례로 이어진다. 김학사는 자신의 심경을 대화의 형식으로 드러내고 있다. 김학사는 군산월과 이별해야 하는 상황을 언급한다. 하지만, 실제로는 이별하기 싫은 시적 화자의 마음을 담아내고 있음을 짐작할 수 있다. 김학사는 사랑하는 군산월을 함경도에 두고 가야 하는 안타까운 마음을 드러냈으나, 처음 언약한 대로 군산월을 김학사의 고향으로 데려가겠다고 전한다.

처음 김학사가 군산월을 만났을 당시에는 유배온 죄인의 신분이었다. 그럼에도 불구하고 김학사는 군산월의 지극한 사랑으로 유배생활이 어렵거나 힘들지만은 않았던 듯하다. 그러므로 김학사가 고향으로 돌아가도 잊지 못할 것이라고 단정하며, 군산월을 고향으로 데려가겠다고 말한 이유이기도 하다. 이에 김학사는 군산월을 데려갈 수 있도록 용납해준 고을 수령에게 크고 훌륭한 덕이 있다고 말한다. 그 이유는 군산월을 무사히 잘 데려갈 수 있도록 의복과 돈을 주었기 때문이다. 여기서 '남북'은 '남복(男服)'을, '힝직'는 '행자(行資)'를 의미한다. 즉, 기생 군산월에게 남자의 복장으로 김진사의 고향으로 가게 하고, 거기에 군산월을 집으로 데려갈 때 사용되는 비용까지 제시하는 고을 수령이 어디 있겠는가? 그만큼 고을 수령이 군산월이 잘되길 바라는 마음을 담고 있다고 할 수 있다. 군산월이 기생

복장으로 김학사의 고향까지 간다면 말 혹은 가마를 타고 편히 갈 수 있을 것이다. 하지만, 김학사는 유배온 신분이었기 때문에 기녀 군산월까지 데려간다면, 고향 사람들이 생각하는 김학사의 체면은 땅에 떨어질 수밖에 없을 것이다. 따라서 군산월에게 남장을 시켜 데려가고자 하며, 군산월을 데려가는데 사용되는 돈은 고을 수령이 대줄 것이라고 약속한다. 군산월은 부모 동생과 헤어져야 하는 슬픔과 더불어 자신의 사랑을 얻은 기쁨의 감정을 드러내며, 김학사를 잘 모시겠다는 다짐을 고을 수령에게 전한다.

이에 김학사는 군산월을 자신의 고향으로 데려갈 것을 약속하고, 본관의 성덕에 고마워한다. 본관은 군산월에게 김학사를 뫼시고 가는 길을 조심하라고 당부한다. 마지막으로, 군산월은 부모님과 동생을 걱정하지만 결국 김학사를 따라가겠다고 하며 자신의 욕망을 굽히지 않는다. 이 부분은 세 사람의 심경을 서사 양식을 대화체 형식으로 풀어내고 있다.

> 부모의 하는 말이 온야 온야 그리히라/ 온야 온야 주리히라 온야 온야 즐가거라/ 네 셩품 니 알뜻시 못가라 ᄒᆞ깃나야/ 아모리 주식인들 수군제법 싱각하고/ 불원쳘이 갈나하니 니 엇지 말일 손가/ 남복을 가라 입고 츄풍의 말을 타고/ 향슨을 떠ᄂᆞ 오니 고향이 ᄒᆞ직일신/ 나오리 나션 풍치 귀흥이 도도ᄒᆞ여/ 어셔 오라 급히 가즈 풍셜이 고이 ᄒᆞ니/ 저즁의 너으 몸이 상하기 쉬우리라/ 젹깃손 일연만의 향슨을 향히 셔니/ 시각이 민망ᄒᆞ고 일시가 슘츄갓다

이는 부모의 대화와 김학사의 대화로 이루어진 부분이다. 군산월은 부모와의 이별을 서술하며, 김학사는 군산월을 걱정하는 마음을 드러낸 구절이다. 군산월은 부모에게 작별 인사를 하고 김학사와 함께 하는 부푼 꿈을 안고 길을 떠난다. 이에 부모는 자식의 사랑을 위해 향산을 떠나 한양으로 가는 딸을 배웅한다. 사랑하는 사람을 따라 부모 곁을 떠나겠다는 딸에게 서운한 심정보다는 딸의 행복을 위해 꿈을 응원한다. 그럼에도 불구하고 부모는 서운한 마음이 있었겠지만 자식의 안위만을 걱정한다. 즉,

부모는 자식을 붙잡고 싶은 마음이나, 자식의 행복을 위해 반대하지 못하는 부모의 마음을 알 수 있다. 이런 마음을 헤아려 부모는 멀리 가고자 하는 자식을 즐거운 마음으로 보내주려 한다. '불원천리(不遠千里)'는 먼 길도 기쁘게 여겨 달려간다는 의미로, 군산월의 심경을 드러낸 것이다. 즉, 여기서는 멀리 떠나지만, 스스로 느끼기에 먼 길은 아니며, 몸이 건강하면 다시 볼 수 있다는 다짐의 표현이다.

다음 구절은 김학사의 대화로 군산월과 김학사의 행보를 드러낸 것이다. 군산월은 남장을 하고 말을 타고는 향산을 떠나 한양으로 향한다. 군산월에게 한양으로 가는 여정에서는 힘들고 어려운 상황이라기보다는 사랑하는 님의 모습과 함께 하는 행복한 모습임을 엿볼 수 있다. 이는 '나으리 나선 풍치 귀흥이 도도하다'라고 하여 기뻐하는 마음을 여실히 드러냈음을 의미한다. 그럼에도, 김학사는 발길을 재촉하여 급히 가자고 말한다. 김학사가 급히 재촉하는 이유는 귀양살이 했던 '향산'을 떠나고 싶은 마음이었을 것이다. 하지만, 눈보라 치는 '풍설(風雪)'이라는 계절과 날씨를 이유로 빨리 떠나지 못하는 상황을 연출한다. 작품에서 김학사는 군산월을 아끼고 걱정하는 마음이 역력하다. 또한, 김학사는 집으로 빨리 돌아가고자 하는 마음을 드러내며, 귀양살이로 살았던 1년의 세월을 회상하여 빠른 세월을 한탄하고 있다. 그러나 문제가 되는 것은 유배 기간이다. 김진형이 '유배온 지 일 년 만에 고향을 향해 섰다'고 말하는 내용이 있다. 하지만, 실제로 유배 기간은 석 달이 채 안되는 기간이다. 이를 통해 여러 추측들을 생각해 볼 수 있으나, 여기서는 군산월과의 깊은 인연을 언급하고자 한 것임을 알 수 있다.

이렇듯 〈군산월이원가〉는 두 주인공의 대화뿐만 아니라 주변 인물들의 대화로 작품을 서술해 가고 있다. 이 작품은 직접적인 인물들의 대화를 통해 현장성과 사실성을 살리고 있음을 알 수 있다.

2.2 고사 인용

고사 인용은 기생들에게 유식함을 드러내는 기준이 된다. 하지만 이 때문에 고사를 인용해야 하는 것은 아니다. 다만, 고사의 인용은 기녀들에게는 본인의 지식 수준이 얼마나 높았는지를 드러낼 수 있는 수단으로 활용될 수도 있기 때문이다. 작품에 드러나는 대부분의 고사 인용은 군산월이 사용하고 있다.

> 어와 긔박홀亽 층여신명 기박ᄒᆞ亽/ 고이하다 양반힝실 이다지도 무정ᄒᆞ오/ 셰상의 이별 잇쭌 이별마다 쳐량ᄒᆞ다/ 역수의 즁亽이별 번샹의 군ᄌ이별/ ᄒᆞ교의 붕우이별 호지의 소군이별/ 이별 이별다마 슬푸거든 하물며 유정이별/ 亽람마다 슬푸거든 ᄒᆞ물며 유정이별/ 亽람마다 ᄒᆞ긴눈가 싱초목의 불이 타닉

작품의 첫 부분으로 작품의 창작 동기를 언급하고 있다. 즉, 이는 기박한 자신의 신세를 한탄하면서 이별의 안타까움을 나타내고 있다. 시적 화자는 자신의 처지를 처량하고 기박하다고 표현한다. 자신의 사연을 이야기하면서 이별의 안타까움을 드러내기 위함이기도 하다. 시적 화자는 보편적으로 이별의 상황을 안타깝게 여긴다. 하지만, 본인의 의지에 의해 이별한 것이 아님을 강조하여 안타깝고 슬픈 마음을 더욱 진전시키고 있다. 첫 부분에서도 알 수 있듯이, 이 작품의 주체와 객체의 신분은 다르다. 시적 화자인 주체는 '기생'이라는 천한 신분을 가졌으며, 객체는 높은 '양반' 신분을 가진 인물이다. 그러나 주체는 그 양반의 행실을 무정하다고 선포한다. 곧, 이는 양반의 변심으로 이별이 발생했음을 암시하고 있는 부분이기도 하다.

세상의 모든 이별은 아프지 않을 수 없다. 그러므로 이별 당한 사람들은 모두 슬프고 처량하기 마련이다. 하지만, 자기 자신에게 닥친 이별은 더 슬프고 처량할 수밖에 없다. 시적 화자는 슬픈 마음을 더욱 잘 드러내기 위해 이별과 관련된 여러 고사(故事)들을 인용하고 있다. 역수- 장사,

번상- 군자, 하교- 붕우, 호지- 소군 등 서로 대치의 상황을 통해 이별의 상태나 상황을 표현하고 있다. 서로 헤어진다는 것은 매우 슬픈 일이다. 여러 이별의 상황들을 언급하면서 어떤 이별도 슬프지 않은 것이 없음을 언급한다. 그러나 특히, 정을 나누었던 이별의 안타까움과 슬픔을 언급하면서 군산월 본인의 이별 역시 억지로 해야 하는 이별임을 제시하며 어떤 이별이든 간에 모든 헤어지는 것들은 슬프다는 것을 드러내고 있다.15) 또한, 모든 사람이 이별을 싫어하겠지만, 본인 역시 이별하기 싫은 욕망을 잘 표출하고 있다.

마지막 구절에서는 '생초목이 불이 타네'라 하여 그 의미를 2가지로 해석하고 있다. 첫 번째는 살아 있는 풀과 나무에 저절로 불이 날 수 없음을 언급한 것이다. 즉, 이는 고려속요 〈정석가〉에서도 볼 수 있듯이 일어날 수 없는 일을 빗대어 이별의 상황을 언급한다. 더불어 두 번째 의미로 '생초목'은 기생 자신을 가리키는 말로, 억울한 본인의 심정을 드러낸 부분이라 말할 수 있다. 이러한 이별의 상황이 결코 본인의 의지로 이루어지지 않았음을 강조하는 부분이기도 하다.

> 군슨월이 감쪽 놀닉 눈물 짓고 ᄒ난 마리/ 이기 참아 왼말이오 바릴 심스 게시거든/ 칠보산 거힝 셰에 아족 멀이 하지/ 무단이 언약 밋고 몃번을 몸을 굽히든/ 정이 틱슨갓히 허다 스람 다 바리고/ 힘코 험한 먼먼 가리 모시고오 왓더니/ 그다지도 무정ᄒ오 그다지도 야속ᄒ오/ 슨슨수수 멀고 먼딕 도라 가라 분부ᄒ니/ 이군불스 츙신절기 나오리 ᄒ실비요/ 이부불경 구든 절기 손여의 즉분이라/ 초슈오슨 험한 기리 이별ᄒ고 도라가면/ 젹젹한 빈 방안의 독수공방 어이하며/ 십구세 이닉 광음 속졀없시 되어고나/ 연연한 이닉 몸을 몃 철을 훌쳐다가/ 스고무친 타도타향 귀로

---

15) 자객 형가처럼 죽음을 각오하고 진시황을 시해하러 길을 떠나며 친지들과 나눈 비장한 이별도, 군역을 위하여 번상되어 올라가는 군사가 식구들과 나눈 이별도, 당나라 송지문의 시 "하교에서 작별을 나누지 못하니 강가의 나무들도 멀리 아쉬워하네"로 알려진 하교에서의 친구 이별도, 한나라 미녀 왕소군이 흉노에게 볼모로 잡혀갈 때 친지 벗들과 나눈 이별도, 어떤 경우에도 이별은 슬프다. 정병설, 앞의 책, 2007, 87쪽.

망망 이닉 힝지/ 이다지도 바리시오

군산월은 김학사의 변심에 대해 자신의 심경을 토로하고 있다. 김학사의 일방적인 이별 통보로 군산월의 꿈과 희망을 좌절하게 한다. 군산월은 김학사에게 원망의 말을 남기며, 솔직하고 서운한 마음을 그대로 표현한다. 김학사는 본인의 체면을 위해 그녀를 고향으로 데려간다고 할 수밖에 없었고, 이런 사정을 모른 채 군산월은 마냥 기뻐할 수밖에 없었던 것이다. 그런 군산월에게 작별 인사는 너무도 황당한 일이다. 즉, 다시 본인의 고향으로 돌아가야 하는 상황이 너무 어이없었을 듯하다. 그럼에도 불구하고, 군산월은 김학사에 대한 원망보다는 이별에 대한 짙은 아쉬움을 드러내고 있다.

다음 구절에서는 유교 덕목에 맞춰 벼슬을 하는 김학사에게는 충신 절개를 지킬 것을 말하고, 본인은 여인으로 이부불경(二夫不敬)의 굳은 절개를 강조한다. 혼자 버려진 것에 대한 두려움과 불안감을 드러내는 동시에 세월의 무상함도 언급한다. 또한, 군산월은 돌아갈 수 없는 강한 부정을 드러내고 있다. 초나라의 강(江)과 오나라의 산(山)을 험한 지형에 비유하여 다시 칠보산으로 돌아가야 하는 막막함을 묘사한다. '초수오산(楚水吳山)'은 안조환의 〈만언사(萬言詞)〉, 판소리 〈적벽가(赤壁歌)〉, 〈송이시랑부상주(送李侍朗赴常州)〉라는 한시 등을 인용하고 있다. 군산월에게 '초수오산'이라는 험한 길을 가야 하는 육체적인 고통보다는 죽을 때까지 홀로 보내야 하는 적적함과 외로움이 그녀를 더 힘들게 할 것임을 설명한다. 그녀는 어리고도 예쁜 19세의 나이다. 하지만 스스로 속절없이 되었다고 한탄하고 있다.

게다가 군산월은 춘향이나 옥단춘처럼 기녀(妓女)의 신분에서 양반의 신분으로 신분 상승을 욕망하는 인물로 그려진다. 이 부분을 통해서 군산월의 욕망을 엿볼 수 있다. 군산월은 19세, 김진형은 53세로 두 인물의 나이는 34세 차이가 있다. 이러한 엄청난 나이 차이가 발생하였음에도 불구하고 두 인물의 사랑을 드러낸 것은 군산월의 신분 상승의 욕망 때문이

제 2 장 <군순월이원가>의 작품 분석과 시·공간 구조 연구 57

라고 볼 수 있기 때문이다. 김학사는 해배됨에 따라 그의 고향인 한양으로 올라갈 인물이다. 그러나 이런 그를 따라 군산월은 한양으로 함께 가기를 염원하고, 한양으로 함께 간다. 하지만, 한양으로 도중 김학사에게 버림을 받고서는 고향으로 다시 돌아가는 상황을 그린 작품인 것이다.

> 군순월리 하느 마리 가련하오 이닉 신셰/ 쳐량ㅎ오 이닉 신셰 다시 엇지 보오릿가/ 이쳘이쳔의 밧기 겨영ㅎ여 오실잇가/ 다시 보즈 당부하면 나 으리게 악담이요/ 영 이별ㅎ자 하니 손여 신셰 금안이라/ 구양 곳 아니 시면 북쳔을 어이오며/ 손여 곳 아니시면 이별ㅎ리 뉘 이실고/ 이 길노 도라셔 가면 화촉동방 빈 방안의/ 이탁 업난 이닉 신셰 뉘을 닛고 슈존 말고/ 희ㅎ셩 츈야월의 우거인이 쳐량ㅎ고/ 븍수쳥순 져문 날의 졍부 심회 쳐량ㅎ고/ 압 남슌 상상봉의 망부셕 슬푸도다/ 칠월칠셕(일) 오즉교 의 견우직녀 부려와라

시적 화자는 군산월이다. 그럼에도 본인 스스로를 '나'라고 칭하지 않고, 본인의 이름을 부른다. 이 구절은 군산월의 대화로 이루어졌으며, 시적 화자는 의도적인 인칭 변화를 나타내고 있다고 볼 수 있다. 즉, 제 3자의 입장에서 군산월을 가련하고 처량한 신세로 제시하며 약속을 지키지 않은 김학사에 대해 원망하고 원망하는 마음을 드러낸다. 이러한 상황임에도 불구하고, 군산월은 김학사를 붙잡거나 따라가겠다고 억지를 부리지 않는다. 그저 사랑하는 님을 다시 볼 수 없는 안타까움을 드러내면서도 그와 헤어지기 싫은 이별의 심정을 함께 드러내고 있을 뿐이다. 더불어 다시 볼 수 없음을 짐작하면서도 김학사를 염려하고 있다. 하지만, 그녀의 내면에는 안타까운 심정보다는 이별 때문에 겪어야 하는 아쉬움과 원망이 더 짙게 드러나 있다.

다음 구절에서 드러난 갈등 양상은 군산월의 심정으로 묘사되어 있다. 즉, 다시 보고 싶지만 볼 수 없는 상황을 드러내면서 만약, 다시 보게 된다면 김학사에게는 다시 유배를 와야 하는 상황인 것이다. 그렇다고 영영

이별하게 되면 군산월의 신세가 처량하게 됨을 설명한다. 따라서 이별은 군산월과 김학사, 누구를 위한 것도 아님을 제시한다. 그럼에도 김학사는 군산월에게 이별을 제안하고, 군산월은 집으로 돌아가는 자신의 희생으로 인해 김학사와의 이별을 언급한다. 그리고 군산월은 이렇게 얻게 된 그녀의 이별을 한탄한다. 이별의 외로운 상황을 화촉동방 빈방에 의탁 없는 신세라고 하였으며, 믿을 사람 없다며 약속을 지키지 못한 김학사에 대한 원망을 늘어놓는다. "해하성 춘야월의 우미인"과 "벽수 청산 저문 날에 정부"의 처량함을 통해 시적 화자의 상황에 빌어 외로운 마음을 달래고자 한다. 더불어 남산 상상봉의 망부석처럼 군산월 역시 김학사를 사랑하는 일편단심의 마음을 드러내며, 망부석의 슬픔이 곧 자신의 슬픔이 되어 버린 상황을 묘사한다. 그러면서도 시적 화자는 견우직녀의 만남을 부러워한다. 시적 화자는 일 년에 하루, 칠월 칠석에만 만날 수 있는 견우직녀이지만, 오작교를 통해 만나는 것에 대해 부러워한다. 이는 군산월은 다시 만날 기약 없는 김학사를 그리워하는 간절한 마음을 드러낸 구문이기도 한 것이다.

> 소상강 기력이 쪽을 일코 나라간 듯/ 무릉이 벽도화가 모촉광풍 떠러진 듯/ 양협의 눈물 날려 홍샹의 슈침흔 듯/ 홍도화의 비마진 듯 한 거름의 도라 보고/ 두 거름의 보고 거름마다 도라 보니/ 슌쳔도 낫치 업고 일월이 무광한 듯/ 아츰의 떠난 기리 일낙셔슨 다리 뜨닉/ 하로 온 길 싱각하니 몃이ᄂ 되엿든고/ 아르 쥬막 떠나와셔 초초젼진 종일 기리/ 웃 쥬막의 슉소되닉 스고무친 쥬막방의/ 무졍한 발근 달은 화즁층 놉하난듸/ 난간의 비겨 젼후슨을 싱각ᄒ니/ 어이업고 긔가 막혀 슘이 방불하다

이는 작품의 마지막 구절로, 군산월의 탄식과 비애를 드러내고 있다. 군산월은 김학사에게 배신당한 마음을 추스르고는 어이없고, 기막힌 상황을 나타낸 것이다. 군산월은 고향을 떠나오기 전에 가족들에게 이별 인사까지 하고 김학사를 따라 떠나온다. 하지만, 결국 군산월은 김학사에게

배신당하고, 그런 모습을 본 친지들은 그녀를 비웃거나 동정할 지도 모른다고 생각한다. 그렇지만, 군산월은 그런 자신의 상황을 다른 상황들에 비유하며 자신의 외로움을 설명한다. 그녀는 스스로 소상강의 짝 잃은 기러기의 모습, 무릉도원의 복숭아꽃이 바람에 떨어진 모습 등으로 비유하며, '기러기'와 '복숭아꽃'에 본인의 감정을 대입시켜 외로운 상황을 드러낸다. '기러기'는 원래 금슬이 좋기로 유명한 새이며, '복숭아꽃' 역시 신선 세계를 나타내는 무릉도원에서는 없어서는 안될 상징적인 존재이다. 이 비유처럼 군산월은 김학사의 곁에 꼭 붙어있어야 할 것이다. 무엇보다도 두 사물을 통해 김학사와 군산월 자신의 관계를 드러내고자 한 것이다. 또한, 군산월은 두 뺨에서 흐른 눈물이 날려 붉은 치마에 수놓은 듯하고, 복숭아꽃이 비 맞아 다 떨어진 것처럼 절망스럽고도 슬픈 본인의 심정을 여실히 드러내고 있다.

이외에도 시적 화자는 산천도 낯이 없고, 해와 달도 빛을 잃은 듯하다며 본래 지녀야 하는 속성 자체가 사라진 허무함도 함께 드러내고 있다. 또한, 시적 화자는 김학사와 헤어지고 나서 아침부터 저녁에 이르기까지 하루 종일 걸어왔지만, 걸었던 걸음이 무거워 돌아온 길이 얼마나 되었는지 모른다고 설명한다. 즉, 아래 주막을 떠나 점점 앞으로 걸어 나왔지만, 저녁이 되어서는 주막에까지 이르지 못했음을 나타낸 것이다. 홀로 윗 주막에 앉아 무정한 밝은 달을 바라보니 화창하게 밝은 것이 원망스럽기까지 하다는 것을 표현한 것이다.

다음 구절의 '무정한 밝은 달'은 김학사를 나타내는 사물로 보아도 무방할 것이다. 이에 군산월은 혼자 난간에 앉아 지난 일들을 생각하니 어이없고, 기막힌다며 지난날에 대한 회상을 설명한다. 더불어 김학사를 믿었던 자신의 믿음이 어리석었음을 깨달아 후회한다고 한 것이다.

〈군순월이원가〉는 김학사를 원망하고 자신의 이별을 한탄하고자 창작된 작품이다. 특히 군산월은 자신의 신분이 비록 기생이지만 행실은 기생처럼 하지 않고 '일부종사'를 위해 절행(節行)하겠다고 설명한다. 이는 곧 '춘향이'나 '옥단춘'에 자신을 빗대면서 김학사와의 만남이 운명적이었음을 강조하고 있는 것이다. 이별을 수용하기 힘든 심정이 드러나는 이러한 구성은 이후 작품이 진행되면서 사랑에 대한 짧은 기억, 이별에 대한 긴 회상으로 이어지게 된다.16)

2.3 시점 변화

이 작품은 시점 변화를 드러내고 있다. 시점 변화는 직접과 간접의 구분으로 나타난다. 본인이 직접 경험한 경우라면 1인칭 시점을 사용하였을 것이지만, 남에게 이야기를 전해들은 경우에는 3인칭 시점이 잘 어울린다. 서사를 구성하며 서술 주체가 시점을 선택할 수 있음을 전제할 때, 서술 주체가 초점과 위치, 상황에 따라 달라질 수 있다.17)

대화체 형식 안에서 3인칭 객관적 시점을 자주 사용함으로써 원래 군산월이 아니라 군산월의 이야기를 듣고 그 사연을 누군가 허구적으로 적지 않았나 하는 의문점을 만들게 한다.18) 이러한 시점 변화를 통해서 내용의 이질성은 드러나지만 다양한 사건의 전개 방식을 찾아볼 수 있는 계기를 마련하고 있다.

① 1인칭 시점

이 작품의 작가는 군산월로 알려져 있다. 따라서 군산월은 스스로 '나'

---

16) 김윤희, 앞의 논문, 2012, 140쪽.
17) 서사물을 구성하며 서술주체가 시점을 선택할 수 있음을 전제할 때, 서술주체가 무엇에 초점을 맞춰 기술하는가, 초점이 맞춰진 대상 혹은 인물이 서술되는 상황, 맥락의 의미를 어떻게 구성하는가, 선택된 시점이 아닌 다른 시점에서 기술된다면 어떤 것이 달라질 수 있는가 등에 대한 질문을 내포하는 것이 서술주체의 시점선택이라 할 수 있다. 이 시점은 단순히 서술주체의 위치정보 뿐 아니라 서술 대상에 대한 심리적 거리와 그에서 비롯될 수 있는 서술 가능한 것의 범위, 곧 시-공간의 범위를 한정짓는다. 서형범, 「조세희 〈난장이가 쏘아 올린 작은 공〉의 서사층위분석 시론」, 『겨레어문학』 43집, 겨레어문학회, 2009, 93쪽.
18) 시점의 혼란이 작자 본인의 혼란에 의한 것이 아니고 누군가 군산월의 사연을 아는 제 3자에 의한 시점의 혼란일 가능성이 있다는 것이다. 그러나 이러한 시점의 혼란은 군산월이 작자가 아니기 때문에 벌어진 현상이라기보다는 작자인 군산월 자신의 시점 혼란으로 벌어진 현상으로 보는 것이 타당하지 않을까 한다. 고순희, 앞의 논문, 1996, 93~94쪽.

라는 1인칭 시점을 활용하여 이야기를 구성한다. 다음 구절에서는 군산월 본인이 기녀가 된 이유와 기녀의 고달픔을 직접 언급하고 있다.

    닉 본딕 긔싱일가 힝실이야 긔싱일가/ 십구셰 이닉 광음일가 일부종신 ᄒᆞᄌᆞ셔라/ 졀힝이 놉하기로 본관 수쳥 아니하고/ 심규의 몸을 쳐히 이젼 ᄉᆞ기 슬펴 보니/ 남원의 츈양이난 졀힝이 놉하기로/ 옥즁의 죽기 될되 이ᄉᆞ 소식 반가와라/ 이다지 직히되여 어사안젼 ᄭᅩᆽ치 되고/ 평양의 옥단츈이 어ᄉᆞ이별 멋다린고/ 영광졍 큰 즌ᄎᆞ의 거린으로 오신 ᄉᆞ람/ 낭군인 줄 닉가 알고

  군산월이 '나'라는 1인칭 시점을 사용하며 기녀의 절개를 드러내고 있다. 시적 화자가 스스로 기녀가 된 자신의 모습을 한탄한다. 그러면서도 기녀들 가운데 사랑을 이룬 예들을 적어 본인의 의지를 나타낸다. 시적 화자는 태어날 때부터 기생인 사람이 없다며, 사회적인 제도나 관습에 의해 어쩔 수 없이 기녀가 되어야만 했던 자신의 처지를 탄식하고 있다. 즉, 이는 시적 화자가 기생임을 스스로 드러내는 부분이기도 하다. 시적 화자는 본인의 행실과 기질이 기생에 어울리는지를 질문하며, 기생의 기질이 없는 본인이 기생이 되어야만 했던 안타까운 심정을 표출하고 있다. 이러한 언술은 시적 화자가 어쩔 수 없는 운명을 안타까워하며, 기생이 되어야 했던 상황을 언급하고자 하는 의도가 녹아있다고 볼 수 있다.

  주체인 시적 화자는 19세라는 자신의 나이를 거론하며, 빨리 지나가버린 세월을 한탄하기도 한다. 차라리 한 지아비만을 섬기며 평범한 삶을 사는 양반집 여인이 되고자 하는 염원을 담아 지금 자신의 처지를 안타깝게 생각한다. 이는 곧, 시적 화자가 기생의 신분임에도 불구하고 본관 수청을 들지 않았고, 절행(節行)을 지켰음을 의미한다. '심규(深閨)'는 여자가 거처하는 집이나 방을 가리킨다. 여기서는 평범한 여인의 모습을 드러낸대고 볼 수 있다. 곧 이는 시적 화자의 굴곡 없는 평범한 삶을 염원하고 있는 부분이기도 하다.

연약한 괴집몸이 여러 날을 길의 나셔/ 노독이 틱심ᄒ다 니 온길 싱각ᄒ
니/ 젼싱인가 몽즁인가 탄막의 줌을 즈고/ 아츰의 조반 후의 힝장을 슈
습ᄒ여/ 슐 먹고 이러셔니 나으리 거동보소/ 변ᄉᆡᆨᄒ고 하ᄂᆞᆫ 마리

  이 역시 1인칭 시점에서 시적 화자가 설명하고 있는 부분이다. 김학사의 변심을 드러내며, 한양으로 돌아가는 여정을 그리고 있다. 군산월은 고향을 떠나 김학사를 따라 한양으로 가는 것만으로 기뻐한다. 그러나 한양으로 가는 길은 길에서 보내는 시간이 길어 매우 힘든 상태였음을 서술한다. 여인의 몸으로 한양까지 가는 길은 그리 쉬운 일이 아니었음을 나타낸다. 군산월은 남복(男服)을 하고 있는 상황이기 때문에 다른 사람들에 비하면 훨씬 힘들었을지도 모른다. 그래서 군산월은 스스로를 '연약한 계집 몸'이라 하고 있으며, 더불어 머나먼 길을 떠나야 하는 상황을 '노독이 틱심ᄒ다'고 하여 한양으로 가는 고단하고도 힘든 상황을 묘사하고 있다. 또한, '젼싱인가 몽즁인가'라 하여 여정의 힘든 상황이 현실에서 일어나지 않았으면 하는 바람을 드러내고 있다. 그만큼 힘들고 어려운 상황이었음을 드러내는 부분이라 할 수 있을 것이다.

  그렇게 힘든 여정을 같이 했음에도 불구하고, 하룻밤 지나 탄막에서 잠을 자고 아침밥을 먹은 후에 다시 행장을 수습하여 한양으로 행할 차비를 한다. 그런데, 술 먹고 일어서는 김학사의 태도가 이상하며, 얼굴색이 변하였다고 말한다. 얼굴색이 변했다는 것은 이전과는 다른 상황이 되었다는 것으로, 분위기의 전환을 드러낸 것이다. 즉, 무언가 다른 큰 변화가 발생하였다는 것을 의미한다.

나으리 거동보소 변ᄉᆡᆨᄒ고 하ᄂᆞᆫ 마리/ 가련하고 어엿뿌다 너을 쳐음 만닐 젹의/ 연약이 금셕 갓고 인정이 틱순 갓ᄒᆡ/ 츈풍 슴월 화류시와 츄월 츈풍 조흔 ᄯᅢ와/ 온갖 비회 요란한듸 심스가 수란ᄒ고/ 향스가 간졀ᄒᄂᆞᆫ 주야로 너을 다려/ 긱회을 위로ᄒ여 향슈 슌쳔 갓치 가셔/ 슬ᄒᆡ의 두ᄌ

더니 지금 와 싱각하니/ 난쳐ᄒ고 어려와라 늬 본듸 즐못하여/ 너을 이제 쏘겨시늬 섭섭히 아지 말고/ 조히 조히 즐 가거라

이 부분은 이별 통보를 하는 김학사의 심경을 서술한 것이다. 무엇보다도 김학사의 이중적인 모습을 볼 수 있다. 첫 부분에서 김학사는 이전과는 다른 얼굴을 하고서는 자신의 눈에 비친 가련하고 어여쁜 군산월의 모습을 묘사하고 있다. 또한, 김학사가 처음 만났던 군산월의 좋았던 모습과 품었던 많은 생각들을 회상하며, 자신의 심경을 드러낸다. 게다가 군산월과 지냈던 좋았던 때와 슬펐던 때를 나타내며, 잊지 못할 추억임을 강조한다. 이렇게 군산월에 대한 좋았던 기억들을 꺼내는 이유는 군산월에게 미안한 마음을 조금이나마 표현하기 위해서라 할 수 있다. 처음 만나 약속했던 것, 인정이 태산 같이 봄바람 불었던 3월의 꽃 필 때와 6월의 좋았었던 때를 생각하지만, 군산월에게는 지키지 않은 약속과 같은 배신감일 수밖에 없다. 또한, 김학사는 유난히 마음이 요란하며, 뒤숭숭했을 때나 슬픔에 가득 찼던 때에도 역시 군산월의 위로가 큰 힘이 되었다며 과거를 회상한다. 그러고서야 김학사는 군산월을 한양으로 데려갈 수 없는 이유에 대해 난처하고 어렵다고 언급한다. 그러나 김학사는 원래 군산월을 데려 갈 마음이 없었던 것이다. 다만, 군산월과의 약속과 김학사의 체면 때문에 떠나오기 전에 사람들에게는 군산월과 함께 떠났고, 이제는 어렵다는 이유로 군산월 버리려 한다. 이는 적소에서 보낸 외로움을 달래주었던 군산월과의 약속보다는 유교적, 도덕적 면모로써 보여지는 사대부의 모습이 더 중요했기 때문이다. 김학사는 자신이 잘못한 것도, 속인 것도 모두 인정한다. 하지만 김학사는 군산월에게 섭섭하게 알지 말고 좋게 가라고 타이른다. 본인의 잘못을 인정하면서도 용서를 구하지 않고, 좋게 넘어가자고 부추기는 부분에서는 김학사의 이기적인 면모를 엿볼 수 있다. 김학사의 입장에서 약속을 지키지 못한 것은 미안할 일이다. 철석같이 믿었던 사람에게 배신당한 군산월의 기분은 어땠을까? 김학사에게는 유배 생활의 끝이지만, 기생을 데려간다는 것은 껄끄러운 행동이다.

김학사는 지금 자신의 상황이 난처하고 어렵다며 그동안 고생한 군산월의 마음은 헤아리지 않는다. 처음부터 데려올 마음이 아니었다면, 이전에 약속을 지키지 못한 미안함을 전하며, 부모 형제와 이별하지 않도록 해야 했어야 군산월의 원망은 더 크지 않았을 것이다.

이는 김학사의 이중적인 모습을 드러낸 부분이다. 김학사는 군산월과의 약속보다는 사대부의 체면이 더 중요한 인물로 그려진다. 군산월에 대한 미안한 마음을 전하기는 하지만, 이 때문에 군산월은 안타까운 현실에 처하게 된다. 김학사에게 군산월에 대한 사랑이 조금이라도 남아 있었다면 그녀를 한양으로 가는 중간에 이별을 통보하지는 않았을 것이다. 단적으로 말하면, 김학사는 군산월을 이용하고, 자신의 이익만을 취한 인물이었던 것이다. 김학사에게 사랑하는 마음보다도 더 중요한 것은 그의 체면이다. 김학사는 유배를 온 상태였고, 유배지에서 기생을 만났다는 것 자체가 큰 모순이다. 그렇다고 그녀를 길거리에 버려두는 것 또한 사대부로서의 도리도, 여인을 사랑한 남자의 도리도 아닐 것이다.

② 3인칭 시점

3인칭 시점은 간접적 체험을 바탕으로 모든 사건을 객관화시키는 시점이다. 작가인 군산월의 눈에 비친 사건을 서술하고 있다. 그러나 사건의 전개는 본인이 직접 겪은 경험이 아닌 누군가에게 들은 이야기와 같은 형태를 취하고 있다. 이는 곧, 다른 사람의 시점으로 사건을 바라보며 객관적인 입장에서 증명할 수 있을 만한 내용을 적고 있는 것이다.

> 군순월이 감쪽 놀니 눈물 짓고 ᄒ난 마리/ 이기 참아 왼말이오 바릴 심ᄉ 게시거든/ 칠보ᄉ 거힝 셰에 아죡 멀이 하지/ 무단이 언약 밋고 멋번을 몸을 굽히든/ 졍이 틔ᄉ갓히 허다 ᄉ람 다 바리고/ 험코 험한 먼먼 가리 모시고오 왓더니/ 그다지도 무졍ᄒ오 그다지도 야속ᄒ오/ ᄉᄉ수수 멀고 먼딕 도라 가라 분부ᄒ니/ 이군불ᄉ 츙신졀기 나오리 ᄒ실비요/ 이부불경 구든 졀기 손여의 즉분이라/ 쵸슈오ᄉ 험한 기릭 이별ᄒ고 도라

제 2 장 <군순월이원가>의 작품 분석과 시·공간 구조 연구 65

가면/ 적적한 빈 방안의 독수공방 어이하며/ 십구셰 이닉 광음 속졀없시 되어고나/ 연연한 이닉 몸을 몇 쳘이 훌쳐다가/ 스고무친 타도타향 귀로 망망 이닉 힝지/ 이다지도 바리시오

　김학사의 변심에 대해 군산월이 토로한 부분이다. 군산월은 김학사의 돌아가라는 말에 눈물을 흘린다. 이는 군산월에 대한 김학사의 일방적인 이별 통보였으며, 김학사의 이별 통보는 군산월이 가졌던 꿈과 희망을 좌절로 만들었기 때문이다. 군산월은 김학사에게 아예 버릴 마음이었다면 여정을 출발하기 이전에 멀리하여 데려오지 말라는 원망의 말을 남긴다. 이는 군산월의 솔직하고 서운한 마음을 그대로 표현한 것이다. 그러나 김학사가 칠보산에서 그녀와 작별 인사를 하게 되는 또 다른 이유는 본인의 이기심 때문이다. 처음 김학사가 한양으로 돌아갈 때부터 군산월과 함께 길을 떠나고 싶은 마음이 없었을 지도 모른다. 다만 향산에서는 군산월의 부모님을 비롯하여 여러 많은 사람들에게 군산월을 데려갈 것을 맹세했기 때문이다.
　김학사는 자신의 고향으로 돌아가는 중에 본인의 체면을 걱정하여 그녀를 고향으로 데려간다고 할 수밖에 없었고, 이런 사정을 모르는 군산월은 김학사와 함께 한다는 마음에 마냥 기쁠 수밖에 없었던 것이다. 그러나 군산월은 고향에 있는 많은 사람들에게 작별인사를 하고 길을 떠났기 때문에, 다시 본인의 고향으로 돌아가야 하는 상황이 너무 어이없고, 황당했을 것으로 여겨진다. 그럼에도 불구하고, 군산월은 김학사에 대한 원망보다는 더 짙은 아쉬움을 드러낸다.
　군산월은 춘향이나 옥단춘처럼 기녀의 신분에서 양반의 신분으로 신분 상승을 욕망하는 인물로 그려진다. 이 부분을 통해 군산월의 욕망을 엿볼 수 있다. 즉, 군산월은 19세, 김진형은 53세로 두 인물의 나이는 34세 차이가 난다. 이런 나이 차이는 무엇보다도 군산월의 신분 상승에 대한 욕망이라고 볼 수밖에 없다. 김학사는 해배됨에 따라 한양으로 올라가야 할 인물이고, 군산월은 이런 그를 따라 한양으로 함께 가기를 염원한 마음으

로 함께 가고자 한다. 하지만, 도중에 김학사의 버림으로 그녀는 다시 고향으로 돌아가야 하는 신세가 되어 버리고 만다.

> 군순월리 하는 마리 가련하오 이닉 신셰/ 쳐량ㅎ오 이닉 신셰 다시 엇지 보오릿가/ 이쳘이쳔의 밧긔 겨영ㅎ여 오실잇가/ 다시 보즈 당부하면 나 으리게 악담이요/ 영 이별ㅎ자 하니 손여 신셰 금안이라/ 구양 곳 아니시면 북천을 어이오며/ 손여 곳 아니시면 이별ㅎ리 뉘 이실고/ 이 길노 도라셔 가면 화쵹동방 빈 방안의/ 이탁 업난 이닉 신셰 뉘을 닛고 ᄉ즌말고/ 히ㅎ셩 춘야월의 우거인이 쳐량ㅎ고/ 빅수쳥ᄉ쳐문 날의 정부 심회 쳐량ㅎ고/ 압 남순 샹샹봉의 망부석 슬푸도다/ 칠월칠셕(일) 오즉교의 견우직녀 부려와라

이 부분 역시 마찬가지로 시적 화자는 군산월이다. 군산월은 가련하고 처량하다는 자신의 신세를 한탄하며, 약속을 지키지 않은 김학사를 원망하고 또 원망한다. 그럼에도 불구하고, 군산월은 김학사를 붙잡거나 따라가겠다고 억지를 쓰지 않는다. 그저 사랑하는 님을 다시 볼 수 없는 안타까움을 드러내면서도 그와 헤어지기 싫은 이별의 심정을 드러낼 뿐이다. 더불어 군산월은 김학사를 다시 볼 수 없음을 짐작하면서도 김학사를 염려하고 있다. 그러나 그녀의 내면에는 안타까운 심정보다는 이별 때문에 겪어야 하는 아쉬움과 원망이 더 짙게 드러나 있다. 이는 자신의 심정을 드러낸 부분으로, 군산월과 김학사의 이별은 그 누구를 위한 것도 아니다. 이별을 제안한 인물이 김학사이고, 이별을 받아들이는 인물은 군산월이다. 이는 김학사와 군산월의 권력 양상을 드러냈다고도 볼 수 있을 것이다.

군산월은 자신의 고독한 심경을 "화촉동방 빈방에 의탁없는 신세"라 하고, "해하성 춘야월의 우미인"과 "벽수 청산 저문 날에 정부"에서는 처량한 심경을 본인의 상황에 비유하며 외로운 마음을 달래고자 한다. 또한, 남산 상상봉의 망부석처럼 군산월 역시 김학사를 기다리겠다는 일편

단심(一片丹心)의 마음을 보여주며, 망부석의 슬픔이 곧 자신의 슬픔이 되었다고 토로한다. 시적 화자는 견우직녀를 비유하여 부러운 마음도 함께 드러낸다. 즉, 시적 화자가 비유하는 견우직녀는 일 년에 하루, 칠월 칠석에만 만날 수 있기 때문이다. 일 년에 한 번이라도 오작교를 통해 만난다는 것을 매우 부러워하고 있는 것이다. 이는 군산월이 다시 만날 수 없는 김학사에 대한 그리운 마음을 비유한 것으로 볼 수 있다.

> ᄌ부시오 눈물이 흘너나려 반쥰 수리/ 흔 준되고 흔 준 수리 넘쳐고나 다감다감/ 도라셔셔 남북으로 향ᄒ 셜지 또 다시/ 당부하되 잘가거라 잘 가시오 군ᄉ월이/ 거동 보소 츄파를 넌젓드러 학ᄉ 풍치/ 다시 보고 우시며 허락ᄒᄂ/ 그 우슘이 진정인가 어이없ᄂ 우슘되고/ 눈물이 소ᄉ 나고 우름 화ᄒ 우슘이라

군산월은 슬프고도 서운한 마음을 읊고 있다. 군산월은 김학사가 혹시나 말을 바꾸지 않을까 하는 마음 때문에 집으로 돌아가는 걸음마다 돌아본다. 그러나 도리어 잘가라며 인사를 한다. 군산월의 희망은 절망으로 변하고, 그 절망은 본인 스스로 사리분별을 하지 못하고 세상 물정을 모르는 바보로 만들어 버린다. 김학사는 군산월에게 술잔을 잡아 술 받기를 권하고, 버림받은 군산월은 김학사가 주는 이별주를 마신다. 군산월의 술잔은 눈물로 채워졌음을 서술하고, 이는 극한의 슬픔을 드러낸다. 또한, 군산월은 돌아서서 남북으로 향하는 모습에서는 헤어짐을 드러내며, 또다시 이별에 대한 안타까운 감정을 드러낸다.

이별 인사가 끝난 후, 혹시나 하는 마음에 군산월은 김학사의 움직임을 살피지만, 군산월은 슬프지 않은 것처럼 눈을 들어 지긋하게 김학사의 풍채를 바라보며 웃기에 이른다. 이 웃음은 기쁨의 의미가 아니라 자신을 버리지 말고 데려가 달라는 아쉬움의 의미라고도 볼 수 있다. 그러나 이는 다시 어이없음을 드러내는 웃음으로 변하며, 슬픔의 웃음으로 변한다. 처음에는 아쉬움의 의미로써의 웃음으로 시작하였으나 시간이 지나 어이

없는 상황에서 다시 슬픔으로 변하며, 웃음은 눈물로 전환된다. 이는 군산월의 심경 변화를 가장 잘 표현한 부분이라 할 수 있다. 한편으로는 약속을 어긴 김학사의 당당함과 더불어 군산월의 슬픔을 엿볼 수 있는 부분이기도 하다. 슬픈 마음을 주체할 수 없을 듯한 군산월의 모습은 웃음으로 어이없는 현실을 폭로하고 있다. 그 이후에는 어이없음과 억울함조차도 웃음으로 드러낸 역설적 표현을 묘사하며, 결국 군산월은 눈물로 자신의 감정을 표현한다.

위의 세 예문에 드러난 시적 화자는 모두 군산월이다. 그러나 군산월은 직접 본인을 '나'라고 언급하지 않고 본인 이름을 직접 부르며 자신의 이야기를 설명하고 있다. 이는 극적 효과를 높이기 위한 수단이기도 하며, 어떤 사건에 대한 객관적인 모습을 반영하고자 하는 시적 화자의 의지를 드러내는 부분이기도 하다.

작품의 시·공간적 구조

〈군순월이원가〉는 순차적 시간의 흐름을 드러내고 있다. 과거에서 현재, 그리고 미래에 이르기까지의 시간을 공간과 연결 지어 그 구조에 대해 살펴볼 수 있다. 〈군순월이원가〉의 시·공간 구조는 크게 세 가지로 나눌 수 있다. 1) 과거의 어느 때: 고정 공간, 2) 현재의 상황: 이동 공간, 3) 미래의 모습: 상상(환상) 공간이다. 공간적 구조는 각각 시간의 흐름과 연관되어 있음을 알 수 있다. 즉, 그 첫 번째가 바로 고정 공간으로 과거를 나타내는 시간이다. 고정 공간은 '김학사와 군산월이 처음 만났던 공간'으로 서로 운명적인 관계로 얽혀 있음을 드러내기도 한다. 이와는 반대로 두 번째는 이동 공간으로 현재의 시간을 나타내고 있다. 이동 공간은 '김학사와 군산월의 이별 공간'으로 등장하며, 김학사의 변심 과정과 연관되어 있음을 알 수 있다. 세 번째는 상상[환상] 공간인 미래의 시간이다. 상상[환상] 공간은 이별 이후에 드러난 공간이면서 동시에 군산월이 홀로 남겨진 외로움의 시간을 의미하기도 한다. 따라서 작품에 드러난 사건들을 통해 작품의 시·공간 구조에 대해 살펴보도록 하자.

1. 과거의 어느 때 : 고정 공간

'고정(固定)'은 움직이지 않고 한 곳에 머물러 있음이다. 고정은 이동과는 서로 반대되는 개념이다. 고정은 처음에 머물러 있는 그 상태이며, 닫힌 공간을 나타낸다. 이 작품에 등장하는 고정 공간은 크게는 김학사가 유배온 '함경도 명천'을 말한다. 함경도 명천은 처음 김학사와 군산월이 만났던 곳이기도 하고, 군산월의 고향이기도 하다. 작품에는 잘 나타나 있지 않지만, 함경도 명천은 김학사가 군산월을 만난 행복한 공간으로 그려진다. 그러나 작품에는 '칠보산'이라고만 언급할 뿐 고정 공간에 대해서는 자세히 드러나지 않는다.

> 학수 이번 정비 학수의 익운인가/ 이닉 몸의 연분이셔 연분츳주 와겻눈가/ 연분이 즁코 즁히 하날님이 둘너눈가/ 젼싱의 연분이셔 승샹님이 보닉신가/ 칠보순 첫 안면의 연약이 금셕갓다/ 칠보산 거힝하고 본집의 도라와셔/ 나으리 믹시기을 예의로 뫼셔 보식/ 뉵예은 업슬 망정 소군체법 다를 손가

작품의 첫 부분은 이별의 상황에 대한 군산월의 기박한 신세를 언급하고 있다. 시적 화자는 김학사가 유배온 이유를 액운 때문인지, 자신과의 연분 때문인지 모른다며, 자신과 김학사의 운명적 만남을 강조한다. 또한, 이러한 운명은 하늘의 도움으로 이루어졌고, 전생부터 지금에 이르기까지 연결되었음을 언급한다. 즉, 이렇게 만날 수 있었던 상황이 자신과의 끈끈한 운명적 만남으로 시작되었음을 나타낸 것이다. 시적 화자는 김학사와 처음 만난 때를 회상한다. 그들의 첫 만남은 '칠보산'에서 시작되고, 그들은 그곳에서 영원한 사랑을 언약하기에 이른다.

군산월과 김학사의 이별 과정에서 고정 공간은 작품의 주인공들이 등장하여 서로 만나는 상황을 드러낸다. 고정 공간에는 원래 군산월 혼자

존재했지만, 김학사의 유배로 인해 기생의 공간에 침범함을 의미한다. 그러나 공간은 변화가 일어난다. 군산월 혼자 있던 원래의 공간이 김학사와의 공유 공간으로 변모되었으며, 이는 사랑을 나누는 공간으로까지 발전하게 되었음을 나타낸다. 무엇보다도 이 작품에서는 공간에 대한 구체적인 언급이 나타나지 않았다는 것이다. 그 이유는 이야기의 시점 자체가 이별부터 드러났기 때문이다. 즉, 고정 공간은 과거의 어느 때를 의미하는 것이 아니라 과거 자체를 의미하기 때문이다.

군산월과 김학사가 서로 만나 사랑한 그때, 군산월을 저버리지 않겠다는 김학사의 약속을 만들었던 그때가 모두 고정 공간 속에 포함된다. 이 공간은 원래 군산월의 공간이기도 하지만, 김학사가 유배와서 함께하게 된 공간이기도 하다. 작품의 고정 공간은 명확한 장소가 등장하지 않는다. 왜냐하면 작품은 군산월과 김학사의 사랑이 주된 주제가 아니라 이별이 주제가 되기 때문이다. 그래서 작품에서의 고정 공간은 눈에 띄게 드러나지 않으며, 회상의 공간으로 '칠보산'이라는 간단한 지명만을 언급하고 있을 뿐이다.

2. 현재의 상황 : 이동 공간

이동 공간은 고정 공간과는 반대로 움직임이 드러난 공간으로, 주인공들의 이동 경로를 나타내고 있다. 즉, 시적 화자가 있는 칠보산에서 김학사의 고향인 한양으로의 움직임이 잘 나타난다. 그러나 작품에서 드러난 이동 공간은 어떤 지정된 장소에 머무르지는 않는다. 즉, 시간의 흐름을 드러낸 공간의 표현으로 사용되고 있다고 볼 수 있다.

작품에 등장하는 대부분의 공간은 '길'이다. 인물들의 여정을 설명하고 있기 때문에, 인물들은 지정된 하나의 공간이 아닌 길 위에 있다. 길 위에 있는 것은 시간과 공간의 지배를 받고 있다는 뜻이기도 하다. 시간과 자아의 두 통일체 사이의 상호 의존 관계가 예술작품의 통일성을 구성한다.[19]

---

19) H.Meyerhoff, Time in Literature, 김준오 역, 『文學과 時間現象學』, 심상사, 1979,

제 2 장 <군산월이원가>의 작품 분석과 시·공간 구조 연구 71

남복을 가라 입고 츄풍의 말을 타고/ 향순을 떠느 오니 고향이 ᄒ직일ᄉ/ 나으리 나선 풍치 귀흥이 도도ᄒ여/ 어서 오라 급히 가ᄌ 풍셜이 고이 ᄒ니/ 저즘의 너으몸이 상하기 쉬우리라/ 젹긱손 일연만의 향순을 향ᄒ 셔니/ 시각이 민망ᄒ고 일시가 슘츄갓다/ 약한 긔집몸이 여러 날을 길의 나셔/ 노독이 틱심ᄒ다 닉 온길 싱각ᄒ니/ 견싱인가 몽즁인가 탄막의 ᄌ 을 ᄌ고/ 아츰의 조반 후의 힝장을 슈습ᄒ여/ 슐 먹고 이러셔니 나으리 거동보소/ 변식ᄒ고 하는 마리

　김학사의 해배 후, 군산월과 함께 김학사의 고향으로 향하는 길목에서 하는 대화이다. '탄막'은 시골 길가에서 밥과 술을 팔고 나그네의 잠자리를 제공할 수 있는 집이다. 여행 중에는 편하고 깨끗한 잠자리를 기대할 수 없다. 하지만, 김학사는 양반이고, 양반의 여정이기 때문에 그나마 편안한 여정을 보낼 수 있게 되는 것이다. 군산월의 입장에서 여정이 힘들더라도 사랑하는 김학사와 함께라면 모든 것을 다 잘 해낼 수 있을 듯하다. 심지어 기쁘기까지 할 것이다. 하지만, 군산월의 마음을 배려하지 않은 채 김학사는 아침을 먹고 행장을 수습한다. 그리고는 술을 먹고 일어서서 얼굴빛을 바꾸며 군산월에게 이별을 통보한다. 김학사는 이별 통보를 위해 아침을 먹고는 그렇게 서둘러 행장을 수습한 듯하다.
　여기 등장하는 '향산', '길', '탄막'은 모두 군산월과 김학사가 함께 경험한 실제 공간이며, 이러한 이동 공간을 나열하여 두 인물에 대한 이별 과정을 그리고 있다.

이긔 참아 왼말이오 바릴 심ᄉ 게시거든/ 칠보순 거힝 셰에 아죽 멀이 하지/ 무단이 언약 밋고 몃번을 몸을 굽히든/ 졍이 틱손갓히 허다 ᄉ람 다 바리고/ 험코 험한 먼먼 가릭 모시고오 왓더니/ 그다지도 무졍ᄒ오 그다지도 야속ᄒ오/ 손손수수 멀고 먼딕 도라 가라 분부ᄒ니/ 이군불ᄉ 츙신졀긔 나으리 ᄒ실빅요/ 이부불경 구든 졀긔 손여의 즉분이라/ 초슈

70~71쪽.

오슌 험한 기릭 이별ᄒ고 도라가면/ 젹젹한 빈 방안의 독수공방 어이하며/ 십구셰 이닉 광음 속졀없시 되어고나/ 연연한 이닉 몸을 몇 쳘이 훌쳐다가/ 스고무친 타도타향 귀로망망 이닉 힝지/ 이다지도 바리시오

　군산월은 갑작스런 김학사의 이별 발언으로 인해 놀라움을 표현하는 부분이다. 언급한 대화에 등장하는 '칠보산'은 김학사와 군산월이 사랑과 약속을 나눈 공간으로 회상된다. 그에 반해, '험코 험한 먼먼 가릭', '슌슌 수수 멀고 먼딕', '초슈오슌 험한 기릭' 등의 공간적 성격은 험하고 멀다는 것으로 어렵고 힘든 여정을 드러내고 있다. 또한, 이는 군산월이 명천을 떠나 김학사를 따라 한양으로 가는 그녀의 심경을 대변한 것이라 할 수 있다. 만약, 김학사와 함께 가는 길이 즐겁고, 기쁜 마음이라면 아무리 멀고 험한 한양길이라도 군산월은 즐거운 마음으로 가고 있기 때문에 가는 길 자체가 멀고 험하지는 않았을 것이다. 그러나 군산월은 김학사와 함께 가는 멀고 험한 길이라는 것으로 본인의 심경을 제시한다. 이러한 공간적 성격은 이 작품의 장르를 결정지을 수 있는 부분이기도 하며, 작가의 의도를 엿볼 수 있는 구절이기도 하다.

군슌월리 하는 마리 가련하오 이닉 신셰/ 쳐량ᄒ오 이닉 신셰 다시 엇지 보오릿가/ 이쳘이쳔의 밧기 겨영ᄒ여 오실잇가/ 다시 보즈 당부하면 나으리게 악담이요/ 영 이별ᄒ자 하니 손여 신셰 금안이라/ 구양 곳 아니시면 북쳔을 어이오며/ 손여 곳 아니시면 이별ᄒ리 뉘 이실고/ 이 길노 도라셔 가면 화쵹동방 빈 방안의/ 이탁 업난 이닉 신셰 뉘을 닛고 스즌 말고/ 희ᄒ셩 춘야월의 우거인이 쳐량ᄒ고/ 빅수쳥슌져문 날의 졍부 심회 쳐량ᄒ고/ 압 남슨 샹샹봉의 망부셕 슬푸도다/ 칠월칠셕(일) 오쥭교의 견우직녀 부려와라/ …… 즈부시오 눈물이 흘너나려 반즌 수리/ ᄒ 즌 되고 ᄒ 즌 수리 넘쳐고나 다감다감/ 도라셔셔 남북으로 향ᄒ 셜지 또다시/ 당부하되 즐가거라 즐가시오 군슌월이/ 거동 보소 츄파를 넌젓드러/ 학스 풍칙 다시 보고 우시며 허락ᄒᄂ/ 그 우슴이 진졍인가 어이없는 우슴되고/ 눈물이 소스 나고 우름 화히 우슴이라

군산월이 집(고향)으로 돌아가야 하는 상황을 드러낸 부분이다. 여기에 드러난 공간은 '북천', '빈 방안', '앞 남산'이다. 이 공간들은 모두 군산월이 지금 경험하고 있는 공간들이 아니다. 과거의 공간으로 회상을 드러낸 부분이며, 이는 곧 상상 속의 공간으로 대체되어 나타났다고 볼 수 있다. 즉, 군산월은 이전에 경험했던 공간들을 통해 이별 이후의 상황을 설명하고 있다. 그러나 이 작품에서는 이러한 경험 공간뿐만 아니라 실제 공간도 존재한다. 여기 등장하는 실제 공간인 '길'은 갈 곳 없이 방황하는 본인의 상황을 여실히 보여주는 곳으로 등장한다. 이처럼 '길'은 명천[칠보산]에서 한양으로 가는 매개 공간이 된다. 동시에 '길'은 사랑과 이별의 매개 공간이 되기도 한다. 김학사는 해배가 되자마자 고향인 한양으로 돌아가고자 하며, 그 돌아가는 길을 군산월과 함께 하고자 한다. 군산월은 버려진 본인의 신세를 '길'에 의미를 두어 설명하고 있다. 여기 등장하는 김학사의 해배는 진정한 자유가 아니다. 김학사에게 진정한 자유의 획득이란 군산월마저 버리고 오롯이 혼자일 때에야 비로소 가능해지게 된다. 이 작품에서 등장한 김학사는 구속과 자유의 반복을 통해서 김학사의 욕망을 상징적으로 보여준다고 할 수 있다. 이런 군산월을 버릴 수 있는 공간으로 '길'이 선택되었고, 이 '길'은 선택의 공간이 되어 버리고 만다. 앞에서 제시한 '북천', '빈 방안', '길', '앞 남산'은 구체적으로 언급되어 있지 않다. 하지만, 이 공간이 갖는 의미들은 서로 다르겠지만, 이동 공간으로 곧 열린 공간을 나타내며, 두 인물의 이별 과정 가운데서도 정점을 드러내고 있다고 볼 수 있을 것이다.

3. 미래의 모습 : 상상[환상] 공간

상상[환상] 공간은 김학사와 군산월의 이별 과정이 끝난 이후의 상황을 드러낸다. 이 부분은 명확한 공간이 존재하지 않는다. 그렇다고 이동하는 공간을 나타낸 것도 아니다. 다만, 어떤 공간인지 알 수 없는 어딘가의 '그곳'으로 정해 상상[환상] 공간을 드러낸 것이다. 작품의 마지막 부분을 살펴 공간 양상에 대해 알아보자.

> 혼잣말노 ᄒᆞ는 마리 이곳시 어듸민요/ 북천이냐 남천인냐 고향이냐 타향이냐/ 젼싱이냐 이싱이냐 김학ᄉᆞ가 무정튼가/ 군ᄉᆞᆫ월이 박보튼가 이곳듸 죽ᄌᆞ한들/ 죽난 줄을 뉘가 알며 셔른 ᄉᆞ졍 뉘가 알고/ 시럼으로 눈물노 밤 ᄉᆡ우고 단독고신/ 늬 한 몸이 어듸로 가ᄌᆞᆫ말고/ 빅셜은 분부하고 낙엽은 만ᄉᆞ한듸/ 남북이(을) 분간업고 손도 셜고 물도 션듸/ 지향이 아득하여 오든 길 ᄉᆡᆼ각ᄒᆞ니/ 벼면이 지늬왓다 이를줄 아르스면/ 익히ᄂᆞ 보올 거슬 이 지경이 뜻밧기라/ 흠양의 도라간들 부모동ᄉᆡᆼ 어이 보며/ 원근친쳑 어이 볼고 비횡을 ᄌᆞ위조고/ 근근이 도라가셔 졀ᄒᆡᆼ을 직히고셔/ 일부종신 ᄒᆞ여셔라 ᄎᆞᆼ안이 빅발되고/ 무릅히 귀 넘도록 셰월을 보늬시니/ 그 아니 쟝할 손가

군산월의 독백을 제시하고 있다. 이는 곧 김학사 무리가 길을 떠난 이후의 상황을 드러낸 부분이기도 하고, 군산월이 혼자된 자신의 처지를 표현한 부분이기도 하다. 즉, 군산월과 김학사의 대립 양상을 통해 그 둘의 관계를 나타내고 있다. 이 부분은 군산월의 독백이다. 그러나 본인의 상황만 언급하지 않고, 상대인 김학사의 상황까지도 이해하며 서술한 부분이기 때문에 눈에 띈다. 군산월은 북천과 남천, 고향과 타향, 전생과 이생으로 서로 이항대립을 시켜 복잡한 본인의 심정을 드러내고 있다. 즉, 이는 어떤 곳인지 알지 못하는 공간적 무의식을 통해 당황한 모습을 역력히 볼 수 있는 구절이기도 하다. 이런 공간적 무의식은 바로 군산월과 김학사의 관계처럼 서로 대립되어 나타났음을 알 수 있다. 군산월은 돌아가는 도중에 죽어도 아는 사람이 없을 것이고, 본인이 배신당한 서러운 심정 또한 알아주는 사람이 없을 것이라며, 자신의 외로운 감정으로 작품을 마무리하고 있다. 또한, 군산월은 왔던 길을 다시 되돌아 고향으로 가야 하지만, 그런 길조차 모른다며 다시 고향으로 돌아갈 것이라는 생각을 꿈에도 하지 못하였음을 제시하고 있다. 군산월은 스스로를 위로하지만, 고향으로 돌아가 가족들을 다시 보려니 무안함과 창피함이 생겨난다. 그러나

이내 본인의 신세를 스스로 위로하며 어찌할 도리가 없으니 다시 고향으로 돌아간다. 하지만 군산월은 절행(節行)을 지켜 김학사를 잊지 않겠다며 일편단심(一片丹心)으로 본인의 마음을 다짐한다.

마지막 두 구절은 단락의 연결이 매우 어색하다. 그런 까닭에 누구에게 하는 말인지도 분명하지 않다. 본인 스스로 하는 말인지, 누군가에게 전달하고자 하는 말인지도 알 수 없다. 따라서 이야기 이후에 제3의 인물이 작품 뒤에 붙여넣은 구절이라 보는 견해도 있다.[20] 젊고 예뻤던 어린 군산월의 모습은 사라지고, 세월이 지나 늙고 마르고 핏기 없는 자신의 얼굴과 백발의 머리 등의 폭삭 늙어버린 자신의 모습을 발견하게 된다.

맺음말

이 글은 19세기 가사 〈군산월이원가〉의 내용과 형식으로 분석하고, 작품에 드러난 시·공간적 구조를 살펴보았다. 〈군산월이원가〉는 애정가사(愛情歌辭)로, 두 인물의 갈등을 드러낸 작품이라 알려졌다. 그러나 이 작품은 애정가사라기보다는 기생이라는 인물이 지은 기생가사 혹 기녀가사라고 해야 옳다. 그 이유는 사랑을 이루지 못한 이별을 노래하고 있기 때문이다. 즉, 사랑하는 연인과의 약속을 지키려는 군산월과 양반의 체면을 지키려는 김학사 사이의 갈등은 쉽게 풀리지 않았던 것이다.

작품의 분석을 통해 두 인물 사이의 관계를 작품의 구조와 형식적 특성으로 나누어 살펴보았다. 작품의 구조는 사건을 중심으로 하여 단락별로 나누었고, 형식 분석은 크게 세 가지로 나누었다. 1) 대화체 형식, 2)

---

[20] 마지막 두 줄은 누구한테 한 말인지 분명하지 않다. 홍안이 백발이 되고 무릎이 귀 넘는다는 말은 오래도록 또는 늙어 죽도록이라는 뜻인데 군산월한테 한 말이면 군산월이 그렇게 오래 살았다는 말이 된다. 이렇게 보면 이 부분은 앞부분과 다른 제 삼자의 총평인 셈이다. 김진형은 해배 후 1855년 홍문관 부교리가 되었고, 사헌부 장령, 장악원정을 거쳐, 1857년에는 당상관에 이르렀다. 그리고 이후 동부승지, 좌부승지, 초산도호부사 등을 지냈다. 김진형이 말년에 군산월을 고향에 데려와 함께 살았는지는 잘 모르겠다. 정병설, 앞의 책, 2007, 103쪽.

고사의 인용, 3) 시점의 변화이다. 이러한 의미 분석을 바탕으로 시·공간적 구조를 통해 의미들을 제시하면 다음과 같다. 1) 과거의 어느 때: 고정 공간, 2) 현재의 상황: 이동 공간, 3) 미래의 모습: 상상[환상] 공간으로 시간과 함께 연결시켜 볼 수 있었다.

제 3 장
『염요(艷謠)』를 통해 본, 풍류 공간의 사회문화적 의미

　이 글에서는 19세기 창작된 『염요(艷謠)』의 여러 작품들 가운데 기생을 소재로 한 가사와 시조들을 바탕으로 풍류 공간의 사회문화적 의미를 살펴보고자 한다. 작품은 양반 남성과 공주 지역 기생들의 잔치 현장을 엿볼 수 있는 작품들로, 작품의 뒷부분에 제시된 치제문(致祭文)을 제외하고 시조와 가사 모두 4편을 텍스트로 삼을 것이다.
　『염요』는 미국 버클리대학 아사미문고에 있는 책이다. 이 책은 총 29장으로 되어 있으며, 앞의 6장에는 국한문 혼용의 시조, 가사들이 실려 있고, 뒤의 23장에는 한문으로 정조(正祖), 효종(孝宗)에 대한 치제문(致祭文)이 수록되어 있다. 치제문들은 그저 베낀 것에 불과하지만, 앞에 실린 두 편의 가사와 두 편의 시조[1]는 모두 공주(公州)의 아전들과 기생들의 잔치를 배경으로 하여 창작되었음을 알 수 있다. 그리고 이 작품들을 통해 실제 양반과 기생들의 잔치 모습을 엿볼 수 있어서 매우 흥미롭다고 할 수 있다. 맨 앞의 두 작품에는 과거 시험에서 등수를 매기는 것처럼, 작가의 이름과 함께 '이상(二上)'이니 '삼상(三上)'이니 하는 등급이 매겨져 있다. 이는 잔치가 이루어진 향유 공간에서 아전배들이 기생들에게 시조(時調), 가사(歌辭)를 짓게 하고, 그 작품에 등수를 매겨 상을 주는 놀이[2]의 일종이 이루어졌음을 의미한다. 이러한 놀이의 형태가 존재했고,

---

[1] 정병설, 「기생 잔치의 노래: 〈염요〉」, 『국문학연구』 13, 국문학회, 2005, 159쪽에서 원래 "다섯 편의 작품"이라 하였다. 이유는 〈단가〉의 작품이 3수, 〈추칠월기망범주서호가〉의 작품이 2수로 모두 총 다섯 편의 작품이 있기 때문이다. 그러나 논자는 작품의 편수로 생각하고자 두 편의 시조로 정정하여 언급하고자 한다.
[2] 기생들을 모아 백일장을 열어 시조, 가사를 짓게 하고 등수를 매긴 것이다. 기생들을

그 작품이 남아 있는 것으로 보아 이 작품은 19세기의 놀이문화를 언급하기에 매우 훌륭한 작품이라 생각한다. 작품에 등장하는 아전으로는 김병방(金兵房), 서풍헌(徐風憲), 박별장, 기고관, 박승방, 노형방 등의 관직과 이름이 보이고, 기생으로는 형산옥, 조운, 선아, 준예 등 여러 기생들의 이름이 등장한다. 놀이의 상황이 매우 구체적으로 드러나 있어 현장의 생동감을 더욱 크게 느낄 수 있다. 더불어 작품에 등장하는 갑술년은 1874년[3]으로 작품의 창작 시기도 이 즈음으로 추정할 수 있다.

『염요』에 대한 연구는 그리 많지 않다. 선행 연구로는 정병설이 유일하다. 정병설은 『염요』의 서지사항을 소개하고, 각 작품들의 특징에 대해 간단히 논하고 있다. 작품에 대한 구체적인 논의가 이루어지지 않았기 때문에 이를 토대로 작품을 분석한다면 문화사회학적 의미를 찾고, 이를 접목시켜 19세기의 기생들의 사회문화사를 설명하는 데에도 큰 의의가 있을 듯하다.

이 글에서는 『염요』에 실린 2편의 가사와 2편의 시조를 텍스트로 삼고자 한다. 책에 수록된 다른 작품들은 시책문(諡册文)과 애책문(哀册文), 지문(誌文) 등으로 작품의 내용이 공주지역의 문화사회적 의미를 다루거나 기생들의 풍류 양상들을 논하기에는 적합하지 않기 때문이다. 또한, 작품의 창작자에 대해 2편의 작품은 기생인 '인애'와 '형산옥'이라는 이름이 분명히 드러나 있다. 그런 반면, 다른 두 작품은 작자 미상으로 알려져 있다.

〈화산교가〉는 제목 밑에 '기생 4~5명을 데리고 화산교에서 모여 술을 먹다가 영문(營門) 안으로 들어가 흥(興)이 다하지 못하여 흩어졌는데, 갑자기 크게 겁이 나고 풍비박산하여 기절할 경색이 펼쳐지니 그를 기록하

모아 백일장을 벌인 일은 명청 중국에서도 꽤 성행한 일이다. 그 성적을 적은 것을 화안이라 하며, 또 등수를 정해 장원을 뽑고 결과를 발표하는 것을 과거시험을 흉내 내어 화방이라 한다. 이는 『판교잡기』, 『연대선회품』 등에 잘 나타나 있으며, 이 책들은 조선에서도 꽤 읽혔다. .... 이 가사는 일종의 기생 백일장에 제출된 작품이다. 그래서 그런지 작품에 상투어가 많고 상사가로서의 진정성은 약하다. 정병설, 『나는 기생이다.- 소수록 읽기』, 문학동네, 2007, 147쪽.
3) 정병설, 앞의 논문, 2005, 159쪽.

노라'4)라 하여 배경을 자세하게 설명하고 있다. 『조선왕조실록』의 기록을 토대로 작품을 살펴보면, 작품이 창작될 당시 공주지역은 기근(飢饉)으로 매우 힘든 시기였음을 알 수 있다. 이를 감안한다면, 기생들과 함께 잔치를 벌인다는 것만으로도 나라에서는 규제할 만큼 큰 사안이었던 것이다. 더불어 작품에서 양반들은 금지령을 어기고 잔치를 벌이다가 단속에 걸려 혼비백산 달아나는 광경을 묘사하고 있는 상황이라는 설명을 덧붙이고 있다. 따라서 작품의 작가가 어떤 인물인지는 정확히 알 수 없지만, 작자는 양반 사대부나 중인층일 가능성이 크다. 그렇기 때문에 이처럼 나라가 위기에 놓인 상황에서 기생들과 함께 잔치에서 놀았다는 사실이 알려진다면 큰 위기를 맞을 수 있었을 것이다. 그렇기 때문에 이 작품은 작가 미상으로 남겨 놓았다는 가능성을 배제할 수 없을 것이다.

작품의 앞부분에 실린 2편의 가사와 2편의 시조는 모두 공주지역의 아전 무리들과 기생들이 잔치를 벌이며 지은 것이다. 그 과정에서 기생들에게는 백일장을 열어 시를 짓게 하였고, 이는 잔치의 흥을 돋우게 하기 위함이었음을 알 수 있다. 이러한 상황을 통해 실제로 벌어진 잔치에서 기생들과 함께 백일장을 열었고, 이 백일장은 기생들이 시와 가사를 짓는 대회 형식의 놀이였음을 알 수 있었다. 즉, 이러한 백일장은 놀이의 하나였고, 잔치의 일부분이었음을 나타낸다고 볼 수 있다. 19세기의 놀이문화를 드러내는 매우 흥미로운 내용이라고 할만하다.

『염요』는 기생들에 의해서만 창작된 작품집은 아니다. 그렇기 때문에 기생과 양반들의 풍류(風流)를 엿볼 수 있는 자료집이라 할 수 있다. 따라서 이 글에서는 『염요』를 통해 기생과 양반의 풍류 공간을 살피고, 이를 통해 드러나는 사회문화적 의미에 대해 고찰할 것이다. 그러기 위해서는 먼저, 작품의 시대적 상황을 알고 그 시대와 맞물려 드러나는 공간들의 특징을 살펴야 한다. 그래야만 사회문화적인 의미들에 대해 논의할 수 있기 때문이다.

---

4) 『염요(艷謠)』, 국립중앙도서관, 〈화산교가(花山橋歌)〉, 七月三十日夜 公山吏校輩 扶四五妓 會飲花山橋矣 入於營廬中 未盡而散大生恐怵 風飛雹散 景色絕倒 故識之.

작품의 시대적 상황

조선은 유교 사상에 기반을 둔 봉건사회로 신분제도(身分制度), 남존여비사상(男尊女卑思想) 등의 영향을 받았다. 그런 이유로, 조선은 기생에게는 천민 신분을 가진 계층과 젠더(gender)로서 매우 불리한 조건을 갖춘 사회였다. 이에 두 조건을 모두 포괄하는 기생들에게 조선은 말할 필요도 없는 부조리하고도 불평등한 사회로 인식되어 왔던 것이다.

조선의 기생들은 신분으로는 천민 계급을 유지하고 있었다. 하지만, 그녀들은 대체로 양반들과 교류하여 양반층의 문화를 흡수, 전파할 수 있었고, 특별한 경우에는 임금과의 교류까지도 이루어졌다고 전해진다. 그래서 봉건사회에서 기생들은 천한 계층이면서도 양반의 문화를 향유할 수 있는 매우 특수하고 독특한 신분계급을 가진 인물들이라고 말하는 것이다. 그러므로 기생들은 양반과의 문화 교류를 위해 전문적인 기예(技藝)를 교육을 받아야 했고, 시대마다 유행하는 춤[무용], 노래[음악], 문학, 미술[서예, 서화] 등에 이르기까지 양반 남성들의 문화를 향유하기 위해 이를 전달, 계승하기까지 하였다고 전해진다.

17, 18세기에 이르면서 기생들은 의녀와 침선비가 동일시되는 현상이 일어났고, 진연(進宴)을 위해 지방에서 기생들을 선발하기도 하였다고 전한다. 때로는 기생들의 수가 모자라 다른 기생들을 선발하기도 했다고 하며, 그 후에는 그들을 돌려보내라는 명령에 의해 장악원에서 그들을 풀어 보냈으나 상의원의 침선비로 소속시켰다고 한다. 이는 이들을 기생들로 잡아 놓기 위한 조처로 보인다. 19세기도 17, 18세기의 제도와 비슷하게 계승되었지만, 17세기 중반을 지나면서 의녀와 침선비가 기생과 동일시되는 현상이 일어나게 되면서 궁중의 잔치나 양반 사대부들의 연회에까지 동원되었고, 그렇지 못한 기생들은 기방(妓房)을 열어 따로 영업 행위를 하기도 했다고 전한다.5)

---

5) 강명관, 「조선후기 기녀제도의 변화와 경기(京妓)」, 『한국고전여성문학연구』 18, 한국고전여성문학회, 2009, 18~19쪽.

『염요』의 작품들은 19세기에 창작되었다. 19세기라는 시점은 '고전과 근대의 교차점'이 발생하는 시기이며, 봉건사회의 과도기에 해당하는 시기이다. 그러나 이 시기의 공주지역은 가뭄과 홍수가 빈번하게 일어났다고 전한다. 『조선왕조실록』 공주목에 대한 기사 내용 가운데서도 『염요』의 배경이 되는 1874년 4월부터 7월까지의 기록을 살펴보면 다음과 같다.

> 공주목이 수재를 당해 사람들에게 휼전을 베풀었다.[6)]
>
> 충청감사(忠淸監司) 성이호(成彝鎬)가, '공주(公州) 등 고을의 사람들이 물에 빠져 죽고 집이 떠내려가고 무너졌습니다.'라고 아뢰니, 전교하기를,
>
> "요즘 호남(湖南)에서 수재(水災)가 일어난 일 때문에 근심이 가득 차서 밤잠을 제대로 못자고 있는데, 지금 금백(錦伯)의 장계(狀啓)를 보건대 거기서도 물에 빠져 죽은 사람과 표호(漂戶)가 이렇게 많으니, 그 정상을 생각하면 얼마나 놀랍고 참혹한 일인가? 이미 죽은 사람에 대해서는 어찌할 수 없지만 지금 한창 농사철이 되었는데 불쌍한 그들이 집도 먹을 것도 없이 울고불고 떠돌고 있으니 어떻게 그들의 생명을 보전할 수 있겠는가? 원래의 휼전(恤典) 외에 도신(道臣)이 도와주는 것이 있다고 하더라도 마치 내 마음이 아픈 것과 같으니 고락을 함께하는 조치가 없어서는 안 될 것이다. 내탕전(內帑錢) 5,000냥(兩)을 특별히 획하(劃下)하니 도신은 알맞게 헤아려 재해를 입은 집에 나누어줄 것이며 이 뜻을 효유(曉諭)하도록 하라. 또 반드시 더 도와주어서 며칠 안으로 거처를 마련하도록 함으로써 한 명의 백성도 거처를 잃는 한탄이 없게 할 것이며, 물에 빠져 죽은 사람들의 환곡(還穀)과 군포(軍布)는 모두 탕감(蕩減)해 주도록 하라. 구제하여 준 사람들로 말하면 죽느냐 사느냐 하는 판에 앞장서서 생명을 살려주었으니 그 뜻과 의리를 알 수 있다. 모두 특별히 상을 주고 목(木)・포(布)・공곡(公穀) 가운데 후하게 제급(題給)해 주도록 하라. 이에 백성들을 위유(慰諭)하는 윤음(綸音)을 지어

---

6) 『고종실록』 11년(1874) 4월 9일 신유: 初九日. 給公州牧渰死人恤典., 국사편찬위원회, (http://sillok.history.go.kr/id/kza_11104009_001).

내려 보내니, 각각 그 고을의 수령(守令)들로 하여금 동네를 돌아다니며 재해를 당한 백성들을 하나하나 면유(面諭)하여 보호해 주고 불쌍히 여기는 나의 지극한 뜻을 알게 하라." 하였다.7)

공주(公州) 등 고을에서 표호(漂戶)와 퇴호(頹戶), 수재를 당해 죽은 사람들에게 휼전(恤典)을 베풀었다.8)

『조선왕조실록』 가운데서 작품과 관련된 공주목의 재해(災害)가 처음 등장한 것은 1874년 4월의 기록에서다. 기록에는 "공주목에 물난리가 나서 그곳 사람들에게 휼전을 베풀었다"고 되어 있다. 이는 이례적으로 일어난 큰 재앙이었기 때문에, 나라에서는 이재민들을 구제하기 위한 방편을 마련하였던 것으로 전해진다. 이러한 수재(水災)에 관련된 기록들은 4월부터 7월까지 계속 이어졌고, 그 가운데서도 6월 29일의 기록이 가장 상세하다. 6월 29일의 기록의 경우는 공주지역뿐만 아니라 호남에 이르기까지 놀랍고도 참혹한 수재가 일어나 모든 사람들이 걱정하고 근심하는 모습이 끊이지 않았음을 알 수 있다. 특히 집도 없고, 먹을 것도 없으니 수재민들은 생명의 위협까지 느끼는 아주 절박한 상황임을 제시하고 있다.

『염요』의 창작 시기를 두고 많은 논의가 있다. 하지만 19세기라는 것을 염두해 둔다면, 『염요』의 내용과 1874년의 실록 기록은 매우 흡사하다. 그러므로, 『염요』는 1874년에 지어진 작품이라는 것이 유력한 것이다. 따라서 『염요』에 수록된 작품들은 위에 제시한 자연재해(自然災害)와

---

7) 『고종실록』 11년(1874) 6월 29일: 忠淸監司成彛鎬, 以"公州等邑人命渰死民家漂頹"啓. 敎曰: "近以湖南水災事, 滿心憂憫, 丙枕不寧, 卽見錦伯狀啓, 則渰命漂戶, 又如是夥多. 念其情狀, 驚慘何極? 死者已無及矣, 當此方農, 哀彼無戶無食, 棲遑呼號者, 何以得保其生乎? 元恤典外, 道臣雖有助給, 予心之若恫在己, 不能無河醑之投, 以內帑錢五千兩, 特爲劃下. 道臣須量宜俵給於災戶, 而曉諭此意, 亦須更加助給. 不日奠居, 俾無一民失所之歎. 渰死人身還布, 竝爲蕩減. 至若拯救諸人, 當此死生之際, 挺身活命, 可見其志義. 竝特爲賞加, 木`布`公穀中, 從厚題給. 慰諭綸音, 玆以撰下, 令各邑守, 遍行坊曲, 一一面諭於災民, 咸使知懷保惻怛之至意." (http://sillok.history.go.kr/id/kza_11106029_005)
8) 『고종실록』 11년 (1874) 7월 22일: "給公州等邑漂頹戶及渰死人恤典", (http://sillok.history.go.kr/id/kza_11107022_002).

도 매우 깊은 연관이 있다는 것이다. 즉, 자연재해가 일어난 상황임에도 불구하고『염요』는 창작되었고, 그 창작된 작품들이 모두 잔치를 기반으로 한 '놀이'에 의해 창작되었음을 생각해볼 수 있다. 이는 실제 자연재해로 인한 어려운 현실을 반영한 작품이라기보다는 그 시대의 놀이와 흥미를 이끈 작품이라는 것을 알 수 있다.

지방 기생들의 놀음 현장을 잘 보여주는 자료가 바로『염요』인 것이다. 『염요』에는 두 편의 가사와 두 편의 시조 외에도 표제와 내용과는 아무 관련 없는 한문[표제문]이 포함되어 있다. 가사와 시조는 모두 충청도 공주 아전들이 벌인 기생 잔치에서 나온 것들이다.[9] 공주 아전들은 기생들을 모아 시문을 짓게 하고, 이를 통해 등수를 매긴 것을『염요』라 부른다. 이 작품집은 지방에서 양반들과 기생들의 놀음 현장을 작품의 소재로 삼고 있는 것으로도 매우 특이하다. 하지만, 이 작품이 한 권의 책으로 전해지고 있고, 양반들이 기생들의 글에 점수를 주었다는 것 역시 여느 작품들과는 다르다는 것이다.

19세기 조선에서 시조와 가사를 향유했던 공간으로 기방(妓房)을 꼽을 수 있다. 우리가 알고 있는 기방에서 양반들은 기생들과 어울려 술을 마시고, 노래를 부르며, 시를 지었다고 한다. 시조의 가창 공간은 대부분 술과 안주가 마련된 주연석(酒宴席)이나 풍류장(風流場)이었고, 그곳에서 노래를 부르고 춤추며 시를 짓는 것까지 함께 연결하여 이루어졌으며, 양반들만 향유한 것이 아니라 기생들과 함께 했다고 전한다.

『염요』에 수록된 작품인 〈금강석별낙양낭군곡(錦江惜別洛陽郎君曲)〉과 〈단가(短歌)〉는 기생인 형산옥과 인애가 지은 작품이라고 하였고, 다른 두 작품인 〈화산교가〉, 〈추칠월기망범주서호가〉는 잔치에 참여한 남성이 지은 작품[10]이라고 전하고 있다.

---

9) 정병설, 앞의 책, 2007, 147쪽.
10) 정병설, 앞의 논문, 2005, 160쪽.

작품에 드러난 풍류 공간

'풍류'[11]는 사전에 "풍치가 있고 멋스럽게 노는 일", "운치가 있는 일", "아담한 정취 또는 취미가 있는 것", "속된 것을 버리고 고상한 유희를 하는 것" 등으로 풀이하고 있다.[12] 이런 풍류는 조선에서는 유자(儒者)의 교양을 대표하는 시(詩), 서(書), 화(畵) 삼절(三絶)의 실현을 추구하는 문화적 행위로 보편화된다. 또한 풍류는 악(樂)을 동반한 주연의 집단적 향유 속에서 방탕, 관능, 호색과 같은 쾌락의 발현을 지칭하는 기호로 자리하기도 한다.[13] 즉, 풍류는 시대적으로 매우 다양하게 전개되었다[14]는 것을

---

11) 풍류는 고정되거나 경직된 것을 의미하지 않음을 알 수 있다. 풍치가 있고 멋스럽게 노는 일, 운치가 있는 일, 아취가 있는 일, 속된 것을 버리고 고상하게 즐기는 일 등이 모두 풍류로 일컬어지는 개념들이다. 이는 다시 풍속의 흐름으로 이해되어 일련의 문화로 보기도 하고, 음풍농월의 시가와 관련지어 이해하기도 한다. 풍류는 단일한 개념으로 파악될 수 없다. 풍류는 자연과 예술이 만나고, 각박한 현실을 뛰어넘는 멋의 총체적 의미로 파악된다. 이 풍류는 시대별로 나눠 그 의미가 달라진다. 조선시대의 풍류는 선비들이 추구하는 성리학적 세계와 밀착되어 나타났다. 고려시대에 시문 창작이 풍류와 결합되던 부분을 계승하면서도, 그 내용적 측면은 새로워졌다. 즉 성리학적 자연관 내지 인간관과 결부되어 나타났던 것이다. 정우락, 「조선시대 선비들의 풍류방식과 문화공간 만들기」, 『퇴계학논집』 15호, 영남퇴계학연구원, 2014, 182~188쪽.
12) 신정근, 「한국 풍류와 미학의 연관성」, 『동양철학』 43집, 2015, 205쪽.
13) 서지영, 「조선 후기 중인층 풍류 공간의 문화사적 의미」, 『진단학보』 95, 2003, 286쪽.
14) 정병훈은 한국 풍류의 모든 것을 하나로 보여주는 표로 작성하였다. 이는 삼국 이전부터 지금에 이르기까지 매우 다양하게 풍류의 의미를 설명하고 있다. 본고에서는 작품의 시대가 조선시대이기 때문에 조선시대로 한정하여 서술하고자 한다. 신정근, 앞의 논문, 2015, 210~212쪽.

시기	조선 초기, 중기	조선 후기	조선조 말-일제강점기
풍류의 유형	윤리 풍류	미적 풍류/ 풍자 풍류	유흥 풍류/ 종교 풍류
풍류의 목적	風雅, 節操	雅趣, 諷刺	放逸, 接神
풍류의 개념	脫俗文雅, 文學的 山水風流, 교양, 餘技 자연천리, 궁구, 도덕지표, 확립, 중화질서, 치심, 심미체험, 풍아	산수풍류의 생활적 향유, 회화적 산수풍류 문학예술의 향유 성애 유흥 성적향유, 근대형 풍류 풍자	향락 풍류, 취락적 경향, 정서방일, 신인합일 인내천, 신비체험
사상적 배경	유학, 예악사상	유학, 실학	동학, 신학문, 대중문화
풍류의 양상	契會, 詩會	시사활동, 가단활동, 서화활동, 골동서화, 감상비평	잡가, 민요, 판소리, 탈놀이, 신극, 무용, 동학신앙

알 수 있다. 무엇보다도 이 논의에서 주목해야 할 것은 조선 후기와 조선 말기에 나타난 풍류의 의미들이다. 무너져가는 혹은 무너져버린 봉건사회에 저항하는 주체들이 등장하게 되었고, 이로 인해 신분제도 역시 붕괴되었다. 그런 까닭에 목적, 배경, 양상, 관념, 집단 등에 따라 풍류 공간의 풍취나 정취 등도 변화되었던 것이다. 그러다 보니 풍류 자체의 변화까지도 발생하게 되었음을 알 수 있다.

『염요』는 '고운 노래'를 의미한다. '고운 노래'는 기생들이 창작한 작품들이기 때문에 붙여진 제목이라고 볼 수 있다. 『염요』에는 두 기생 작가인 형산옥과 인애가 등장한다. 이 작품집에는 형산옥과 인애가 지은 〈금강석별낙양낭군곡〉과 〈단가〉가 있고, 작가를 알 수 없는 양반 남성들에 의해 쓰인 〈화산교가〉와 〈추칠월기망범주서호가〉가 있다. 『염요』의 순서는 〈금강석별낙양낭군곡〉, 〈단가〉, 〈화산교가〉, 〈추칠월기망범주서호가〉으로 되어 있다. 즉, 앞의 두 작품은 기생의 작품이고, 뒤의 두 작품은 작가 미상인 양반 남성의 작품이다. 형식상으로는 〈금강석별낙양낭군곡〉와 〈화산교가〉는 가사 형식이며, 〈단가〉와 〈추칠월기망범주서호가〉는 시조

향유주체	유자사대부	여항인, 중인계층, 사대부	전문예인, 향인 광대, 풍류객, 동학교도
변화의 계기	유교이데올로기 정착	신분제 동요	일제 강점, 외세
미적 체험 원천 (향유 대상)	자연, 인간	인간, 사회	자연, 인간
미적 범주	자연, 한, 멋	자연, 한, 멋 해학	자연, 한, 해학
미적 관념	도학적 전아의 미	미적, 풍아, 풍자, 고졸의 미	방일적, 풍자적, 방종의 미, 종교적
향유 방식	한시창작, 시와 악, 청담	시작, 시각적 향유, 정악, 화전놀이	시각적, 청각적 감상, 기도와 주문
풍류 매체	시, 서, 화	시, 서, 화, 악	연행예술, 수도
풍류 집단	계회	시사, 가단	다원화, 동학
풍류 공간	자연, 누대, 별장	풍류방, 妓房, 인공적 문화공간	妓房, 서양식 극장, 산악
문화적 영향	유교적 관념의 실천, 유교적 세계관의 확장, 음미, 재생산, 실현	풍류의 세속화, 일상화 예술의 전문화, 직업화 기층 문화의 민속화 연계, 예술장르의 분화	예술의 직업화, 상업화 민족예술의 상업화, 삼신오계 사상 부활, 원시풍류의 부활
아이컨	사림파 강호시조	직업예인 기와 벽	유랑예인 최수운
관계망	강호시조	풍류방	신무용 인내천

형식이다. 창작 시기는 4편의 작품이 서로 비슷한 시점에 창작되었음을 알 수 있다. 즉, 〈금강석별낙양낭군곡〉, 〈단가〉는 '갑술년 6월 22일'이라 하여 기생들과 함께한 놀이 현장에서 작품을 지었음을 알 수 있다. 그런 반면, 〈화산교가〉는 '7월 13일 밤'이라는 시간적 배경을 작품 제목에서 설명하고 있고, 〈추칠월기망범주서호가〉도 마찬가지로 '음력 7월 16일'이라는 시간적 배경을 제목에 드러내고 있다.

『염요』는 지정된 한 사람의 문집이 아니라 여러 사람들에 의해 창작에 의해 만들어진 창작집이다. 이를 감안한다면 시간상의 차이는 그리 큰 것은 아니다. 그러므로 어떤 이유에서 4편의 작품이 한 작품집에 수록되어 있는지는 알 수 없지만, 이 4편의 작품이 서로 연관이 있다는 것은 분명히 알 수 있는 사실이다. 따라서, 본고에서는 작품에 드러난 공간을 토대로 하여 '풍류'를 살펴보고, 풍류 공간이 갖는 사회문화적 의미들에 대해 분석해 보고자 한다.

1. 금강 : 그리움, 이별의 공간

『염요』에서 뚜렷하게 드러나는 기생과 양반들의 공간으로 그 첫 번째는 바로 '금강'이다. 강은 우선, 이쪽과 저쪽의 단절을 의미하고, 이승과 저승이라는 경계를 드러낸다. 또한, 저 너머의 갈 수 없는 곳에 대한 동경을 뜻하기도 한다. 그렇기 때문에, 강은 돌아올 수 없는 의미가 강하다. 그래서 금강 역시 '금강'은 이별의 공간으로 나타난다.

『신증동국여지승람』에서의 금강15)은 여러 가지로 표현되었으며, 어 공

---

15) 금강(錦江)은 주 동쪽 5리, 즉 적등진 하류에 있다. 옥천군(沃川郡) 편에 자세히 나와 있다. 고려 정지(鄭地)가 읊은 시에 "수(隋)나라의 하약필(賀若弼)과 진(晉)나라의 조장군(祖將軍)은 칼을 짚고 강물을 건너면서 해를 가리운 구름을 쓸고서야 돌아오리라 맹세했네."라 하였다. 『신증동국여지승람』 17권, 공주목, 민족문화추진회, 1985, 8쪽.; 적등진(赤登津)은 고을 남쪽 40리에 있다. 그 근원은 셋이 있는데, 하나는 전라도 덕유산에서 나오고, 하나는 경상도 중모현(中牟縣)에서 나오고, 또 하나는 본도 보은현 속리산에서 나온다. 고을 동쪽을 지나서 차탄(車灘)이 되고, 동북쪽으로는 화인진(化仁津)이 되며, 회인현(懷仁縣)을 지나서 말흘탄(末訖灘)이 되고, 문의현(文義縣)에서는 형각진(荊角津)이 된다. 공주에 이르러서는 금강이 되고 곰나루[웅진(熊津)]가

제 3 장 『염요(艶謠)』를 통해 본, 풍류 공간의 사회문화적 의미　87

주 일대에 흐르는 물길은 '웅진강(熊津江)'이라 불리었다. 금강은 중류의 남안에 위치한 공주 고을의 성장 기반을 제공하였다. 공주 일원의 석장리 유적과 백제 무령왕릉이 이를 잘 보여준다.16) 이처럼 금강은 역사를 간직하고 있는 공간으로 우리나라에서는 6번째, 남한에서는 3번째로 긴 강이라 하며, 여러 지역을 둘러싸고 있는 금강은 백제문화권의 중심지로 공주, 부여를 중심으로 많은 문화유적이 산재해 있다17)고 전한다. 그 가운데서도 공주는 금강의 문화권 속에 있는 곳으로 금강의 중하류에 속한 곳이다. 이러한 금강은 『염요』의 중요한 공간적 배경이 된다.

　첫 번째로 제시된 〈금강석별낙양낭군곡〉은 이별 노래다. 제목은 "금강에서 낙양낭군과의 슬프고 안타까운 이별 노래"라고 되어 있다. 이는 공주 기생인 형산옥이 낙양낭군을 떠나보내야 하는 심정을 그린 작품인 것이다. 제목 밑에는 "갑술육월입이일이상(甲戌六月卄二日二上), 금성화방형산옥괴(錦城花榜荊山玉魁)"라 하여 갑술년 6월 22일 2급상, 금성화방 형산옥이 으뜸가다18)라는 설명을 덧붙이고 있다. 이 작품은 공주 기생 형산옥이 서울로 떠나가는 낭군과의 이별을 아쉬워하며 자신의 신세를 한탄하는 상사가(想思歌)라고 할 수 있다. 제목의 설명에서 '이상(二上)'이라는 등급이 설정되었다는 것은 이 작품이 누군가와 내기를 하였거나 백일장 같은 시험에 참여하였음을 나타냈다고 볼 수 있다. 즉, 내지는 시험과

　　되며, 부여(夫餘)에 이르러서는 백마강이 되며, 임천(林川), 석성(石城) 두 고을 경계에 이르러 고성진(古城鎭)이 되고, 서천군(舒川郡)에 이르러 바다로 들어간다. 『신증동국여지승람』 15권, 옥천군, 민족문화추진회, 1985, 522쪽.
16) 시의 서쪽으로 흐르면서 시를 남북으로 구분하는 하천이다. 전라북도 장수군에서 발원하여 충청남도 연기군 일대에서 유입하며 남서류하면서 부여로 흘러 나간다. 시로 유입된 이후 남안으로 왕촌천, 검성천, 용성천, 북안에서는 내교천, 정안천, 사곡천 등의 지류가 유입한다. 장기면과 반포면을 지나 서류하면서 웅진동을 지나 탄천면에서 부여로 나가기까지 거의 직선화된 유로를 보인다. 『한국지명유래집-충청편』, 국토해양부 국토지리정보원, 2010, 399쪽.
17) 『다음백과사전』, '금강' 조(http://100.daum.net/encyclopedia/view/b03g0270a).
18) 〈금강석별낙양낭군곡(錦江惜別洛陽郎君曲)〉과 〈단가(短歌)〉는 이상(二上), 삼상(三上) 등으로 등수가 기록되어 있는데 이는 양반 남성들과 함께 즐겼던 기생들의 놀이 중 하나였다. 정병설, 앞의 책, 2007, 147쪽.

관련되어 있으며, '형산옥이 으뜸가다'라는 것으로 보아 공주 기생 형산옥이 양반들과 함께 향유 공간에서 지은 작품임을 미루어 짐작해 볼 수 있다. 그리고, 2등급 상으로 합격 판정을 받은 노래라 적혀 있는 것으로 등급을 두는 놀이 형식으로 작품이 창작되었음을 알 수 있다. 이 작품은 공주 기생 형산옥이 사랑하는 서울 낭군과 어쩔 수 없이 헤어져야 하는 상황을 잘 드러내고 있다.

다음은 〈금강석별낙양낭군곡〉의 첫 부분이다. 작품의 첫 부분에서는 금강의 공간이 드러나지는 않는다. 하지만, 금강이 이별의 공간임을 드러나는 부분이 있기 때문에 이 부분에 대해 서술하고자 한다.

> 고이ᄒ다 고이ᄒ다 나의 팔자(八字) 고이ᄒ다/ 거년(去年) 이별(離別) 금년(今年) 이별(離別) 이별(離別)마다 낙양낭군(洛陽郞君)/ 연분(緣分) 도 덧 업고 이별(離別)도 ᄌ즐시고/ 낙양낭군(洛陽郞君) 이별(離別) 후(後)에 다시 마ᄌ 맹서(盟誓)로다

이 글의 화자는 공주 기생 형산옥이고, 청자는 낙양 낭군이다. 첫 부분에서 기생 형산옥은 자신의 팔자를 '괴이하다'고 말하고 있다. 화자는 그 괴이한 이유를 다름 아닌 '잦은 이별' 때문이라 한다. 첫 부분에서부터 형산옥이 자신의 팔자를 들먹이며 괴이하다고 언급한 이유는 지금 현재도 이별을 해야 하는 자신의 신세한탄을 극대화한 상태이기 때문이다. 즉, 기생이 되어 한 남자와의 사랑을 드러내지 못한 상황에 대해 괴이하고도 이상하며 안타까움을 언급한 것이다.

기생들이 창작한 작품의 첫 부분에는 흥미와 관심을 불러일으킬 수 있도록 호명을 사용한다거나 기생이 된 이유, 목적 등과 같이 작품을 짓게 된 배경을 설명하는 것이 일반적이다. 이 작품 역시 여느 기생들이 창작한 작품들과 비슷한 형식을 드러내고 있다. 무엇보다도 자신의 심정에 대한 사실을 자세히 밝히고 있다. 이는 기생의 일생이 평범한 사람들과 다름을 나타내는 부분이기도 하다. 해마다 사랑하는 님과 헤어져야 하는 안

타까운 상황에서도 기생은 자신의 숙명을 받아들이고, 님을 떠나보내야 하는 심정을 토로하고 있다. 그러므로, 스스로 괴이한 팔자라고 언급한 것이다. 그러나 특이한 점은 사랑하는 사람과의 이별을 언급하면서도 낙양낭군의 호명에 대해서는 드러내지 않았다는 점이다. '김도령', '이서방' 등의 호명에 대한 언급 없이 단지 '낙양'이라는 지명만을 강조하여 호칭을 '낙양낭군'으로만 제시하고 있을 뿐이다. 매번 이별하는 님에 대한 배려라고 볼 수는 없겠지만, 이는 아마도 낙양으로 가고자 하는 기생 형산옥의 염원을 담고 있다고도 볼 수 있을 듯하다. 조선시대에 기생과 양반 남성의 만남은 양반 남성의 유배 혹은 부임으로 대부분 이루어졌고, 그로 인해 서로 사랑하다가 양반 남성의 복귀로 다시 이별하게 되는 반복적인 결과가 발생하게 된다. 이 작품 역시 마찬가지다. 이 작품에 드러난 이별의 안타까움은 오랫동안 만날 수 없는 상황에 대한 아쉬움을 드러내기보다는 매번 찾아오는 이별의 아쉬움 때문으로 여겨진다. 이는 곧 기생이라는 인물은 낭군과 해마다 이별을 겪어야만 하는 '숙명적인 관계'임을 제시하고 있다고 볼 수 있는 것이다.

갈 긔약을 완정ㅎ니 남은 날이 머지 안타 날은 어이 슈이 오며 둛은 어이 직촉ㅎ노/ 보기 슬타 마부(馬夫) 거동 듯기 슬타 후빅 소릐/ 포정문(布政門) 밧 닉 다르니 대통교(大通橋)가 여긔로다/ 쌍수성(雙樹城) 도라가니 금강(錦江) 구뷔 져긔로다/ 지국총 소릐에 일촌간장(一村肝腸) 다스는 듯/ 긴 흔숨 져른 흔 숨 임별(臨別)ㅎ여 말이 업다/ 청산(靑山)은 첩첩(疊疊)ㅎ고 녹수(綠水)는 유유(悠悠)흔듸/ 사양(斜陽)은 무숨 일노 이닉 가슴 타이는고/ 말칙 소릐 귀예 얼는 성남관도(城南官道) 아득ㅎ다/ 나삼(羅衫)을 뷔여줍고 강풍(江風)의 빗기셔니 무정(無情)흘손 져 낭군(郎君)아 홍안박명(紅顔薄命) 어이ㅎ리/ 속졀업다 이별(離別)이야 남은 간쟝 다 녹는다/ 언제나 우리낭군(郎君) 다시 만나 이싱 인연(因緣) 니어볼가

이 부분에서는 금강의 공간적 의미가 드러난다. 낭군과 형산옥의 이별

이 제시되어 있기 때문이다. 낭군이 떠나가야 할 날은 이미 정해져 있으니, 낭군과 함께 보낼 얼마 남지 않은 날에 대한 아쉬움을 드러내고 있다. 형산옥은 빨리 지나가는 시간의 아쉬움을 닭의 울음으로 표현하고 있으며, 이는 낭군과의 이별을 빨리 재촉한다며 이별의 슬픔을 닭에 대한 원망으로 감정을 대체하고 있다. 이는 낭군과의 이별에 대한 아쉬움을 간절히 드러내는 부분이라 할 수 있다.

형산옥은 낭군과 헤어져야 하는 이유로 인해 낭군을 모시고 가야 하는 마부의 거동도 보기 싫고, 행차하는 소리 듣기 싫다고 말한다. 이는 그 의미를 더욱 강조하기 위해 도치법을 이용한 것이다. 서울로 돌아가야 하는 낭군의 행차 소리는 '포정문- 대통교- 쌍수정- 금강'의 순서로 진행된다. 육로로의 이동뿐만 아니라 수로(水路)의 이동으로까지 멀리 떠나가는 상황을 제시하고 있는 것이다. 그러므로 이별의 공간은 가장 나중에 이루어지는 '금강'이 된다. 금강을 건너게 되면, 형산옥과 낭군은 더 이상 만날 수 없는 이별을 하기 때문이다.

'지국총'은 배에서 노를 젓고 닻을 감는 소리로, 금강을 건너야 함을 언급하는 부분이다. 그 이후에 등장하는 '일촌간장 다 스는 듯'이라는 표현에서는 이별의 애달픈 마음이 최고조에 있음을 의미하고, 이는 다시 만나지 못한다는 안타까움을 전제로 하고 있다. 그러면서 낭군과 형산옥은 서로 길고 짧은 한숨을 내쉬며 더 이상 아무 말도 하지 못한다.

그러면서 자연으로 시선을 이동시켜 분위기를 전환하고 있다. 산수(山水)는 '청(靑)'과 '녹(綠)'의 푸른빛을 빗대어 평안한 자연 풍경을 드러내고 있다. 하지만, 양(陽)은 비스듬히 비치는 아련한 붉은 빛으로 형산옥의 마음을 비유하여 애달프고 쓸쓸한 감정을 담아내고 있다. 저고리를 부여잡고 강바람에 비껴서 있는 모습에서는 낭군과의 이별에 대한 아쉬움을 표현하며, 님의 모습을 조금이라도 더 보고자 하는 마음을 묘사한 것이다.

마지막 부분에서는 언제 다시 만날 수 있을지 모르는 낭군을 기약 없이 기다려야 하는 형산옥의 심정을 드러내고 있다. 이는 낭군과의 영원한 이별 때문에 간장이 다 녹을 지경이라 언급한다. 또한, '다시 만나 이생

인연 이어볼까'라는 말은 죽어서라도 다시 만나서 지금의 인연을 계속 이어 갔으면 하는 형산옥의 바람을 담고 있는 부분이라 할 수 있다.
 다음은 기생 인애가 지은 〈단가(短歌)〉이다. 〈단가〉는 3연으로 된 시조로, 이 작품 역시 〈금강석별낙양낭군곡(錦江惜別洛陽郞君曲)〉의 내용과 마찬가지로 금강이 곧 이별의 공간임을 제시하고 있다.

> 이다룰 손 낙양재자(洛陽才子) 고이흘 손 금강수(錦江水)라/ 낙양재자(洛陽才子) 일도(一渡)ᄒ면 어인 이별(離別) 잣단 말고/ 어즙어 금강수(錦江水)는 구뷔구뷔

 기생 인애가 지은 〈단가〉 1연의 내용이다. 1행은 낙양낭군과 금강의 강물을 견주어 설명하고 있다. 인애는 낙양낭군의 심정을 애처롭고 쓸쓸하며, 금강수는 괴이하다고 서술한다. 그 이유는 님과의 이별 때문이다. 인애와 헤어져야 하는 낙양낭군은 애처롭고 쓸쓸하게 느낄 수밖에 없고, 이별의 공간인 금강수는 둘 사이를 갈라놓고 있어 괴이하다고 할 수밖에 없다.
 2행은 낙양낭군이 금강을 건널 때마다 이별을 해서 이별이 잦다고 표현한 것이다. 그러면서 마지막 행에서는 "금강 물이 굽이굽이"라며 한 번에 쉽게 건널 수 없이 굽이굽이 굽어 이별 또한 쉽게 이루어질 수 없는 상황임을 언급한 것이다. 강물이 여러 번 휘어져 쉽게 건널 수 없는 험한 모습을 드러내며, 곧 한번 가기 힘든 것처럼 이별 역시 헤어지면 다시 돌아오기 어려운 것임을 제시하며 어려운 이별의 과정을 대신하고 있다. 그러므로 금강은 이별의 공간이 되고, 그 공간은 원망의 공간으로 전환되어 이별의 안타까움과 아픔을 동시에 드러낸다고 볼 수 있다. 뿐만 아니라 금강은 작가 인애의 님에 대한 사랑을 느낄 수 있는 공간으로도 볼 수 있다.

> 낙양(洛陽)은 어듸미며 금강(錦江)은 어듸런고/ 연년세세(年年歲歲) 차강두(此江頭)에 이별(離別) ᄌᆞᄌᆞ 늘거세라/ 슬푸다 이 강(江) 곳 아닐너면 이 이별(離別) 업슬는가

2연은 1연에 비해 금강이 이별의 공간임을 명확하게 드러낸 부분이다. 1행은 화자가 청자에게 낙양과 금강이 어디인지 묻는다. 이 물음은 질문에 대해 답을 구하는 물음이 아닌 헤어져야만 하는 상황에 대한 안타까움을 드러낸 물음이라고 볼 수 있다. 이는 곧 낙양과 금강의 거리가 가깝지 않음을 의미하고, 님과 헤어져야 하는 애절함까지 드러낸 것이다. 2행은 해마다 금강의 강 머리에서 이별하고, 그 잦은 이별들로 인해 근심과 걱정으로 늙어버린 모습을 묘사한다. 이는 자신의 이별뿐만 아니라 자신과 비슷한 상황에 놓인 사람들은 일반적으로 금강에서 이별이 일어나고 있음을 알 수 있는 구문이기도 하다. 3행은 화자의 심정을 드러낸 부분이다. 금강에서 이별이 이루어짐은 강이 있기 때문이고, 강이 아니면 이별이 없을 것이라며 역설적인 오류를 드러낸다. 이는 이별에 대한 안타까움을 극대화시키고 있는 부분이라 할 수 있다.

'강'이라는 이미지는 이쪽과 저쪽의 다름을 드러낼 뿐만 아니라 건너면 다시 돌아올 수 없다는 의미를 갖는다. 따라서 작품에 등장하는 '금강'이 쪽과 저쪽의 다름을, 기생과 낭군의 다름으로 언급하는 동시에 역시 다시 돌아올 수 없는 상황임을 암시하고 있다. 그렇기 때문에 낭군과의 이별 역시 그래서 더욱 애절하고 안타깝게 느껴진다고 볼 수 있을 것이다.

2. 화산교

『염요』에서의 두 번째 공간은 '화산교'이다. 『염요』의 4개 작품 가운데서도 〈화산교가〉는 '화산교'라는 정확한 장소가 드러나 있다. 그에 반해, 다른 작품들은 일정한 장소는 등장하지 않고, 어떤 '공간'만을 제시하고 있다. 그러나 문제는 작품에 등장한 '화산교'가 옛 지도 어디에도 드러나지 않는다는 점이다. 기존의 논의에는 『호구총수(戶口總數)』에 '공주 남부면 화산교리가 보인다[19]'라고 되어 있어 그곳이라 짐작하고 있다. 하지만, 이 또한 정확한 근거가 되지는 못한다. 다만, 공주 남부에 위치한 화

---

19) 현재 곰나루 국민관광지 부근이라고 한다. 정병설, 위의 책, 2007, 151쪽.

제 3 장 『염요(艶謠)』를 통해 본, 풍류 공간의 사회문화적 의미 93

산교리가 관아와 가까운 위치에 있기 때문에, 여러 사람들이 모여 잔치를 벌일 수 있는 공간으로 적합하다고 보고, 공주 남부면의 화산교리로 추정하는 것이다. 그리고 그 외의 다른 논의들에 대해서는 찾을 수가 없다.

> 7월 13일 밤, 공주 아전 장교의 무리들 4~5명이 기생을 끼고 화산교에 모여 술을 마신다. 영문(營門) 안으로 들어갔다가 (흥이) 다하지 못하였으나 흩어졌다. 크게 무섭고 두려움이 생겨 사방으로 산산이 깨지고 흩어짐에 넋을 잃고 넘어지는 광경이니, 이를 기록한다.[20]

〈화산교가〉의 제목을 설명한 부분이다. 시간은 7월 13일 밤이고, 장소는 화산교이다. 밤에 잔치를 벌이는 것부터 정상적이지 않음을 설명하고 있다. 장소 역시 그러하다. 여러 아전들이 참석한 잔치라고 한다면, 관아에서 하는 것이 타당하다. 하지만, 이 잔치는 관아가 아닌 '화산교'에서 벌어진다는 것이 특이하다. 그렇다면 이 '화산교'는 어떤 곳이고, 왜 이곳에서 잔치를 하는 것일까? 화산교는 여러 사람들이 참여할 수 있는 공간이라기보다는 몰래 숨어서 이루어져야 하는 은밀한 장소라는 것임을 알 수 있다. 또한, 잔치라는 것은 누군가를 축하해주는 것이기 때문에 통상적으로 낮에 열린다. 하지만, '화산교'의 잔치는 밤에 이루어지고 있다. 또한, 7월 13일은 보름이 가까운 날이기 때문에 달빛에 잔치를 열 수 있는 좋은 시기이기도 하다. 그렇지만, 낮이 아닌 밤에 잔치가 이루어진다는 것은 매우 찝찝한 일이다. 즉, 밤에 이루어지는 잔치는 떳떳하지 못한 행동으로 누군가는 봐서는 안될 상황을 연출할 수 있기 때문이다. 그곳에는 공주목의 아전들이 4~5명의 기생을 곁에 두고 영문(營門) 안으로 들어갔다가 잔치가 이루어진 사실을 들켜 도망가는 장면을 서술하고 있다. '입어영려중(入於營廬中)'에서 살펴보면, '화산교'는 감영(監營)과 가까운 곳에 위치하고 있음을 알 수 있다.

---

[20] 七月十三日夜, 公山吏校輩, 扶四五妓, 會飮花山橋矣. 入於營廬中, 未盡而散, 大生恐怵, 風飛雹散, 景色絶倒, 故識之.

옛 서적에서 찾아본 '화산'이라는 명칭은 충청지역에만 4개가 존재한다.[21] 제천, 계룡, 보령, 청양에 '화산'이라는 지명들이 있지만, 어디에도 '화산교'라는 장소는 발견할 수 없다. 이에 논자는 '화산교'를 지정된 공간으로서의 의미보다는 '화산교'라 이름 지어 불렸던 다리[橋]의 이름으로 장소라는 의미를 부여해 보고자 하는 것이다. 그 이유는 '화산교에 모여 술을 먹다'라는 제목과 더불어 본문에 '다리 밑'이라는 장소가 등장하기 때문이다. 그러므로 '화산' 지역에 있는 다리 이름이라 미루어 짐작해 볼 수 있을 듯하다. 그렇다면, 4곳 가운데서 어떤 곳으로 추측할 수 있는지 살펴보아야 할 것이다. 공주 아전들이 모여 기생 잔치를 한 곳이기 때문에 공주 아전들이 드나들 수 있는 관아와 가까운 곳이어야 한다. 즉, 어느 지정된 장소가 아니라면 한 곳에 모여 술을 마시고 놀기 어려웠을 것이라 추측해 볼 수 있다. 그러나 제목 설명 부분을 보면 "공산리교배(公山吏校

---

21) 화산동은 제천시 중앙 남쪽에 위치한 동이다. 이는 본래 제천군 현우면에 속했던 지역이다. 법정동인 화산, 강제, 명지, 산곡동을 관할한다. 지명은 호산 아래에 있는 마을이라는 뜻에서 유래하였다고 한다. 『여지도서(輿地圖書)』에 의하면 제천현 현우면에 화산리가 수록되어 있고, "거리가 관문에서 7리이다."라고 기록되어 있으며, 화산리라는 지명이 처음 나타난다. 『1872년 지방지도』의 현우면에 화산리가 표기되어 있다. 『한국지명유래집』, 충청편, 국토해양부 국토지리정보원, 2010, 175쪽.
화산은 공주시의 계룡면 화은리에 위치하고 있는 산이다. 산기슭에 화산영당(화산영당, 도 문화재 자료 제 69호)이 있는데, 이 영당은 정규한 선생의 영정을 모시기 위하여 제자들과 유생들이 1832년(순조 32)에 창건하였다. 1962년에 후손들이 영당을 모체로 하여 화산사를 건립하였다. 『신증동국여지승람』(천안)에 "풍세현에 있으며, 고을에서 43리의 거리에 있다."고 기록되어 있다. 위의 책, 2010, 389쪽.
화산은 보령시 웅천읍 평리에서 주산면 화평리에 걸쳐 이어지는 산이다. 양각산에서 뻗어 나온 산줄기가 동막산과 화산으로 이어진다. 이 때문에 『한국지명총람』에서는 화산을 동막산과 같이 표기하였다. 이 산줄기로 인해 보령호에서 흘러 내려가는 웅천이 남쪽으로 심하게 굽이를 형성한 후 웅천읍으로 향한다. 주산면의 화평리 쪽에는 화산이라는 마을이 형성되어 있다. 동막산이라는 이름은 옛날에 나무토막으로 집을 짓고 사람들이 살았다고 해서 붙여진 이름이다. 위의 책, 2010, 421쪽.
화산천은 청양군 장평면 화산리 칠갑산 자락에서 발원하여 서남쪽으로 흘러 지천(枝川)에 합류하는 하천이다. 지천은 동남쪽으로 흘러 금강으로 흘러간다. 화산천이라는 이름은 이 일대의 지명인 화산리에서 유래한 것이다. 화산은 산이 꽃으로 물들었다는 데에서 새겨난 지명으로 '꽃뫼'라고도 불린다. 이로부터 화산천이라는 지명이 생겨났다. 위의 책, 2010, 605쪽.

輩), 부사오기(扶四五妓), 회음화산교의(會飮花山橋矣). 입어영려중(入於營廬中), 미진이산(未盡而散)."라는 구절이 있는데, 화산교가 공주 관아와 그리 멀지 않은 곳이라는 것을 염두해 둔다면, 위에서 언급한 '화산'은 모두 이에 해당되지 않는다. 그러나 공주에는 이미 홍수로 재해를 입은 상황이기 때문에 공주지역에 모여 잔치를 베풀었다는 것보다는 그보다 조금 떨어진 곳에서 모여 잔치를 열었다고 보는 것이 더 타당하다고 볼 수 있다.

2.1 잔치와 놀음 : 즐거움의 공간

'잔치'는 행복하고 즐거운 날에 축하를 받거나 혹은 축하를 하기 위해 많은 사람들이 모여 맛있는 음식과 술을 함께 먹고 마시며, 흥겹게 노래하고 춤추는 것을 말한다. 이러한 잔치에는 반드시 어떤 목적이 있고, 그 목적에 맞게 사람들을 초대하기 마련이다. 그러나 이 작품에 등장하는 잔치에는 목적이나 의미는 드러나지 않는다. 다만, 많은 사람들이 만나서 먹고 마시기 위한 놀음만 강조하고 있을 뿐이다. 그러면서 그들만의 '풍류'를 즐기고 있다.

> 인물(人物)도 죠흘시고 김병방(金兵房) 풍신(風身)도/ 동탕(動蕩)홀사 박별장(朴別將) 기고관(旗鼓官)은 어이 오며/ 서풍헌(徐風憲)은 무슴 일고 기즈흐다 박승발(朴承撥)/ 밉시 잇다 노형방(盧刑房) 촉촉 명장(名將) 버러시니/ 아마도 호중인물(湖中人物) 져 쑨일다

이 부분은 잔치에 등장한 인물들을 제시하고 있다. 인물들을 설명할 때는 이름만 제시하지 않고 성(姓) 뒤에 직함을 붙여 자신의 신분을 분명히 밝혀두고 있다.

작품에 가장 먼저 등장한 인물은 김병방(金兵房)과 박별장(朴別將)이다. 두 인물의 외모를 묘사하고 있는데, 얼굴은 잘 생기고 풍채도 뛰어나다고 설명한다. 다음은 박승발(朴承發)과 노형방(盧刑房)이 등장한다. 이

들 역시 준수하고 맵시 있는 얼굴이라며 잘생긴 외모에 대해 언급하고 있다. 그러면서 마지막 부분에서 인물이 좋은 4명의 명장(名將)들이라 말하며, 호중(湖中)의 인물이 더 있다고 설명한다. 즉, 이곳에 제시된 인물만 있는 것이 아니라 출중한 외모를 가진 인물들이 더 많음을 제시하고 있다.

작품 중간에 보이는 기고관과 서풍헌은 초대하지 않은 인물인 듯하다. 그 이유는 오지 않아도 되지만, 잔치가 열리고 있는지 어찌 알고 찾아왔다고 언급하고 있기 때문이다. 이러한 내용으로 추측해 보자면, 잔치에 초대하지 않은 사람들까지 잔치가 열린다는 것을 알고 왔을 정도이니 그 잔치의 규모도 꽤 컸다는 것을 짐작해 볼 수 있을 것이다.

경제적으로 곤란한 시기에 공주의 이름난 아전들이 모여 기생들과 함께 잔치를 벌이고 있는 것만으로도 큰일이다. 그렇기 때문에, 낮에는 소문이 나면 안되기 때문에 저녁에 촛불을 비춰놓고 몰래 그들만의 놀이를 진행한다. 그러나 인원이 적지 않다. 저녁에 많은 사람들이 모여 촛불을 켜 놓고 잔치를 열면 들키기 십상이다.

> 기라화총(綺羅花叢) 둘너보니 절대가인(絕代佳人) 다 모닷다/ 운빈홍안(雲鬢紅顔) 요조연(窈窕宴)의 가무교태(歌舞嬌態) 엇더튼고/ 조촐흔 손 형산옥(荊山玉)과 아리 ᄯᅩ온 준예(俊乂)로다/ 무산(巫山)의 조운(朝雲)이며 봉도(蓬島)의 선아(仙娥)런가/ 물색(物色)도 기묘(奇妙)ᄒ고 태도(態度)도 그지업다/ 회양횟독 계낭자(桂娘子)는 허리민도 밉시 잇다/ 섬섬초월(纖纖初月) 아황분백(蛾黃粉白) 백만(百萬) 교태(嬌態) 어리엿다/ 공교(工巧)흘 손 조화옹(造化翁)은 네의 인물(人物) 비져닉여/ 뉘 간장(肝腸)을 셕이려고 져리 묘이 생(生)겨는고

잔치에서 빠질 수 없는 인물은 기생이다. 이는 잔치에 모인 기생들의 용모와 성격에 대해 묘사한 부분이다. 기생들의 용모에 대해서는 단장한 절대가인(絕代佳人)이라 평하면서 기생들의 인물들을 제시한다. 그러나

그녀들은 인물뿐만 아니라 춤과 교태에 이르기까지 으뜸이라며 기생들의 아름다운 특징들과 이름까지도 모두 나열하고 있다. 기생들은 비단으로 수놓은 옷을 곱게 차려 입고 있다. 귀밑머리가 탐스럽고 아름다운 어린 기생들은 가무에 능한 아리따운 모습으로 묘사된다. 또한, '요조'는 정숙하고 얌전하다는 의미로 기생들의 성격을 언급하고 있고, 노래와 춤사위, 교태 등 기생들에 대한 평가도 함께 제시하고 있다. 이러한 상황에서 시적 화자는 기생들의 아름다움을 극찬하고 있다.

조촐한 형산옥, 아리따운 준예, 물색도 기묘하고 태도도 그지없는 무산의 조운과 봉도의 선아, 허리 매도 맵시 있는 계낭자로 잔치에 모인 기생들은 모두 5명이다. 이 모든 기생들에 대한 아름다운 용모를 묘사하고 있다. 더불어 초승달 같은 눈썹, 흰 얼굴까지 기생들마다 저마다 아름다운 용모가 빼어나다고 하며, 용모의 아름다움은 서로 겹치는 부분 하나 없이 매우 구체적으로 언급하고 있다. 이렇듯 잔치에 참여한 기생들의 아름다운 외모 묘사는 잔치에서 흥을 돋우는데 큰 역할을 하는 듯하다. 그 이유는 잔치의 내용에 대한 언급도 물론 중요하지만, 기생의 외모를 묘사하는 부분이 상당한 분량을 차지하고 있기 때문이다. 그러나 마지막 부분에서도 제시하였듯이, "네의 인물(人物) 비겨ᄂᆞ여 뉘 간장(肝腸)을 셕이려고 져리 묘이 生겨는고"라 하여 조화옹이 만든 기생들의 아름다운 외모는 잔치의 흥(興)을 돋우기 위해서는 꼭 필요한 요소임을 다시 한번 강조하고 있는 부분이라 볼 수 있다.

> 긔벽 됴은 소성기(蘇城妓)는 화연참여(華宴參與) 어인 일고/ 밉시도 슴직ᄒᆞ고 말이 말ᄉᆞ 아리쑵다/ 녹류희롱(綠柳戲弄) 황앵(黃鶯)이며 산루(山樓) 물찬 졔비런가/ 너의 태도(態度) 말ᄒᆞ랴면 이로 형용(形容) 어렵도다/ 일츈화류(一春花柳) 무안색(無顏色)ᄒᆞ니 소성인물((蘇城人物) 판(判)쥬거다

잔치에 참여한 기생들의 이력을 소개하고, 그 이외의 나머지 기생들에

대해서도 언급하고 있다. 소성(蘇城)은 지역 이름이다.22) 소성의 기생은 원래부터 자부심이 높아 남에게 지거나 굽히지 않은 성격으로 유명했던 모양이다. 그런 자부심 센 소성의 기생들은 원래 멀리까지 잔치에 참여하지 않았던 듯하다. 그런데 화산교의 잔치에는 불려 왔으니, 이 잔치가 작은 규모의 잔치는 아니었음을 알 수 있다. 소성 기생의 태도와 외모는 형용할 수 없다고 말한다. 즉, "일춘화류(一春花柳) 무안색(無顔色)호니 소성인물(蘇城人物) 판(判)쥬거다"라 하여 '봄날의 꽃과 버들은 쑥스럽고 부끄러워 얼굴을 바로 들기 어려운 형색이니 소성 기생이 구별해 주겠다'는 의미로 그 자리에 모인 기생들의 외모가 봄날의 꽃과 버들처럼 아름답지만, 소성 기생을 따라올 수 없다는 것이다. 즉, 기생 중의 최고라는 소성 기생도 잔치에 참여해 잔치의 흥을 높이고 있음을 알 수 있다. 화산교는 잔치와 놀음을 위한 공간으로 즐거움을 드러낼 수 있는 요소들이 모두 갖추어졌음을 의미한다.

2.2 쾌락과 부정(不正)의 공간

쾌락은 욕망의 충족에서 오는 유쾌하고 즐거운 감정이라 한다. 쾌락하면 대부분이 부정적인 의미로 알고 있다. 또한, 이는 인간의 윤리와 연관되어 설명하기도 한다. 인간의 윤리에서 벗어난 개념으로 사용되기 때문에 바르지 못하다고 하고, 이를 부정적 의미로 사용하고 있는 것이다. 바르지 못한 행위를 설명할 때도 '부정하다'고 말한다. 작품에 등장하는 잔치는 흥하고 즐거워야 하는데, 쾌락과 부정으로 전락해 버린다.

어와 호걸(豪傑)님닉들아 이닉 말솜 드러보소/ 이 쩍는 어ᄂ 젼고 추칠월지기망(秋七月之幾望)에/ 강쳔(江天)의 우졔(雨霽)호고 금셩(錦城)의 월명(月明)흔/ 졔 이삼(二三) 호걸(豪傑) 사오(四五) 분대(粉黛) 호탕(豪蕩)흔 흥(興)을 계워/ 화교야연(花橋夜宴) 병쵹(秉燭)호니 좌상(座上)

---
22) 소성은 충남 보령시 오천면 소성리로, 여기에 충청 수영이 있다고 전한다. 정병설, 앞의 책, 2007, 152쪽.

풍류(風流) 질탕(迭宕)ᄒ다/ 부창회음(扶娼會飮) 호걸(豪傑) 탕자(蕩子) 누구누구 뫼엿던고

〈화산교가〉의 첫 부분은 작품의 배경을 개괄적으로 묘사하고 있다. 첫 구절은 가사 장르의 특징인 관용구가 등장한다. 가사의 관용구는 흥미와 관심을 부르는 감탄사와 호칭으로 이루어져 있으며, 이는 주의를 환기(喚起)시키는 역할을 한다. 작가는 이 글을 읽게 될 사람들을 '호걸님네들아'라 부르며, '화산교'에서 있었던 일을 상세히 언급하고자 함을 암시하는 기능을 한다. 이는 보고(報告)의 형식이다. 작자 미상으로 알려진 이 작품은 호걸님들에게 보고하는 형식으로, 벼슬하는 사람들의 잘못된 행동을 바로 잡기 위한 비판적 성향이 강한 작품이라고 볼 수 있다. 가을 7월 보름 즈음이 시간적 배경이 된다. 7월 보름은 백중으로 많은 음식들을 만들어 잔치를 열기에는 한창 좋을 시기이다. 그러나 문제는 홍수다. 작품이 창작된 1874년에는 많은 비가 내려 죽은 사람에게 휼전을 베풀었다는 기록[23]이 전해지고 있다. 따라서 이때는 민심 수습을 위해 힘을 쏟아야 하는 시기임을 알 수 있다. 하지만, 호걸들은 기생들을 불러놓고 잔치를 벌인다. 그러면서도 "강 위에 비가 개고 공주 금성 달 밝을 때"라 하여 아무 일도 일어나지 않은 맑은 날임을 강조하고 있다. 2~3명의 호걸과 4~5명의 기생들이 호탕한 흥을 밤까지 이어가며, 화산교에서 촛불을 밝히고 밤에 연회를 벌인다. 그러면서 그 잔치가 질탕하다며, 어떤 사람들이 모였는지를 나열하고 있다.

좌중호걸(座中豪傑) 모든 등에 강장(剛腸) 남자 멧멧치리/ 녹죽지성(綠竹之聲) 질탕(迭宕)ᄒ듸 추파송정(秋波送情) 암암(暗暗)ᄒ다/ 초대(楚臺)의 인연(因緣)이며 낙포(洛浦)의 해후(邂逅)런가/ 풍정(風情)도 그지

---

[23] 『고종실록』12권, 고종 11년 6월 29일 경자 5번째 기사, 『고종실록』11권, 고종 11년 7월 22일 임술 2번째 기사에서 모두 수재를 당해 죽은 사람들에게 휼전을 베풀라는 기록이 있다.

업고 회포(懷抱)도 은근(慇懃)홀식/ 군산(羣山)의 야정(夜靜)호고 단교(短橋)의 월침(月沈)호되/ 이 노롬 이 배포(排鋪)를 어닉 뉘가 아울손가

잔치의 풍경을 묘사하고 있다. 풍악 소리가 질탕하게 들리는 가운데 남성들은 기생들에게 남이 알아채지 못하게 은밀한 추파를 보낸다. '풍악 소리가 질탕하다'와 '은밀한 추파'를 통해 이미 잔치의 의도가 바르지 못함을 언급하고 있다. "초대(楚臺)의 인연(因緣)이며 낙포(洛浦)의 해후(邂逅)런가"라는 고사를 인용하여 남녀의 정(情)을 드러냈고, 그 남녀의 정은 아름다운 상황에서 풍경과 회포로 은근하게 제시되었음을 말해준다. 그러면서 산에는 밤이 깊어 오고, '다리 아래'에는 달이 잠기는 잔치의 절정에 다다랐음을 시사해주고 있다. 여기서는 '다리'라는 공간에 대해 집중해서 보아야 할 것이다. 그 이유는 작품 제목에서 언급한 '화산교'라는 공간이 아마도 이곳이 아닐까 하는 추측 때문이다. 즉, 이렇게 밤 깊은 시간까지 잔치를 열고, 그곳의 풍정(風情)을 언급하여 잔치가 최고조에 이르렀음을 드러낸다. 그러면서 잔치가 은밀하게 이루어졌음을 단정하며, 쾌락의 공간으로서의 의미를 확정 짓는다.

익다롤 손 희극(戲劇)이야 세상사(世上事)가 원만(圓滿) 적어/ 풍류(風流) 흥치(興致) 다 못ᄒ여 밤듕만 야삼경(夜三更)의/ 군뢰(軍牢) 사령(使令) 느러셔셔 평지풍파(平地風波) 어인 일고/ 지엄(至嚴)홀손 금령(禁令)이야 부창회음(扶娼會飮) 들니엿다/ 의상전도(衣裳顚倒) 살풍경(殺風景)의 혼비백산(魂飛魄散) 호거고나/ 김병방(金兵房)의 거동 보소 전지도지(顚之倒之) 부지거처(不知去處)/ 서풍헌(徐風憲)의 거동 보소 황황실색(遑遑失色) 털슈셀다/ 긔슈 잘친 이행민(李行民)은 누구ᄒ고 쎗 단 말가/ 가령(可怜)ᄒ다 가령(可怜)ᄒ다 낭자(娘子)거동 가련ᄒ다

몰래한 잔치를 들키고 난 후, 잔치에 참여했던 사람들이 도망치는 모습을 묘사한 부분이다. 그 광경을 애처롭고 쓸쓸하다고 표현한다. 이는 세상 일이 순탄치 않음을 밤 몰래 벌어지는 잔치를 들켜버린 심정으로 대

체하고 있다. 잔치를 숨기기 위해 몰래 밤에 이루어졌지만, 군뢰 사령들까지 출동하여 잡아들이기에 이른다. 잔치라는 것은 원래 소란스러운 것이 제 맛이지만, 목적이 다른 시끌벅적한 상황을 잔치로 제시하여 반어적인 의미로 설명한다. 여기서는 '몰래'라는 단어에 초점을 맞춰야 할 것이다. '몰래' 이루어진 잔치의 공간에서 양반과 기생이 뒤섞여 서로 도망치고 있기 때문이다. 하지만, 김병방과 서풍헌은 정신없이 도망쳤고, 눈치 빠른 이행민 역시 사라져 그 자리에는 없다. 이에 가장 손해를 보는 사람들은 기생들이 된다. 기생들은 빨리 뛰어 도망갈 수도 없는 상황이다 보니, 양반들에 비해 더 많은 피해를 입을 수밖에 없다. 그러니 잔치를 연 주체인 양반 남성들보다 그 자리에 초대된 대상인 기생들이 피해자가 된다. 그렇기 때문에 기생들이 더 가엾고 불쌍한 상황에 놓일 수밖에 없는 것이다.

자고화총(自古花叢) 풍우다(風雨多)ᄒ니 봉접춘광(蜂蝶春光) 덧업도다/ 배주흥취(杯酒興趣) 고사(姑捨)ᄒ고 심두경영(心頭經營) 허사(虛事)로다/ 언제나 이 ᄯᅳ의 다시 모다 이 노롬 다시 ᄒ여볼가

〈화산교가〉의 마지막 부분이다. '꽃들'은 기생들을, '벌나비'는 양반 남성들을 비유하고 있다. 기생들이 많은 곳에는 으레 양반 남성들이 많은 법이고, 사건과 사고도 많이 일어나게 된다. 여기서 비바람은 양반과 기생을 갈라놓는 방해물로 볼 수 있고, 그 비바람 때문에 양반들이 기생들을 찾아오지 않음을 의미한다. 위의 상황과 연결지어 본다면, 몰래 이루어진 잔치에 걸려서 군사들이 잡으러 온 상황이 바로 비바람이라면, 비바람 때문에 양반 남성들은 다시 기생들을 만날 수 없으니 이를 헛되고 부질 없다고 설명한 것이다. 음주의 흥취(興趣)는 말할 나위 없고, 정신 수양이 먼저 되어야 함을 제시한다. 그럼에도 불구하고, 다시 이 공간에 모두 모여서 잔치를 벌여보자고 하는데, 이는 실제 그렇다기보다는 때가 되면 다시 잔치를 열자는 안타깝고 아쉬운 심정을 드러낸 것이다.

위의 내용들에서 알 수 있듯이, 지극히 엄한 금지령에도 불구하고, 기생들과 함께 명창들이 모여 잔치를 열고 있다. 그 잔치의 장소는 공개된 공적인 공간이 아닌 몰래 숨어야 하는 은밀하면서도 사적인 공간이라 할 수 있다. '화산교'가 곧 그런 공간으로 인식되어 드러났고, 이는 곧 잔치의 공간이며, 흥의 공간이면서도 쾌락의 공간이자 부정(不正)의 공간이라고도 말할 수 있다.

3. 서호 위의 배 : 흥취의 공간

『염요』의 마지막 작품은 〈추칠월기망범주서호가〉이다. 이 작품은 2연으로 된 짧은 시조다. 작품에는 드러나지 않지만, 제목에서도 공간이 등장한다. 바로 서호 위의 배다. 시간은 음력 칠월 보름 정도이고, 장소는 서호임을 알 수 있다. 여기 등장하는 서호는 금강을 의미하며 금강에서 뱃놀이를 하면서 부르는 노래라 할 수 있다. 그렇다면 작품에 등장하는 서호 위의 배라는 공간은 어떤 의미를 갖게 하는지 작품을 통해 살펴보도록 하자.

> 임지술(壬之戌) 갑지술(甲之戌)에 추칠월기망(秋七月旣望)은 일야(一也)로다
> 소자첨(蘇子瞻) 가온 후에 약산산인(藥山山人) 오단 말가
> 두어라 적벽(赤壁)의 남은 흥언 나 쁜인가

1연의 전문이다. 화자는 스스로를 '소동파'에 비유하고 있다. 이 작품은 소동파의 〈적벽부(赤壁賦)〉에 비유하여 자신이 곧 소동파임을 서술하고 있다.[24] 1행에서 화자는 임술년이건, 갑술년이건 아무 상관이 없다고

---

24) 임술년 가을 7월 16일에 소동파는 찾아온 손님과 배를 띄워 적벽 아래서 노닐었다. 맑은 바람은 천천히 오고, 물결은 흥하지 않았다. 술을 들어 손님에게 권하며 시경 〈동풍〉의 달 밝은 시를 읊조리고, 나는 시경 〈관저〉의 사랑 노래를 부르니, 이윽고 조금 있다 동산에 달이 솟아 올라 북두 견우간에 서성일 때, 흰 이슬 물안개는 강에 비끼고, 물빛은 하늘에 닿았다. (壬戌之秋, 七月旣望, 蘇子與客, 泛舟遊於赤壁之下. 淸風徐來, 水波不興. 擧酒屬客 誦明月之詩 歌窈窕之章. 少焉, 月出於東山之上 徘徊於斗

말한다. 즉, 어느 해든 상관 없이 음력 칠월 보름만 되면 뱃놀이를 즐기겠다는 다짐을 언급한 것이다. 날씨가 허락되는 한, 뱃놀이는 매년 즐길 수 있는 놀이의 한 유형임을 나타낸 것이다. 음력 칠월 보름이 되면 뱃놀이를 즐기는 이유는 아마도 그때가 가장 아름다운 자연을 만날 수 있는 시기이기 때문이다. 뱃놀이는 남녀노소 상관없이 모든 사람들이 즐길 수 있는 풍속 중의 하나다. 따라서 마을 주변에 강이나 호수가 있으면 뱃놀이를 즐겼기 때문에, 공주에서도 황포돛배를 타는 뱃놀이가 있었던 것을 짐작할 수 있다. 그만큼 뱃놀이는 유명한 민속놀이임을 알 수 있다. 2행과 3행은 '소동파가 곧 작가'임을 드러낸 부분이다. 2행에서는 소동파가 간 다음, 그 자리를 대신할 약산산인(藥山山人)이 올 것이라고 하는데, 이 약산산인이 바로 작가 자신임을 나타낸다. 이는 소동파가 적벽에 배를 띄워 노닐었던 것처럼 작가 역시 뱃놀이를 즐기는 행동을 토대로 하여 자신도 소동파처럼 살고 싶다는 염원을 토로한 작품이라 볼 수 있다. 3행에서도 소동파가 적벽에서 그랬던 것처럼 작가 역시 그 흥을 느껴보고 싶다면, 소동파와 작가 자신이 서로 하나됨을 언급한 부분이라 할 수 있다.

> 추강소식(秋江消息) 비긴 후에 기망월색(旣望月色) 더욱됴타
> 적벽강(赤壁江) 무한(無限)흔 흥(興)을 자첨(子瞻)이 네 홀노 누리단말가
> 우리도 태평성대(太平聖代)의 풍월주장(風月主張)ᄒ여

1연과 마찬가지로 2연 역시 소동파를 자신에 비유하고 있다. 2연의 내용은 가을날의 정취(情趣)에 대한 것이다. 강과 달을 소재 삼아 가을날의 풍경을 〈적벽부〉에 비유하고, 자연을 누리며 살고 싶다는 염원을 서술하고 있다. 1행은 가을 강에서의 비가 갠 후라는 시간적 배경을 나타내며, 가을에 찾아온 날씨의 변화를 달빛으로 드러내 자연의 정취를 돋보이게

牛之間, 白露橫江, 水光接天.) 소동파, 〈전적벽부(前赤壁賦)〉, 『고문진보(古文眞寶)』후집(後集) 권8, 전통문연구회(http://www.juntong.or.kr).

한다. 2행은 소동파와 자신을 비유한 부분이다. '적벽강'은 금강의 다른 이름이라 부른다. 따라서 소동파의 〈전적벽부〉에서 소동파가 뱃놀이를 한 것처럼, 작가 역시 금강에서 무한하게 느낄 수 있는 흥을 제시한다. 그러면서 마지막으로 3행에서는 시간적 배경에 작가 자신을 대입한 물아일체의 정서를 "우리도 태평성대(太平聖代)의 풍월주장(風月主張)ᄒ여"라 하며 설명하고 있다. 즉, 우리도 평안하게 누릴 수 있는 풍월주인으로 자연과 벗삼아 여유롭고 태평한 세대에 살아보고자 하는 염원을 제시하고 있는 것이다.

어느 때건 상관없는 태평한 시대라면, 지역적 특성을 고려하여 강과 호수가 존재한다면, 여유롭게 뱃놀이를 즐길 수 있는 양반 남성이라면, 기생들과 더불어 풍류를 즐겼음을 의미한다. 이러한 풍류는 운치 있고 멋스러운 일이었을 것이다. 배 위에서 자연과 하나가 되는 아름다움과 더불어 성현(聖賢)과의 일치된 삶은 풍류 공간을 더욱 운치 있게 만드는 것이라 할 수 있다.

풍류 공간의 사회문화적 의미

'풍류'는 시대적 변화가 드러나지만, 예전이나 지금이나 사람들은 즐겁게 즐기는 것을 좋아한다. 그러므로 풍류는 모든 사람들이 가질 수 있는 것이다. 기생과 양반 남성이 함께 만날 수 있는 공간은 기방(妓房)이나 풍류방(風流房)이 일반적이다. 그러나 기생놀음은 실제로 어느 곳에서 이루어졌는지 알 수 없다. 하지만, 이 작품의 배경이 되는 곳을 짐작해 본다면 '잔치'가 일어난 곳이어야 한다. 그 이유는 넓게는 4편의 작품이 모두 '잔치'로 연결되어 있기 때문이다.

이 글에서는 『염요』에 수록된 4편의 작품에 드러난 공간을 바탕으로 풍류 공간의 사회문화적 의미를 고찰하고자 하였다. 풍류 공간은 여러 의미가 있겠지만, 이 글에서는 풍류의 의미에 부합하는 공간적 의미를 찾고자 했던 것이다. 다른 무엇보다도 〈금강석별낙양낭군곡〉과 〈단가〉의 작가는 기생들이다. 이 작품들의 창작 배경은 기생들과 양반 남성들이 함께 어울리는 잔치였고, 작품들은 백일장 형식으로 창작되었으며, 양반들이 작품에 점수를 주는 형식으로 놀이가 이루어졌다.[25)]

　잔치는 어떤 일에 대해 축하하고, 누군가에게 축하받기 위해 시끌벅적하게 벌이는 행위이다. 그러므로 대체로 밝은 낮에, 공개된 공간에서, 많은 사람들과 함께 하는 놀이의 형식인 것이다. 이 글에서 제시한 4개의 작품 역시 잔치를 기반으로 하고 있다. 작품들에 드러난 공간이 공통적으로 같지는 않았지만, 세 부분의 공간으로 나눠볼 수 있었다. 그 첫째는 금강이고, 둘째는 화산교이며, 셋째는 배 위이다.

　금강은 충청지역 사람들에게 삶의 터전이자 근원이다. 이 금강에서 기생과 양반 남성은 서로 이별을 하게 되니 그리움의 공간으로 작용할 수밖에 없었을 것이다. 또한, 화산교는 정확한 장소가 드러나지 않았기 때문에 '어떤 특별한 곳'이라는 의미를 부여하기가 어려울 수밖에 없다. 하지만, 외부의 '특별한 곳'이라는 점을 고려해 본다면, 공간적 성격을 언급해 볼 수도 있을 것이다. 즉, 즐거움의 공간으로 언급되었다가 은밀한 쾌락의 공간으로도 전환되었고, 마지막에는 정의(正義)의 공간이 되는 다양한 관점의 변화가 매우 흥미로웠다. 배 위는 뱃놀이를 하는 문화적 풍습과 연관지어 살펴본다면, 자연과 내가 하나되는 물아일체(物我一體)의 경지와 중국 시인에 대한 동경을 드러낸 흥취의 공간으로 표출되었다.

　조선시대 기생들과 양반의 교류로 빚어낸 하나의 문화현상으로, 긴밀한 교류는 새로운 풍류 공간을 드러냈던 것이다. 이렇듯 『염요』는 19세기의 놀이문화를 언급하면서 기생과 양반 남성이 서로 연결될 수 있는 중요한 역할을 했다고 볼 수 있는 작품집인 것이다.

---

25) 정병설, 앞의 책, 2007, 145~146쪽.

제 4 장
『소수록』에 나타난 기생들의 내면 의식과 사회문화적 의미 연구

　이 글은 19세기 창작된 『소수록』에 나타나는 기생들의 내면 의식과 사회문화적 의미를 연구하는데 목적이 있다. 『소수록』은 기생들의 일생과 일상에 관한 글들을 엮어 놓았다고 하며, 조선시대 신분제의 불합리성과 기녀제도의 문제점을 통해 조선 사회에 대한 비판적 모습을 드러내고 있다. 이에 논자는 기생이 스스로 세상을 바라보는 관점과 더불어 양반 남성 혹은 대상이 기생을 바라보는 관점의 차이를 살펴 19세기 기생들의 내면 의식을 파악하고, 이를 바탕으로 19세기에 드러나는 사회문화적 의미를 살펴보고자 한다.

　그간의 『소수록』 연구는 많은 성과를 이루었다. 그 가운데 『소수록』의 전체 작품과 관련된 연구는 정병설[1]에 의해 처음 제기되었다. 그리고 그 뒤를 이어 박애경[2], 박혜숙[3], 이화형[4], 김혜영[5]에 의해 연구가 진척되었다고 볼 수 있다. 정병설은 처음 원문을 소개함과 동시에 다른 기생 관련 작품들을 소개하며, 기생과 관련된 내용들을 분류하여 그 특징들에 대해 논하였다. 그런 반면, 박애경은 『소수록』의 첫 작품인 〈츈 히영 명긔 명션

---

1) 정병설, 『나는 기생이다- 소수록 읽기』, 문학동네, 2007.
2) 박애경, 「조선후기 장편가사의 생애담적 기능에 대하여: 〈이경양가록〉과 〈소수록〉을 중심으로」, 『열상고전연구』 18집, 열상고전연구회, 2003.
　　　, 「소수자 문학으로서의 기녀문학」, 『고전문학연구』 29, 한국고전문학회, 2006.
3) 박혜숙, 「여성 자기서사체의 인식」, 『여성문학연구』 8호, 한국여성문학학회, 2002.
4) 이화형, 「기생시가에 나타난 자의식 양상 고찰」, 『우리문학연구』 34, 우리문학회, 2011.
5) 김혜영, 「소수록의 성격과 작자 문제」, 『어문론총』 61호, 한국문학언어학회, 2014.
　　　, 「소수록의 소설 수용과 그 의미-〈논창가지미〉를 중심으로-」, 『한민족문화연구』 48권, 한민족문화학회, 2015.

이라〉라는 하나의 작품을 선정하여 〈이정양가록〉과 함께 비교, 대조를 통해 작품의 특징에 대해 논하였다. 더불어 소수자의 문학으로서 기녀가사(妓女歌辭)가 갖는 의미를 조선 전, 중기와 후기로 나누어 그 위상을 살펴보았다. 그런데,『소수록』1편은 조선 후기의 특징으로 자기 삶을 회고하고 성찰함에 자신의 생에 대한 자부심과 성취감을 드러낸 작품이라고 언급하였다. 이화형은 기생들의 호명에 대한 연구의 하나로 〈츈 희영 명긔 명션이라〉는 작품에 등장하는 '명선'이라는 호명(呼名)을 통해 주체성과 정체성을 밝히고자 하였다. 또한, 김혜영은『소수록』의 성격과 작가 문제에 대한 것과 더불어 소설 수용 양상 등으로,『소수록』이 다른 작품들과 어떤 연관성이 있는지를 살펴보았다.

이러한 여러 선행 연구들은『소수록』을 연구하는데 매우 큰 의미가 있다고 생각한다. 장르, 주제 등의 다양한 작품들이 소개된 작품집인 만큼 이를 바탕으로『소수록』이 갖는 19~20세기 초 기생들의 문화적 면모를 살펴볼 수 있을 것이다. 더 나아가서는 기생들의 문학에서 기생들의 공간, 문화로의 다양한 영역의 학문들에 유용한 성과를 기대할 수 있을 것으로 본다.

『소수록』의 구성 및 의미 분석

조선시대의 문학은 지배층에 의해 주도되었기 때문에 지배층의 문학은 발달할 수밖에 없었다. 그에 반해 피지배층의 문학은 은폐되어 쇠퇴할 수밖에 없었다. 그럼에도 불구하고 소수의 문학에 대한 연구가 지속적으로 이어진 이유는 소외된 계층의 문학에 대한 관심이 많았기 때문이다. 소외 계층의 문학은 사회적인 영향이 매우 컸기 때문에, 이로 말미암아 다양한 계층의 문학에 이르기까지 많은 발전을 가져오게 되었다고 볼 수 있다. 그런 의미에서『소수록』은 소수 계층의 문학 성향을 드러내는 매우 중요한 자료라고 생각한다.

『소수록』은 국립중앙도서관 소장본이 유일본으로, 1권 1책의 한글 필사본이다. 분량은 표지 포함 총 64장으로, 본문이 총 125면이고, 책 표지면에는 '쇼슈록 뎐'이라고 적혀 있으며, 총 14편의 작품이 전하고 있다. 이 작품집에는 장편가사, 토론문, 시조, 편지글 등 다양한 양식의 작품이 존재한다. 이 글의 대부분은 기생들이 스스로 창작한 것이다. 이 작품집의 첫 부분에는 '쇼수록'이라는 책 제목 옆에 작은 소제목들이 붙여 있다.

다음은 『소수록』의 작품들로 제목, 분량, 주제 등의 서지사항이다.

문집	서지 사항 및 기본 정보			
소수록	총 125면의 한글 필사본. 총 14편의 작품 수록.			
	편수	작품 제목	분량	작품 주제
	1편	츈 희영 명긔 명선이라	33면	해주기생 명선의 일생
	2편	중안 호걸이 회양흔당 ㅎ여 여슈슴명긔로 논 충가지미라	18면	기생의 입장에서 본 남자의 다섯 유형
	3편	죵순이라	4면	기생의 자기 비판(역설적)
	4편	찬일도미이타가 탄미문감탄셩이라	2면	기생 처지의 안타까움
	5편	디가경 싁즈ᄒ여 작구 압가인셔라	4면	남자의 관점에서 본 기생의 무심함(편지)
	6편	답즁	7면	남성에 대한 비판적 의식 (답장)
	7편	수슴셩충이 회양한당 ㅎ여 탄화로 졉불니라	7면	늙은 기생의 서러움
	8편	쳥누긔우긔라	6면	기생과 남성의 만남과 이별-기이한 만남
	9편	단충화답이라	2면	인연을 맺은 님과의 이별 (편지)
	10편	답죠라	1면	떠난 님에 대한 그리움 (답장)
	11편	쳥농가인한충가	21면	님에게 향한 청주 기생의 청혼
	12편	단충이라	1면	시조의 형식으로 드러낸 상사곡
	13편	답이라	11면	남자의 답장- 만남과 헤어짐
	14편	희영 명긔 졉고 호명긔라	7면	이름으로 본 기생들의 특성

정병설은 『소수록』을 주제에 따라 네 개의 부분으로 나누어 작품의 특성을 설명하고 있다.6) 『소수록』은 각각 그 내용이 다르고, 작품들의 특성들이 다르다는 것을 미루어 짐작해 볼 수 있다. 그래서 이 작품집은 한 사람이 창작하여 쓴 것이 아니며, 여러 사람의 작품을 모아 한 편의 작품집으로 완성했다고 볼 수 있다7)는 것이다. 그러나 몇 명의 작품이고, 누가 지었는지에 대해서는 알 수 없다. 다만 짐작할 수 있는 것은 어느 정도 겹쳐지는 부분이 있다 보니, 각각의 작품들이 모두 다른 작가에 의해 쓰인 작품이 아니라는 것이다.

작품들은 1편에서부터 14편에 이르기까지 매우 다양한 장르로 창작되어 있다. 기생의 일생에 대해 묘사한 글이 있는 반면, 남녀가 서로 주고받은 편지글도 있으며, 남녀의 만남과 이별을 나타내는 시조도 있다. 그런 까닭에 많은 작품들이 기생들에 의해 창작된 작품이라고 말할 수 있는 것이다. 하지만, 이 작품집 가운데서도 특이한 점을 꼽자면, 작품집 마지막 부분에 있는 〈히영 명긔 졈고 호명긔라〉라는 '호명기(呼名記)'가 전해지고 있다는 점이다. 원래는 기생안(妓生案)8)으로 교방 기생들을 관리할 때 점

---

6) 첫 번째로 '기생의 일생'이라 하여 〈츈 히명 명긔 명선이라〉를 토대로 명기 명선의 일대기를 이야기하였고, 두 번째로 '기생 놀음의 현장'이라 하여 〈기생 호명기〉를 언급하여 19세기 기생들의 문화에 대해 논하였다. 세 번째로 '기생이 보는 눈, 기생을 보는 눈'이라 하여 〈즁안 호걸이 회양ᄒᆞ당ᄒᆞ여 여슈슴명긔로 논ᄎᆞ가지미라〉, 〈죵순이라〉, 〈찬일도 미이타가 탄미문감탄셩이라〉, 〈수슴셩ᄎᆞ이 회양한당ᄒᆞ여 탄화로 졉불ᄂᆡ라〉라는 4편의 가사로 기생과 상대의 관점으로 나누어 관점의 변화를 드러냈다. 마지막으로 '기생과 편지'라 하여 〈듸가경 싀ᄌᆞᄒᆞ여 작구압가인셔라〉, 〈답즁〉, 〈쳥농가인한츙가〉, 〈단츙이라〉, 〈답이라, 쳥누긔우긔라〉, 〈단츙 화답이라〉, 〈답죠라〉라 하여 기생과 남성의 다양한 면모를 볼 수 있는 작품들이라고 볼 수 있다. 정병설, 앞의 책, 문학동네, 2007, 14쪽.
7) 『소수록』의 필체는 일관되지 않아서 여러 명이 필사를 한 것으로 여겨지기도 하나, 'ㄹ'과 'ㅂ' 그리고 'ᄒ' 등에서 보이는 바 독특한 필체가 처음부터 끝까지 계속해서 나타나는 것으로 보아 '동객'이라는 한 사람이 필사했음을 알 수 있다. 김혜영, 앞의 논문, 2014, 177쪽.
8) 기생은 대부분 관기이기 때문에 기녀안에 의해 점고를 하게 된다. 수령들은 임지에 부임하면 육방관속부터 부역, 균역 등 모든 역을 보고 받고 관노까지 신고를 받는다. 기생 점고도 새로운 수령에게 바치는 신고식이었다. 기생 점고를 할 때 수령은 동헌에 좌정하고, 아래 섬돌에서 호장이 기생안을 들여다보면서 호명을 한다. 기생을 점고할 때 격식이 있어서 호장은 목청을 잔뜩 길게 뽑고, 기생들은 신임 수령에게 잘 보이게

고를 해야 한다. 하지만, 실제 호명을 할 때 미흡한 부분이 있어 기생안과 별도로 적성된 것이 '호명기'라고 할 수 있다.9) 이 '호명기'는 대부분 관아에서 교방 기생들을 관리할 때 사용하는 문서들라고 할 수 있다. 그러한 '호명기'가 이 작품집에 수록되어 있다는 것은 이 창작집이 기생들에 의해서만 창작되었다고 볼 수 없는 결과이다. 즉, 이 작품집은 단순히 기생들이 자신의 처지를 알리기 위해 창작된 작품집이 아니라 해주 기생의 문학적, 사회적인 면모를 보여주기 위해 지방 관아에서 엮은 것이라고 보는 것이 더 타당할 것이다. 그러므로 『소수록』은 그 시대의 사회적 배경을 유추할 수 있는 자료로써 충분히 큰 의의가 있다고 할 수 있다. 먼저, 『소수록』 1편~14편에 이르는 작품들의 내용과 성격에 대해 살펴보자.

『소수록』 1편은 14편의 작품 가운데 가장 많은 비중을 차지하고 있다. 〈츈 희영 명긔 명션이라〉라는 제목으로 해주의 명기인 명선의 일대기를 그린 작품이다. 어린 나이에 기생이 된 사연과 더불어 한 남자를 만나 사랑하여 아들을 낳아 남자를 따라 서울로 올라가는 과정을 서술하고 있다. 작품의 말미에서 기생 명선은 스스로 정인(情人)을 만나 잘 풀린 경우라고 소개하고 있다. 그러나 모든 기생이 명선이와 마찬가지로 정인을 만나는 것이 아닐 뿐더러 정인을 만난다고 해도 첩이 되지 못하는 경우도 허다하다. 그러나 이 작품은 기생의 소망, 소원을 잘 드러낸 경우로, 기생으로는 최고의 욕망을 얻게 된 신분 상승뿐만 아니라 기생의 신분으로 누릴 수 있는 최대한의 것을 누리게 되는 가장 이상적이고도 훌륭한 모습을 보여주는 경우라고 할 수 있다.

『소수록』 2편은 기생들이 남자의 다섯 유형에 대해 논하고 있다. 이 작

하기 위해서 정성스럽게 화장을 하고 옷도 성장을 한다. 그런데 기생을 호명하는 호장의 호명 격식이 재미있다. 단순하게 기생의 이름을 부르는 것이 아니라 그 앞에 시처럼 긴 문장으로 기생을 분칠하고 있다. 이수광, 『조선을 뒤흔든 16인의 기생들』, 다산초당, 2009, 52~53쪽.

9) 기생 점고를 할 때 시를 지어 이름을 부른다면, 기생 이름만 적어 놓은 기생안으로는 격식에 맞는 기생 점고를 하기 어렵다. 그래서인지 기생안 가운데도 몇몇은 기생 이름만 적지 않고, 호명 방식에 맞게 기생 이름 앞에 이름을 수식하는 3자어를 붙여 놓은 것들이 보인다. 정병설, 앞의 책, 2007, 157쪽.

품명은 〈즁안 호걸이 회양흔당ᄒ야 여슈숨명긔로 논츙가지미라〉라 하여 '서울 호걸이 3~4명의 기생들과 어울려 양한당에 앉아 어떤 문제에 대해 논의하다'는 뜻을 지닌다. 이 작품은 남성과 옥소라는 기생이 토론 형식으로 서로 이야기를 주고받고 있으며, 기생들이 바라본 남성 손님을 다섯 유형[애부, 정부, 미망, 화간, 치애]으로 분류하여 그들의 특징에 대해 정리하고 있다.

『소수록』3편은 기생에 대한 생각을 기생과 객(客)이 토론 형식으로 논의하고 있는 작품이다. 〈종순이라〉는 제목으로 되어 있지만, 아마도 '종순'은 기생 이름으로 짐작해 볼 수 있을 것이다.[10] 기생 '종순'과 객이 서로 '기생'이라는 직책에 대해 논하며, '종순'은 여러 사물에 빗대어 미희(美姬) 즉, 기생을 비유하고 있지만, 결국 탕자를 호리는 불순한 것에 빗대어 비유한다. 이는 상대에게 기생은 매우 귀한 존재임을 강조하고 있다고 볼 수 있다.

『소수록』4편의 제목은 〈찬일도미이타가, 탄미문감탄셩이라〉으로 '한 도(道) 안의 아름다운 기생을 칭찬하다가 감탄하는 소리를 듣지 못해 탄식하다'라는 작품이다. 기생의 얼굴에서부터 몸가짐, 말씨, 춤사위에 이르기까지 기생의 여러 아름다움에 대해 칭찬하고 있다. 그러나 보는 사람이 없는 모양인지 주변의 반응이 크지 않자 거짓이 아닌 참이라며 아름다운 기생을 알아보지 못하는 안타까움을 노래하고 있다.

『소수록』5편은 제목은 〈딕가졍 싀ᄌᄒ야 작구압가인셔라〉으로 '대가정에서 쉬자고 하여 옛날에 알던 기생에게 편지를 쓰다'라는 남자의 편지글이다. 정확한 작가는 알 수 없지만, 작품의 내용으로 보아 기생을 그리워하며 쓴 글이라고 볼 수 있다. '대가정'의 정확한 위치는 나타나지 않는다. 다만 어느 정자쯤으로 짐작할 수 있을 것이다. 그곳에서 예전 알던 기생이 무슨 이유로 생각났는지 알 수는 없다. 하지만, 편지에서 남자는 기생과의 만남이 운명적이라고 강조하고 있다. 그리고 남자는 소원을 이루

---

10) 정병설, 위의 책, 2007, 203쪽.

지 못해 죽을 지경이라며 기생에게 협박한다. 그러나 그 소원은 기생과 밤을 보내지 못함을 말하고 있고, 마지막 부분에서는 기생에게 다시 만나달라며 애걸하는 모습을 그리고 있다.

『소수록』6편은 〈답중〉으로 《소수록》 5편에 대한 기생의 답장이다. 기생은 남자가 보낸 편지의 의도를 알아채고서는 편지에 대해 진실하지 못하다고 꾸짖는다. 작품의 마지막에 기생은 '고금을 헤아려보면 남자의 말은 믿을 것이 못 된다'며 욕망에 사로잡힌 남자들에 대한 진실하지 못함을 비판하고 있다.

『소수록』7편은 늙은 기생의 서러움을 나타내고 있다. 제목은 〈수습 셩츙이 회양한당ᄒ여 탄화로졉불닉라〉이다. 2~3명의 늙은 창기들이 양한당에 모여 꽃에 자신을 비유하여 꽃이 시드니 나비가 날아들지 않음을 한탄한다는 것이다. 소년 시절은 늘 한결같지만, 어느덧 늙어버린 자신의 외모에 대한 서러움과 더불어 날 찾아줄 사람 없을 것이라는 상실감을 드러내고 있다.

『소수록』8편은 〈쳥누긔우긔라〉라는 제목의 작품이다. '쳥누'는 기생집을 의미한다. 그렇기 때문에 이 작품의 제목은 '기생집에서의 기이한 만남을 기록하다'는 것이다. 남자는 타향에서 기생을 만나 외로움을 달래지만, 만남도 잠시 뿐이고 긴 이별 과정을 그린 작품이다. 이 작품은 남녀 사이의 사랑을 그렸다기보다는 서로의 안녕을 빌어주며 그저 단순한 기생과 손님의 관계를 적절히 잘 드러내고 있다고 볼 수 있다.

『소수록』9편은 〈단충화답이라〉으로, '짧은 창으로 답한다'는 제목의 작품이다. 『소수록』8편과 연관된 작품으로 보인다. 기생이 님과 어쩔 수 없이 이별해야만 하고, 그 이별로 인해 잊지 못하는 님에 대한 그리움을 절절하게 그리고 있다.

『소수록』10편은 〈답죠라〉라는 작품이며, 『소수록』9편의 답가 형식으로 되어 있다. 이 시 역시 사랑하는 사람과 헤어져 있는 상황에서 오지 않는 님을 그리워하며, 님에 대한 서러운 마음을 표현하고 있다.

『소수록』11편은 〈쳥농가인한츙가〉로, '쳥롱 기생이 쓸쓸한 창가에서 노래하다'는 제목이다. 어려서부터 기생이 된 청룡 기생이 16세에 스스로 기생집에 몸을 팔았고, 여기저기 떠돌아다니다가 스무 살이 되어서야 스물아홉 살의 선달님을 만나게 되는 과정을 그리고 있다. 그리고 선달님에게 자신을 기방에서 돈을 내고 빼달라고 하고 요구한다. 이 작품은 『소수록』 1편인 〈츈 희영 명긔 명션이라〉는 작품의 구조와 약간 비슷하다.

『소수록』 12편은 〈단충이라〉고 하여 기생이 남자를 생각하며 부른 상사곡이다. 『소수록』 11편의 내용에 대한 기생의 편지글로, 님에 대한 사랑을 절절히 드러내고 있다. 기생은 현실에서 보지 못한 님을 꿈에서라도 보고 싶다고 하지만, 님을 보고 싶은 마음이 간절하여 잠도 이루지 못한다는 안타까움을 드러내고 있다.

『소수록』 13편은 〈답이라〉라는 제목의 작품이다. 『소수록』 12편에 대한 남자의 답장을 적고 있다. 무엇보다도 감정 표현이 솔직하다. 슬픈 자신의 심정을 읊고 있다. 자신의 신세를 탓하며, 십여 년 동안 기방(妓房)을 출입하다가 기생을 만나 서로의 운명적인 만남을 제시한다. 기생은 남자에게 청혼하지만, 남자는 기다려 보라고만 하고는 그 후에는 다른 기약이 없다.

『소수록』 11편~13편은 서로 연관된 작품들로, 전체적인 사건에 대해 제시하고 있고(11편), 이 사건에 대해 기생이 남자에게 편지를 쓰고 있으며(12편), 기생의 편지에 대한 남자의 답장(13편)으로 세 편의 작품이 연결된 하나의 이야기라고 할 수 있다.

『소수록』 14편은 〈기생점고호명기〉로, 기생의 출석부라 한다. 총 40명의 기생의 호명(呼名)을 적어 놓은 것으로 호명만을 적어 놓은 것이 아니라 기생들의 호명에 대한 풀이와 함께 서술되어 있는 것이다. 이 작품은 그 당시 기생들의 특색과 더불어 폭넓게는 그 시대의 사회상까지 엿볼 수 있는 문건으로 활용될 수 있는 큰 특징이 있다.

『소수록』이 기생들의 사회상을 반영하고 있는 것은 사실이다. 『소수록』에 수록된 총 14편의 작품이 전부 기생들에 의해 쓰인 작품은 아니기 때문이다. 즉, 각각의 작품들이 한 사람에 의해 이루어진 작품도 아니고,

그렇다고 각각의 작품들이 전혀 다른 작가들에 의해 쓰인 작품이라고 할 수도 없다. 따라서 모든 작품이 어떠한 이유로『소수록』이라는 한 편의 작품집으로 묶이게 되었는지는 정확하게 알 수 없다. 하지만,『소수록』의 작품들을 토대로 창작자들의 내면 의식을 살필 수 있는 기회를 마련할 수 있고, 더불어 그들의 사회상, 시대상을 드러내고 있음을 미루어 짐작해 볼 수 있을 것이다.

기생들의 내면 의식

18세기의 기생 가사라 불리는 작품들은 대체적으로 양반 남성의 시각에 의해 서술되었다.11) 그렇기 때문에 작품의 전반적인 내용을 모두 기생의 입장이라고 단정 지어 언급하기는 곤란하다. 그러나 19세기 역시 18세기에서 크게 벗어나지 못할 것이다. 다만, 18세기보다는 조금 더 구체적으로 언급되고 있을 뿐 다른 양상은 잘 드러나지 않는다. 19세기에는 앞 시기에 제한적이었던 갈래 간의 개방이 점차 광범위하게 이루어지면서 상, 하층 문화의 벽은 유례없이 좁아지게 되었다. 위에서 아래로 담당층이 확산되면서 문화의 향유층이 확대되는 현상은 이 시기에 들어 더욱 전면적으로 진행되었고, 저층에서 형성된 판소리의 부상에서 보이듯 상향

---

11) 〈일동장유가〉, 〈금루사〉, 〈순창가〉 등의 작품에서 나타난 기생의 모습은 모두 양반 남성의 시각에 의해 서술되고 있다는 점이 주목된다. 이는 기생이 양반 내지 부호 남성의 전유물이었다고 하는 점을 그대로 반영한다. 양반 남성은 대체적으로 기생과의 교유를 양반 관료의 기득권이라고 생각했다. 관료 혹은 관료에 준하는 신분으로서 남성들은 기생의 수청을 당연시했다. .... 이 작품들에는 18세기 양반 남성의 눈에 비친 기생의 형상이 나타난다. 기생 수청을 당연시했던 18세기 양반 남성이 기생의 삶을 가사화하는데 있어서 당대를 살아가는 여성 삶의 문제에 대한 포괄적 인식은 없었던 것으로 보인다. 다만 여성으로서 한 사회 구성원을 이루고 있는 층, 즉 양반 사회 주변에 있는 소외 계층으로서의 여성에 대한 각별한 관심이 있었던 것이라고 할 수 있다. 그리고 기생 계층의 신분적 질곡에 대한 개인적 동정이나 그로 인한 좌절감에도 불구하고 신분타파의식으로까지 나아가지는 못하였다. 이것은 당대 지식인으로서의 시대적 한계이다. 고순희, 「18세기 가사에 나타난 기생 삶의 모습과 의미」, 『고전문학연구』 10, 한국고전문학회, 1995, 258~259쪽.

적 확산도 보인다. 그 결과 신분 관계에 예속되어, 뚜렷한 변별력을 지녔던 개별 갈래들이 폐쇄적인 영역에서 벗어나 상호 교섭할 수 있는 근거를 마련하게 되었12)음을 알 수 있다.

　조선 후기는 봉건 해체기로, 서민들은 자유롭게 자신의 정서를 표출하며 현실과 이상을 반영한 작품들이 다채롭게 창작되었다. 『소수록』의 작가들은 대부분 하층 여성에 속한다. 하층 여성은 그들의 의식이나 생활상을 그들의 문학에 반영하고 있으며, 후에 그 문학은 서민 문학이라는 범주에 포함되었던 것이다. 『소수록』은 기생들에 의해 지은 작품집이지만, 앞에서도 언급했듯이 모든 작품이 기생들에 의해 지어진 것만은 아니다. 따라서 다른 무엇보다도 기생들이 지은 작품들을 반영해야만 그녀들의 내면 의식을 살필 수 있을 것이다. 그렇다면 기생들이 어떤 작품들을 창작했다고 말할 수 있는가? 논자는『소수록』에서 기생들이 창작한 작품들을 토대로 기생들의 내면 의식을 살펴보고자 한다.

1. 님에 대한 사랑과 원망

　기생이 만나는 사람들은 대부분 양반 남성들이었고, 기생과 양반 남성의 사랑은 매우 자연스러웠음을 알 수 있다. 그러나 그들의 사랑이 모든 기생들에게 해당되지는 않는다. 양반 남성과 기생이 사랑을 하게 되면 그들은 만나고 헤어짐이 잦았기 때문에 다른 어떤 사랑보다도 애틋하고 열정적이었을 것이다. 하지만, 그들의 사랑이 애틋하고 열정적이었기 때문에 빨리 식어버리기도 한다. 그래서 두 사람이 헤어져 있는 동안에 기생을 잊고 돌아오지 않는 경우도 많았을 것이다. 이러한 이유로 대부분의 기생들은 한번 사랑을 받았다 할지라도 지속적으로 사랑하는 관계가 아닌 일회성으로 끝나버리는 경우가 많다. 이에 사랑을 기다리는 기생들은 양반 남성에게 편지를 보내기도 하고, 반대로 양반 남성 역시 기생을 잊지 못해 글을 남기기도 한다. 조선시대에는 양반 남성과 기생으로 만나

---

12) 박애경, 「19세기 시가사의 전개와 잡가」, 『한국민요학』 4집, 한국민요학회, 1996, 120~121쪽.

사랑하고 헤어지는 여러 사건들을 토대로 한 작품들이 많다. 『소수록』 1편, 8편, 9편, 10편이 개인적 사랑과 원망을 가장 잘 드러내고 있다. 『소수록』 9편, 10편은 님에 대한 사랑13)을 드러내고는 있다. 그러나 작품의 화자가 정확하게 구체적으로 드러나지는 않는다. 그러나 『소수록』 1, 8, 11편은 화자가 기생이다. 그러므로 『소수록』 1, 8, 11편을 중심으로 작품을 살펴보고자 한다.

> 홀너가난 빅구광음 어닉덧 니팔이라/ 아립다온 이닉 태도 고일님 바이 업셔/ 일부함원 오월비상 동희효부 원이러니/ 지셩쇼도에 쳔필응은 닉 졍셩의 감동난 듯/ 딕쳥 도광 이십오의 흑농 쳥스 상합ㅎ여/ 박동 스쏘 좌졍ㅎ니 사도 계지 김진스님/ 연광이 이십여요 문중이 쳥연이라/ 풍유 쥬지난 숭여와 일반이요 봉친합의난/ 졍원화와 방불토다 어화 반가울스/ 닉의 진짓 소원이라 화죠월셕 사른 이와/ 양신가졀 씩인 시름 오날이야 푸러볼가/ 양졍이 합의ㅎ니 임안부 화류 즁의/ 미류랑을 싸르난 듯 쳔진 교 계낭즈난/ 형쵸긱을 만나난 듯 쇼원이 여합ㅎ니/ 타스가 쑴속이라 날노 심한 이닉 졍을/ 님도 나와 일반이라 츈ㅎ츄동 스시졀의/ 씩로 더욱 간졀토다

『소수록』 1편의 내용으로 기생 명선이 기다리던 님을 만나는 부분이다. 명선은 16살이 되던 해에 사랑하는 님을 만나게 된다. 아마도 님을 만나기를 예전부터 기다렸던 모양이다. 본문에서 보면 "일부함원 오월비상

---

13) 상당수의 사대부들은 기녀에 대한 이상적 관념의 세계를 구축하였다. 그들은 기녀를 아름다움의 현신이라고 생각하였다. 그렇기 때문에 꽃처럼 아름답고 선녀처럼 신비로운 그녀들과 어울려 노는 자신들도 지상선이라 거리낌 없이 말할 수 있었다. 또 사대부들은 사적으로 기녀와 관계하였을 뿐만 아니라 공공연히 기녀들과 어울리고 같이 기거하였다. 그러나 사회의 구조상 기녀들과의 관계는 대부분 일시적이었기에 이별로 끝날 수밖에 없었다. 그래서 기녀와 이별하면서 그녀들에게 변치 않는 사랑을 욕하였다. 기녀들과 이별하면서 지은 사대부들의 시는 간절하다. 사대부들은 이별 후에 기녀들이 자신을 못 잊어 밤잠을 못 이룰 것이며, 언제나 눈물로 옷깃을 적실 것이며, 밤마다 자신의 꿈을 꿀 것이며, 다른 사내는 쳐다보지도 않을 것이라는 판타지를 가졌다. 그러한 판타지를 시로 써서 기녀들에게 주었다. 강문구, 「우리나라 중세 사대부의 기녀에 대한 판타지」, 『동방한문학』 64집, 동방한문학회, 2015, 85쪽.

제 4 장 『소수록』에 나타난 기생들의 내면 의식과 사회문화적 의미 연구   117

동히효부 원이러니/ 지셩쇼도에 쳔필응은 닉 졍셩의 감동난 듯"이라 하여 '여자가 한(恨)을 품으면 오월에도 서리가 내리고, 지성으로 기도하면 하늘에서도 응답을 준다'고 하였다는 것이다. 이로 보아 이제야 기다리는 님을 이제야 만났으며, 그 님을 만나기 위해 정성껏 기도했음을 나타내고 있다. 작품에 드러난 "딕쳥 도광 이십오"는 청나라 도광 25년으로 1845년을 가리킨다. 그때 명선의 나이는 16살이고, 기다렸던 님의 나이는 20살 정도에 이른다. "박동 스쏘 좌졍ᄒ니 사도 계지 김진ᄉ님"이라 하여 기다리던 님에 대한 내용을 제시하고 있다. 명선이 기다리던 님은 인기 있는 기생이 되었을 때 만난 사또 막내인 김진사14)이다. 김진사는 문장 역시 수준급이며, 풍류와 재모(才貌)는 사마상여와 마찬가지라 한다. 그리고는 기생 명선은 이러한 님을 만나는 것이 소원이라 하여 반가운 기색을 표출한다. 그동안 아침, 저녁으로 고민하였지만, 쌓였던 시름이 김진사를 만난 오늘에서야 풀리게 되었다며 그동안 간절한 마음으로 소원하고 소원했음을 언급하고 있다.

 정월 승원이 셰인의 즐기지 아니미 안이로되/ 쳥룡 완월과 야류 답교로 님이 업시미 이 곳 나의 한이요/ 즁츈 답평이 셰인의 즐긔지 아니미 안이로되/ 빅마금편으로 왕손이 도라오지 못ᄒ미 이 곳 나의 한이요/ 삼월 승스의 곡강 션유가 셰인에 즐긔지 아니미 안이로되/ 원포지범으로 님이 도라오지 못ᄒ미 이 곳 나의 ᄒ이요/ 팔일 관동의 황황화션이 셰인의 즐긔지 안이미 아니로되/ 일월음양등과 쌍쌍원앙등이 이 곳 나의 한이요/ 단양 추쳔의 이화 난낙이 셰인의 즐긔지 안이미 안이로되/ 추쳔 융식으로15) 육월 유두의 광석 관증이 셰인의 즐긔지 안이미 아니로되/ 빅쳔이 동유불회ᄒ미 이 곳 나의 한이요/ 칠월 칠석의 은ᄒ 승봉이 셰인의 즐긔

---

14) 박동 사또로 불리는 관찰사는 1845년 황해도에 부임한 김정집인 듯하다. 김정집은 숙종 계비인 인원왕후의 아버지 김주신의 후손으로 숙종은 김주신에게 박동에다 삼백마흔 칸의 저택을 하사했다고 전한다. 김정집은 조선인 최초의 신부인 김대건을 체포한 것으로 잘 알려져 있으며, 『석세유고(石世遺稿)』라는 문집을 남기고 있다. 정병설, 앞의 책, 2007, 34쪽.
15) 뒤의 구절은 필사 시에 빠진 부분이 있는 것으로 보인다. 정병설, 위의 책, 2007, 288쪽.

지 안이미 아니로되/ 벽난 님진의 오작이 쓴이워스니 이 곳 나의 한이요/ 중추 완월이 셰인의 즐긔지 안이미 안이로되/ 풍님 취랑의 님의 몸를 붓드지 못ᄒ미 이 곳 나의 한이요/ 구월 용슌의 셰인이 즐긔지 아니미 안이로되/ 풍림 취랑의 님의 몸를 붓드지 못ᄒ미 이 곳 나의 한이요/ 십월지망의 셜당 숑원 이 셰인의 즐긔지 아니미 안이로되/ 한 말 슐노 님의 흥을 돕지 못ᄒ미 이 곳 나의 한이요/ 셜중 방ᄆ가 셰인의 즐긔지 아니미 아니로되/ 나의 ᄌ발쳔향으로 님의게 쇼이지 못ᄒ미 나의 한이요/ 납월 계셕이 셰인의 즐긔지 아니미 아니로되/ 영신숑구로 예를 보ᄂ며 이졔 ᄉ을 맛지 못ᄒ미 이 곳 나의 한이요/ 십이가졀과 삼빅육십일이 나의 즐길 나리 업신이 이난 가위 수시 숭심이요/ ᄯ난 밥를 ᄃᄒ면 거안 져미ᄒ여 유미셩찬을 님의게 나위지 못ᄒ미 이 곳 나의 한이요/ 술을 ᄃ한 즉 옥비향온과 죠속과효을 님의게 나위지 못ᄒ미 이 곳 나의 한이요/ 온유 나의을 ᄃ한 즉 나의 옥부향신으로 님의 몸의 붓치지 못ᄒ미 이 곳 나의 한이요/ 곳슬 ᄃ한 즉 함쇼함ᄐ한 나의 모양을/ 님의게 뵈이지 못ᄒ미 이 곳 나의 한이요/ 이난 가위 견물싱심이요

『소수록』1편으로, 김진사에 대한 원망을 드러내고 있는 부분이다. 기생 명선은 김진사를 열두 달 동안이나 보지 못했기 때문에 김진사에 대한 그리운 마음을 표현하고 있다. 정월부터 십이월에 이르기까지 다양한 세시풍속(歲時風俗)을 접목시켜 12가절(佳節)과 삼백육십 일 동안 사랑하는 김진사를 잊어본 적도 없음을 설명하고 있다. 명선 역시 풍속을 즐겨볼 나날도 없이 김진사가 다시 돌아오기만을 바랄 뿐이다. 정월 대보름날에는 달구경, 들놀음, 다리 밟기 등의 풍속이 있지만 이를 즐길 겨를도 없고, 삼월에는 봄이 와서 뱃놀이를 즐겨야 하지만 멀리서 배를 타고 김진사가 돌아오지 않음에 대한 걱정으로 가득하다. "이 곳 나의 한(恨)이요"라는 표현은 매일 님을 보지 못하는 마음 때문에 생긴 것이다. 이는 님에 대한 그리움이 깊어져 한(恨)으로 남아 다시 원망이 되었음을 보여주는 부분이기도 하다. 그 이후에는 일상생활에서 없어서는 안 될 여러 물건들을 비유하여 김진사에 대한 그리움을 노골적으로 드러내고 있다. 입고,

먹고, 마시고, 보는 등의 행위를 밥과 술, 비단옷과 꽃 등의 사물에 빌어 명선이 생활하는 모든 부분에서 김진사의 정취를 느낄 수 있음을 점층적으로 표현한 것이다.

첩첩 수한은 춘셜이 틱양을 만난 듯/ 연면 질병은 일신의 감노을 쑤렷도다/ 닉 긔숭의 즁흥가의 진주삼이 두 번 모이고/ 셔덕원의 거울이 다시 합ᄒ물 쳔고의/ 희한한 일노 알아드니 닉 지금 싱각ᄒ니/ 셰숭의 공교한 긔봉호ᄉ가 춤이 ᄉ람의/ 예탁할 것시 아니라 죠물의 유의한 빅/ 동셔남북이 격졀ᄒ다 할 거시 아닌 듯/ 쳔리운산이 머지 아니ᄒ되 우연한 긔봉이 원노의 인도ᄒ미 되엿난지/ 외론 그름ᄌ난 그딕로 싹을 이로고/ 친합 업난 안목은 씩로 고단ᄒ물 면ᄒ니/ 셕가 금옥의 그린을 ᄌ쳐ᄒ미 아니면/ 이만 화류의 믹류랑을 죵양난 듯/ 젹막 보림은 죠련이 즁딕 화류을 딕신ᄒ고/ 여츙고동은 졍이 복파영즁의 월식이 비치난 듯/ 닉 쇼ᄉ의 싱이 업시셔 진누의 옥쇼을 싹ᄒ고/ 닉 숭영의 거물고을 업시 봉혜을 노리ᄒ니/ 와우게당은 명경을 딕신ᄒ고/ 쳥즁 셩읍은 임공이 올마온 듯/ 닉 믹유랑의 경직ᄒ미 업시셔/ 엇지 왕미아의 ᄌ속을 뜻ᄒ여스며/ 닉 두목의 풍치가 업시셔/ 엇지 금귤 더지믈 바라슬이요마난/ 월노의 믹즌 노를 그 뉘러 쓴으며/ 만고의 인도ᄒ난 거름을 그 뉘러 막을이요

『소수록』8편에서 기생과 님의 만남을 나타낸 부분이다. 기생인 화자가 만날 수밖에 없는 운명적인 님을 만났음을 기뻐하고 있다. 화자는 오래 기다려온 님을 만나게 되고, 그 만남은 오랫동안 가지고 있었던 걱정과 근심뿐만 아니라 몸의 병까지도 낫게 한다. 또한, 장홍가와 서덕언이 어렵게 다시 부인을 만난 것처럼 자신 역시 기이한 만남의 주인공이 되었음을 언급하고 있다. 이러한 우연한 만남은 사람이 예견하여 헤아릴 수 있을 만한 것이 아니라 조물주에 의해 이루어진 것이라 한다. 그러면서 기생과 님 역시 하늘로부터 인연이 정해져 있는 운명론적 인연임을 나타내고 있다. 그리고는 본인의 심정을 '화류 세계'와 '복파장군 군영 중에 달빛이 비치는 것'으로 비유한다. 원래 피리와 거문고 없이 음악을 만들 수

없지만, 님을 만나면 기쁜 마음으로 무엇이든 할 수 있음을 제시한다. 화자인 기생은 다른 무엇보다 월하노인이 정해준 운명은 어느 누구도 끊을 수도, 막을 수도 없다며 님과 나는 서로 운명적인 만남으로 연결된 천생연분임을 시사하고 있다.

> 심두에 얼킨 거슨 다만 그딕 싱각이요/ 안젼에 버린 것신 다만 그딕 형용이라/ 일시을 이별ᄒ며 일각을 쩌나온 것슨 가련코 졀통ᄒ려든/ ᄒ물며 쳔의일벽의 거음 업난 이별을 당ᄒ니/ 쳔ᄒ스 비록 쩌나면 합ᄒ고 합ᄒ며 쩌나난 거시/ ᄌ연한 이긔연이와 뇌봉젼별이 유속여스라/ 도라가난 거름이 쌔로지 안일 빅 아니로되/ ᄌ연 지ᄂᆡᄒ미 유정ᄌ의 면치 못할 빅요/ 보ᄂᆡ난 스람의 졍이 유유치 아니ᄒ미 아니로되/ 부득 요죠취을 아니 주지 못할 시졀을 당ᄒ니/ 인싱ᄉ셰의 몟 번이나 일을 지ᄂᆡ여/ 공산 넛 거온 혼빅이 될난지/ 말코져 말 가온듸 말이 업지 아니ᄒ고 한 밧게 한이 무궁ᄒ여/ 다만 흐르난 눈물과 수이 난 한숨이 뉘가 더ᄒ며 뉘가 못 하물 분별치 못ᄒ니/ 눈물을 비류난 간쟝과 한숨을 이로난 마음이 쏘 역시 얼마 다로지 아니 할 듯/ 두고 가난 마음이 간절할진듸 ᄎ마 바리고 가랴/ ᄒ면 가난 스람의 말이/ 보ᄂᆡ고 잇난 마음이 얼마 진실할진듸 ᄎ마 보ᄂᆡ고 이슬야/ ᄒ련이와 가고져 가난 길이 아니로되 아니 가고져 아니 가지 못할 터이요/ 잇고져 잇난 몸이 아니로되 싸로고져 싸로지 못할 스셰라/ 다만 싱이스별의 흐르난 눈물은 옷 깃셰 문취을 이르오고/ 히음 업시 나난 한숨은 북쳔의 도라가난 구름을 보틸 다름이라/ 의심컨듸 홍ᄉ 즁의 쳥조 인도ᄒ미 업시니 엇지 젹ᄒ한 항아을 만나스며/ ᄉ슈ᄒ려 ᄒ나 위고의셔 쳔봉명의 아니니 엇지 여교셔을 만나슬이요/ 진실노 호접 지즁주와 즁주지호졉을 ᄂᆡ 역시 분별치 못할 듯

『소수록』8편으로 양반 남성과 기생의 이별을 그린 부분이다. 마음속으로는 그대 생각을 하고, 눈앞에 보이는 것은 그대 형상이라며 이별하여 볼 수 없는 그대를 그리워하는 마음을 드러내고 있다. 잠깐 이별을 했지만, 아주 잠깐 떠나온 것도 절통한데, 기약 없이 이별해야만 하는 안타까운 심정을 읊고 있다. 하지만, 여기서는 "기약 없는 이별을 당하다"고 한

부분에서는 언제 다시 올지도 모르고 님은 나를 떠나가 버렸음을 의미한다. 시적 화자인 기생은 만남이 있으면 헤어짐도 반드시 있는 법이라는 자연의 이치를 이해하고 있다. 하지만 님과의 만남과 헤어짐이 너무 빨리 지나가버린 탓에 세상의 일이라면서 스스로 체념하고 있는 모습도 엿볼 수 있다. 그러나 돌아가야만 하는 심정과 보내야 하는 심정이 같기 때문에, 서로 이별하기 싫은 모습을 드러내고 있다. 결국 연분이 있어서 만나도 인연이 되지 않으면 어찌할 바가 없음을 말하는 것이다. 이는 님을 만나고 헤어진 것이 마치 꿈을 꾼 것과 같다며 너무 빨리 만나고 빨리 헤어져 버린 아쉬운 마음을 언급하고 있다.

> 월노가 인도ᄒ고 죠물이 유의ᄒ여/ 도원 즁츈 망염간의 우연이 맛난 임이/ 뜻셰 마즐 ᄲᆞᆫ 아니라 나의 진짓 소원이라/ ᄉ라 싱젼 이 셰샹의 이별 업시 지ᄂᆡ고져/ 일신의 실닌 허물 결신ᄒ여 셤기고져/ 거안졔미 비란ᄒ나 치쳘비봉 한이로다/ 쳘즁의도 정졍이요 녑주도 목목이라/ 노류장화 웃지 마오 뇌봉젼별 한이 깁쇼/ 무식한 이ᄂᆡ 몸을 금 가치 귀이 보고/ 꼿갓치 ᄉ랑하니 초목이 안닌 후/ 가문ᄒ물 모를 쇤가 마봉븍낙시오 ᄉ위 지긔ᄉ라/ 지븍지신 예양이난 범즁ᄒᆡ써 신ᄒ로셔/ 탄탄위아 ᄒ여 잇고 관공 타든 적토마난/ 화용졀ᄉ ᄒ여스니 미물도 져러커든/ ᄒ물며 ᄉ람 되여 졀의를 모를손가/ 쳔금상죵 탁문군도 ᄉ마상여 죵노ᄒ고/ 님안부화괴랑도 ᄆᆡ유랑을 쫏ᄎ나니/ 지졍식취 이러커든 봉친합에 이를손가/ 일국인 만만즁의 어이 지금 맛난난고/ 유연쳘ᄂᆡ능샹회요 무연ᄇᆡ면불샹견은 예로부터 잇건만은/ ᄂᆡ 곳 지어 님의 고지 불과 븍니 ᄂᆡ외여날/ ᄉ오이십 허다연의 어이 지금 맛난난고/ 쳔금이라 ᄒ올진ᄃᆡ 가셕이라 ᄒ련이와/ ᄂᆡ밋 드러 남 뵈긔로 말은 맛치 안커니와

『소수록』11편으로 님과의 만남에서부터 이별까지를 제시하고 있는 부분이다. 이 역시 월하노인과 조물주가 등장한다. 님과의 만남은 우연이지만, 나와 님은 서로 뜻이 맞을 뿐만 아니라 님과의 만남이 곧 소원(所願)이었음을 의미한다. 이에 화자는 온 마음을 다해 정성껏 님을 섬기고자

하고, 이는 그다지 어렵지 않다고 한다. 그러나 그녀를 못 견디게 하는 것은 다름 아닌 처의 못됨이다. "거안제미 비란ᄒ나 치쳘비봉 한이로다"라는 구절에서 '거안제미(擧案齊眉)'는 조선시대의 제도적, 관습적인 부분을 포괄하고 있다. 물론 아내가 남편을 깍듯하게 공경한다는 의미도 있다. 하지만, 여기서는 첩이 되지 않은 입장에서 '거안제미'를 논하며 처의 못됨을 드러낸 것인데, 처의 못됨을 강조하여 처첩의 갈등을 드러내고자 한 것이라 볼 수 있다. 기생은 아직 님의 첩이 되지 못한 상태이다. 그럼에도 불구하고, 처가 기생에게 못되게 구는 것은 조선시대의 제도적인 내용을 포괄한 것이라 볼 수 있다. 기생은 철과 구슬 중에서도 가장 좋은 것에 비유한다. 기생이라 비웃지 말라고 당부하며 벼락처럼 만났다가 번개처럼 헤어지는 님과 자신과의 만남이 한스럽다고 말한다. 님과의 오랜 사랑을 꿈꿔오던 기생들에게 님과의 짧은 만남은 기생이라는 신분과 처지 때문에 어쩔 수 없음을 안타까워하고 있다. 더불어 기생은 금같이 귀하게 보고 꽃같이 사랑한 님에 대한 과분함을 모르지 않다며 자신이 기생이기 때문에 떠나보내야 하는 아쉬운 마음을 전하고 있다. 그리고서는 나를 알아봐 주는 사람에게 목숨을 다하고, 절의(節義)를 느끼듯이 자신 역시 그러고자 함을 밝히고 있다. 하지만, 인연이라면 20년이 지난 지금에야 만났다는 것은 그러지 못하는 상황이었음을 제시하는 것임을 알 수 있다. 이 부분에서 기생은 님을 사랑하는 마음이 가득하기는 하나, 어쩔 수 없이 이별해야만 하는 안타까움과 원망스러움을 결합시켜 드러내고 있는 것이다.

2. 소외된 하층민의 자의식과 욕망

신분제의 최하 계층인 기생의 욕망은 누군가를 사랑하고, 그 사랑하는 사람 곁에서 부인으로 오래도록 사는 것이고, 그게 바로 최고의 행복일 것이다. 그러나 조선시대는 봉건사회였기 때문에 신분제 최하층인 기생들에게 결혼이란 쉬운 일이 아니었다. 더불어 한 남자의 부인으로 곁에 머물면서 가정을 이룬다는 것 역시 어려운 일이었다. 그러므로 하층 여성인 기생이 쉽게 행복을 얻을 수 있는 것은 지위 높은 양반 남성을 만나 그의 사랑을 받으며 자손을 이어가는 것이었다. 즉, 그녀들의 가장 큰 욕망은 아마도 평범한 여성들처럼 사랑하는 사람과의 가정을 꾸리는 것이었다. 가정을 이룬다는 것은 곧 안정된 삶을 보장받는 것이고, 뿐만 아니라 자신의 신분 상승을 도모하였음도 짐작해 볼 수 있을 것이다. 그러기 위해서 기생들은 스스로 돈을 모아 부(富)를 축척하거나 혹은 지위가 있는 양반 남성을 만나야 했다. 그런 까닭에 기생들은 양반들의 눈에 잘 띄기 위해 자신의 이름을 널리 날릴 수 있는 방법으로 지성과 미모를 겸비해야만 했던 것이다. 그래야 자신을 사랑해 주는 양반을 만나 결혼을 하고 안정된 가정을 이룰 수 있기 때문이다. 운 좋게 양반을 만났다 하더라도 모두 결혼하고 행복한 가정을 이루었던 것은 아니다. 그러므로 기생들은 양반들에게는 하룻밤의 인연이기는 하나, 그들에게 사랑을 갈구하고 그들을 쉽게 놓지 못했던 것이다. 『소수록』에서도 양반과 기생이 만나 사랑하고 이별하는 작품들이 많다. 1편, 11편, 12편, 13편이 여기에 해당된다.

한나라 소쥭낭은 장한 졀이 흥노ᄒᆞ고/ 남숑지악 무목은 빅날 ᄉᆞᄌᆞ ᄒᆞ엿나니/ 고금이 현격ᄒᆞ고 남녀가 수이ᄒᆞ나/ 졀기야 다을손가 규연한 수양손의/ 이ᄌᆞ의 쳥풍이요 혈인담 기은 비난/ 디 소련의 유긔로다 귀쳔을 마쇼/ 졀효야 씨 이슬가 시계문ᄌᆞ 뉘ᄒᆞ신지/ 긔싱 긔ᄌᆞ 고이토다 무심할ᄉᆞ 미물이나/ 관공 타든 젹토마은 오국의 줄여 죽고/ 최목ᄉᆞ의 기른 기난 투인담의 쌧젓나니/ 금수도 져러커든 ᄒᆞ물며 ᄉᆞ람되여/ 졀기야 모르손가 운졍수졍 웃지 마쇼/ 남 위한 구든 마음 부월이 가쇼롭다/ 손 총병이 두문ᄉᆞ기ᄒᆞ니 오난 숀을 니 알손가/ 부졀업시 오지 마소 셕가 황금 싱각 업니/ 훗터진 거문 머리 얼골을 더퍼 잇고/ 썩 무든 도량치마 가난 허리 둘너시니/ 십오야 발근 다리 ᄌᆡ구름의 씨엿난 듯/ 지승연화 한 포귀가 폭우를 마난난 듯/ ᄉᆞ불역ᄉᆞ 이닉 힝사 우리 님게 들이고져/ 육탈골입 이닉 모양 우리 님게 보이고져/ 구관 안젼 올나가고 싀 ᄉᆞ도 도영ᄒᆞ니/ 부로난이 명본쥬요 죠르난 곳 허다토다/ 달연한 누른 금이 집불을 두려ᄒ며/ 임 향한 일편단심 빅인 ᄒ의 굴할손가/ 화방금누 뜻 업스니 옥식나의 싱각할가/ 뇌셩 위엄 발치 마오 ᄉ싱을 두리잔쇼/ 이리져리 방ᄎᄒ니 일신 난감 괴롭도다

『소수록』1편에 대한 내용이다. 기생과 양반이 서로 이별하고, 이별로 인한 기생의 위기를 드러낸 부분이다. 이 부분은 절개를 지킨 인물들을 나열하여 자신도 그들과 더불어 절개를 지킬 수 있음을 강조한다. 기생 명선은 한나라의 소중랑(蘇仲郞), 남송의 악무목(岳武穆), 주나라의 백이숙제(伯夷叔齊)이 가졌던 우국충정(憂國衷情)의 마음을 자신의 절개와 비유하여 남녀의 성별이 달라도 절개는 다르지 않음을 증명하고자 한다. 심지어 관우(關羽)의 적토마(赤土馬), 최목사의 충견(忠犬) 같은 짐승들도 절개를 지키는데, 하물며 사람으로 절개를 지키지 않으면 안 된다며 자신도 절개를 지킬 수 있음에 대한 강한 의지도 엿볼 수 있다. '기생이라 웃지 말라'며 절개는 꼭 영웅들만 지킬 수 있는 것이 아닌 남녀, 신분의 차이 없이 의지가 군건하면 지킬 수 있음을 의미하며, 자신의 절개가 곧 님에게 알려지기를 바라는 마음으로 이 글을 쓰고 있다.

다음은 새 사또에게 수청을 들어야 하는 기생으로 절개를 지키고자 애쓰고 있는 상황을 설명하는 부분이다. 기생은 사또의 명령을 수행해야만 한다. 그렇지만, 기생 명선은 사또의 명령을 거절하고 있다. 이는 무엇보다도 님에 대한 마음 때문이다. 더 정확하게 말하자면, 님에게 보이고 싶은 절개 때문이다. 새 사또는 좋은 집, 좋은 옷과 밥으로 기생 명선을 유혹한다. 하지만, 기생은 이를 거절하며, 이런 마음을 님이 알아주기 바랄 뿐이다. 결국 기생은 스스로 님에 대한 절개를 지키는 것이 자신의 절개를 알아달라는 것보다는 자신의 굳은 마음의 표현이라 생각한 것이다. 기생 명선은 님이 자신의 절개를 알아주기를 바라는 마음이다. 즉, 명선이 자신의 절개를 알려 님과의 사랑을 지키고자 하는 욕망을 드러낸 것이라고 볼 수 있다.

제 4 장 『소수록』에 나타난 기생들의 내면 의식과 사회문화적 의미 연구

졍영 말슴ᄒ신 언약 주야 고딕 바라드니/ 화양 금풍 교시졀의 교군 가마 보닉시니/ 유신도 유신할스 쳔연불기 군ᄌ일언/ 오날이야 밋부도다 진기 쳔음이 극ᄒ면/ 양츈이 돌아오고 박패 진ᄒ면/ 불효가 구오단 말 나을 두고 이름인 듯/ 힝즁을 수십ᄒ여 부모 젼의 ᄒ직ᄒ니/ 졀의도 즁컨이와 불효 역시 불경토다/ …… 딕평셩딕 이 쳔지의 임과 나와 이별 업시 빅셰 무양 지닉교져/ 낙즁의 파한 거울 숭안 시의 둥구럿고/ 풍성의 논인 금이 연평진의 합ᄒ도다/ 쵸 양딕의 직셰이연 닉 안이 부럽거든/ 두십낭의 투강수을 졀기로 이를손가/ 어화 벗님닉야 이닉 말 웃지 말소/ 낙양성동 도리원의 쏫시졀이 믹양이며/ 슘화양스 연화 즁의 오입긱을 미들손가/ 이숙스인 우리 힝즁 연국부인 못 바라나/ 위션 승봉 질겁도다 …… 만일 벽셩 호긱의 일분 다졍한 직ᄌ가 이슬진딕/ 널노 말믹아마 숭심젼망할 지 멧멧치 될 즁 알이요마난/ 셰강쇽박ᄒ고 인불여고라/ 져의 범틱육골과 쇼간치희로 지졍슈취와 봉친합의을 아난 직 뉘라 ᄒ리요/ 싱각난 빅 역불과 쳥죵공방이요/ 취ᄒ은 빅 또한 순홍치빅이라/ 황혼낙일의 목양ᄒ난 아희가 왕숀인 줄 뉘려 알며/ 졀아산히 나물 키난 여ᄌ 그 경국지식인 줄 뉘려 알이/ 빅니ᄒ의 쯧지 굿ᄒ여 진국의 잇지 안이ᄒ나 그 아난 ᄌ 업슴이라 ᄒ거니와/ 딕져 엇지ᄒ면 니덜노 ᄒ여금 후셰에 녹을 먹고/ 그 인국을 비반ᄒ며 유즁츈혈ᄒ난 음부 츌녀를 붓그럽게 ᄒ노라

『소수록』 1편의 내용으로, 기생의 욕망이 가장 잘 드러난 부분인 동시에 벗에게 글을 쓴 동기를 밝히는 부분이다. 이 작품에서 보면 기생의 신분으로 가장 잘 사는 방법으로는 지위가 높은 양반 남성을 만나 첩으로 들어가는 것이다. 그렇기 때문에 신분이 높은 양반 남성을 만나기 위해 기생 나름대로 양반 남성들에게 잘 보이기 위해 아름답게 꾸며야 했고, 시와 음악에도 능한 예술적 감성을 지니기 위해 애써야만 했던 것이다. 기생과 양반 남성의 사랑은 일회성이다. 그렇기 때문에 양반 남성이 다시 그곳을 찾아오지 않거나 부임해 오지 않는 이상은 이별하여 다시 만나지 못하게 되는 것이다. 그러나 이 경우는 다르다. 명선은 김진사의 아이를 낳았고, 그 이유로 김진사는 명선을 저버리지 않는다. 물론 김진사가 다

시 명선의 곁으로 돌아오지는 않았지만, 가마꾼을 보내 명선을 김진사 곁으로 불러오게 한다. 그때서야 명선은 김진사의 말을 믿고 서울로 떠난다. 하지만, 곁에 있는 어머니와 이별해야 함에 마음이 아프다. 그래도 결국 명선은 어머니를 떠나 김진사의 곁으로 간다. 그런데, 이는 명선이 아들을 낳았기 때문이고, 이는 자신의 욕망을 드러낼 수 있게 계기가 되었음을 알 수 있다.

그리고 작품의 마지막 부분에서 명선은 벗들에게 몇 자의 충고를 남긴다.[16] 같은 처지의 기생이었던 그들에게 명선은 남자를 잘 만나야 함을 강조한다. 목양하는 아이가 왕손이었다는 것, 땔감 팔던 여자가 미녀 서시였다는 것, 백리해의 뜻이 진나라에 있었다는 것을 예로 설명하면서 훗일은 알 수 없는 것이니 기생들은 경계해야 함을 전하고 있다.

> 션단님 권녁으로 닉 한 몸을 못 건질가/ 천금이 꿈 속이라 시타를 싱각ᄒ을가/ 고당디ᄒᆞᆫ 뜻시 업고 금의옥식 싱각즌소/ 가시빈여 비치마로 일신을 가리오고/ 나물국죽 토즁으로 ᄒ로 한 쎠 연명ᄒ나/ 우리 님 뵈옵고셔 빅년ᄒ로 지닐진딘/ 연국부인 이아션을 닉 아니 원할엿만/ 즁부에 굿은 마음 첩에 정을 아로시나/ ..... 금강으로 흐른 물은 쳥주를 지나슬 듯/ 물이 본딘 무심ᄒ나 여울여울 우난 쇼릭/ 나의 신셰 죠승난 듯 일야쵸로 이닉 힝ᄉ/ 우리 임게 들리고져 훼쳑골입 이닉 모양/ 우리임게 뵈이고져 홍상관 쓴 기럭아/ 니 닉 신원 가져다가 쳥주성남 우리 임게/ 마듸마듸 젼ᄒ여라 함호결죠 못ᄒ여도/ 잇지 안코 보은ᄒ마 피눈물의 먹를 가니/ 먹 빗치 반홍 되고 여위 숀의 붓 즙오니/ 중산쵸녹 무겁도다 흐리 졍신 수십ᄒ여/ 디강 추어 기록이요 구곡의 쎠인 신원/ 다ᄒ여 적으련만 남스죽이 부죡ᄒ고/ 금강 물이 다 마를 듯

『소수록』 11편의 내용으로 기생의 욕망을 잘 드러낸 부분이다. 무엇보다도 기생의 욕망은 기방(妓房)에서 나와 평범한 가정을 꾸려 사는 것이

---

16) 이 부분은 어휘의 변화로 명선이 아닌 제 3자의 서술로 본다는 견해도 있다. 정병설, 위의 책, 2007, 81쪽.

다. 이에 기생은 선달님의 권력을 빌어 기방에서 빼줄 것을 요구하고 있다. 요구가 아닌 협박에 가깝다고 볼 수 있다. 기생은 높고 큰 집, 쌀밥 등의 비싼 무엇도 필요하지 않다. 다만, 기생은 선달님에게 돈이 중요한 것이 아니니 그 돈으로 자신을 기방에서 빼달라고 말한다. 그리고 그렇게만 되면 선달님과 함께 백년해로 할 수 있음을 제시하고 있다. 기생은 연국부인 이아선을 원하는 것이 아니라며 즉, 첩으로 정실부인을 원하는 것이 아니라고 한다. 그러고는 선달님의 굳은 마음은 첩의 정을 잊지 않았는지라 물으며 선달님의 굳은 마음에 있는 첩이 되고자 한다며 자신의 심정을 토로한다. 기생은 자신의 욕망을 적나라하게 드러내며, 님과의 인연을 계속 이어가고자 한다.

　이 작품에서 기생의 욕망에 대한 목적은 기방에서 나오는 것이다. 그러기 위해서는 선달님께 잘 보여야 한다. "금강으로 흐른 물은 청주를 지나슬 듯"이라 하여 물은 기생이 있는 청주를 지나 선달님이 계신 금강으로 흐른다고 한다. 여기서 제시한 물은 기생의 시름인 듯하다. 금강의 흐르는 물은 기생의 시름을 싣고 금강에 있는 선달님께 전해지기를 바라는 기생의 염원이 담겨 있는 부분이라고 할 수 있다. 또한, 님에게 나의 소식이 들렸으면 하는 바람과, 앙상하게 마른 나의 모습이 님이 보았으면 하는 바람인 것이다. 시름과 걱정에 빠진 자신의 모습을 님이 보아서 측은한 마음이 생긴다면, 님께서 도와주려는 의지가 크다는 것을 아는 것이다. 그리고는 끝맺음에서는 못해도 잊지 않고 은혜를 갚겠다며 자신의 굳은 의지를 보여준다. 더불어, 이 글을 쓰게 된 배경에 대해서도 대강이나마 기록한다고 전하고 있다.

3. 조선 사회의 모순과 비판

　조선시대는 계급에 따라 권력과 부가 결정되는 신분사회이다 보니 남성에게는 권력과 부, 명예가 집중되는 강력한 가부장적 사회였다. 그렇기 때문에, 조선시대의 기녀제도는 많은 모순을 동반할 수밖에 없었다. 이러한 기녀제도는 양반 남성들의 성적 욕망을 충족시키기 위해 만들어 놓은 제도적 장치였다. 그러므로 양반 남성들은 성에 대한 권력을 독점하면서도 도덕적이고 법적인 제한을 받지 않고 유희적(遊戱的), 성적(性的) 욕망을 해소할 수 있었던 것이다. 이러한 이유로 양반 남성들은 조선이라는 봉건적 신분사회에서 모순적인 기녀제도를 유지해야만 했다.

『소수록』은 기생들의 관점에서 본 양반 남성들의 모습과 더불어 늙은 후에 자신들의 상황을 언급한 부분에 이르기까지 다양하게 서술한 작품들이 있다. 조선 후기에 접어들면서 기생들은 기방에 오는 손님들을 자기 나름의 견해로 비판하기도 한다. 『소수록』 2편, 3편, 4편, 7편이 여기에 해당된다.

> 틱극이 무극으로 혼돈이 쵸분 시에/ 쳔기어ᄌᄒ고 지벽어축ᄒ여셔라/ 인싱이 스람 난 후 남취여가ᄒ문 음양에 비합이요/ 건곤의 이긔여날 스음 스양 너의 무리/ 충기라 이름ᄒ여 호긱을 미혹ᄒ며/ 인국을 기우리니 소죄을 싱각ᄒ면/ 쳔ᄉ만ᄉ 유경이라 금옥 안인 이물이요/ 쓰지 못할 그화로다 영웅이 몸을 맛고/ 중부가 낙누ᄒ니 어이한 너의 수단/ 그다지 공교ᄒ고 소위 이부라 정낭이라/ 미망이라 화간이라 치희라 일커르니/ 그 역시 공교롭다 그즁 옥소 암연이 즘소ᄒ고/ 단구을 미긔ᄒ여 징징이 이른 말이/ 희미한 임ᄌ니들 이니 말숨 드려보오/ 일월정화 산쳔수긔 남ᄌ홀노 타고 날가/ 우리 근본 싱각ᄒ면 스황궁시이 논셔 결약타가/ 득죄ᄒ여 인간의 니치신이 젹강션이/ 업신 후야 정한 남편 뉘 이실이 왕손으로/ 벗슬 숩고 호긱으로 이웃ᄒ여 고루거각/ 금즁 안의/ 나의 옥식 시려 만이 수힝션ᄌ/ 안일진딕 호화를 이닷할가

『소수록』 2편의 첫 부분이다. '남녀의 혼인'이 하늘의 이치라고 하지만, 여기서는 기생들은 하늘의 이치를 거스르는 불손한 존재로 인식하고 있다. 첫 문장에 있는 '태극(太極)'은 '우주 만물의 근원'이며, 무극(無極)은 '우주 본체인 태극의 처음 상태'를 의미한다. 여기서는 세상이 창조되는 그때를 설명하고 있다. 자시(子時)에 하늘이 열리고, 축시(丑時)에는 땅이

났다고 한다. 세상이 생긴 이치에 대해 논의이다. 천지가 생겨났으니 사람이 태어나야 한다는 도교적 세계관이 내재되어 있으며, 그 사람은 남녀로 구분되어 있다. 구분된 남녀는 혼인을 통해 음양을 조화가 있다고 하며, 이는 곧 하늘의 이치를 의미한다고 한다. 그러나 이러한 하늘의 이치를 방해하는 요소로 기생들을 꼽고 있다. 여기서는 창기(娼妓)라고 하여 '몸을 파는 천한 기생'으로 언급하고 있다. 이는 곧 호객을 미혹하고 심지어 나라까지 망하게 한다며, 기생이라는 생활과 직업을 업신여기고 있다. 기생은 귀하고 귀한 물건도 아니고, 아름다운 꽃도 아니라고 한다. 다만 기생들이 펼치는 수단으로 인해서 여자에게 홀려 눈물을 흘리고, 몸을 바치는 남자들의 잘못됨이 일어난다고 하여 그 원인 자체를 기생들의 탓으로 돌리고 있다. 마지막 부분에서는 옥소가 말한 손님들의 다섯 유형[애부, 정부, 미망, 화간, 치애]을 언급한다.

> 고금을 헤알이면 여웅이 그 뉘시오/ 한고죠 북벌타가 빅등의 둘여슬 졔/ 디갑이 빅만이요 양즁이 젼원이나/ 흉노의 구든 형셰 파ᄒ 리 그 뉘시오/ 진평 육가 뜻 못ᄂ고 번쾌 왕능 겁흘 적의/ 우리 무리 묘한 틱도 한 죠각 그린 화본/ 흉노를 퇴군ᄒ니 운츄유악 큰 지혜가/ 이에셔 더ᄒ오며 십승시 즉난할 졔/ 동탁 여포 강한 형셰 쳔즈를 겁쳔ᄒ여/ 즁안에 웅거ᄒ나 충신이 결결ᄒ여/ 십팔졔후 물너갈 졔 요라흔 일긔/ 쵸션 진분으로 갑병 숨고 츄파로 궁시 숨아/ 병망을 허비ᄒ코 미혼단 흔두 알노/ 양인을 격노ᄒ여 즈즁지난 일워난니/ 그 공인들 젹다 흘가 논공ᄒᆼ상를 의논ᄒ면/ 그린각이 당연ᄒ고

이 부분 역시 『소수록』 2편의 내용으로 역대 기생들의 공로를 언급하고 있다. 특히, 기생들의 공로 가운데서도 나라를 구한 언급이 주를 이루고 있다. 첫 번째는 한고조(漢高祖)의 일화이다. 한고조가 북벌을 하다가 백등(白登)에게 포위되었을 때, 진평(陳平)의 육계로도 깨지 못했고, 번쾌(樊噲) 같은 용장도 겁을 먹고 물러난 적이 있었다. 이에 한고조가 사자를 보내 연지에게 선물을 보내고, 이에 연지는 묵돌에게 나라의 군주가 서로

곤경에 빠지면 안된다고 권하여 포위망을 풀어 돌아가게 했다17)는 이야기가 전한다. 그러나 본문에서는 "한 죠각 그린 화본"이라는 구절이 등장한다.18) 한 조각의 종이에 '우리 무리 얼굴'이라고 한 것은 기생의 얼굴을 그려 보낸 것을 의미한다.19) 이로써 흉노를 무찌르게 된 원인이 자신들의

---

17) 『한서(漢書)』,〈흉노전〉의 이야기는 한나라가 처음 중원(中原)을 평정하고 한왕(漢王) 신(信)을 대군으로 옮겨 마음에 도읍을 정하게 했다. 흉노(匈奴)가 대대적으로 공격하여 마읍(馬邑)을 포위하자 한왕 신이 흉노에게 항복했다. 고조는 병사를 이끌고 가서 그들을 공격하였지만, 겨울이어서 병졸들 가운데는 손가락이 떨어져 나간 자가 열에 두세 명은 되었다. 묵돌(冒頓)은 한나라 군대를 유인했고, 한나라 군대는 전군을 투입해 북쪽으로 쫓아갔다. 고조가 먼저 평성에 이르렀는데 묵돌은 황제를 백등산(白登山)에서 7일 동안 포위하였다. .... 고조가 사자를 보내 연지(閼氏)에게 선물을 후하게 주자, 연지는 묵돌에게 이렇게 말했다. "두 나라의 군주가 서로 곤경에 처하게 되어서는 안됩니다. 지금 한나라 땅을 얻는다 하더라도 선우(單于)께서 도저히 살 만한 곳이 못됩니다. 또 한왕은 신의 도움을 받고 있다고 하니, 선우께서는 이러한 점을 살피십시오." 묵돌은 연지의 말을 받아들여 한 모퉁이 포위망을 풀어주었다. 고조는 포위가 풀린 한 모퉁이로 탈출하여 마침내 대군과 합류할 수 있었다. 묵돌은 마침내 군대를 이끌고 돌아갔고, 한나라도 군대를 이끌고 돌아갔다. 한나라는 유경(劉敬)을 사신으로 보내 화친(和親) 맹약을 맺게 하였다. [是時漢初定中國, 徙韓王信於代, 都馬邑. 匈奴大攻圍馬邑, 韓王信降匈奴. 匈奴得信, 因引兵南踰句注, 攻太原, 至晉陽下. 高帝自將兵往擊之. 會冬大寒雨雪, 卒之墮指者十二三, 於是冒頓詳敗走, 誘漢兵. 漢兵逐擊冒頓, 冒頓匿其精兵, 見其羸弱, 於是漢悉兵, 多步兵, 三十二萬, 北逐之. 高帝先至平城, 步兵未盡到, 冒頓縱精兵四十萬騎圍高帝於白登, 七日, 漢兵中外不得相救餉. 匈奴騎, 其西方盡白馬, 東方盡青駹馬, 北方盡烏驪馬, 南方盡騂馬. 高帝乃使使間厚遺閼氏, 閼氏乃謂冒頓曰:「兩主不相困. 今得漢地, 而單于終非能居之也. 且漢王亦有神, 單于察之.」冒頓與韓王信之將王黃` 趙利期, 而黃`利兵又不來, 疑其與漢有謀, 亦取閼氏之言, 乃解圍之一角. 於是高帝令士皆持滿傅矢外鄕, 從解角直出, 竟與大軍合, 而冒頓遂引兵而去. 漢亦引兵而罷, 使劉敬結和親之約.] 사마천, 김원중 역, 『사기열전』 2, 민음사, 2018, 340~341쪽.

18) 『사기열전』,〈흉노전〉의 기록과는 조금 다른 내용이 있다. 한고조가 흉노 임금인 묵돌에게 7일 동안 포위되어 있었는데, 모사 진평이 계략을 내어 미인도를 그리게 해서 뇌물과 함께 묵돌의 아내 연지에게 보냈다. 연지가 미인도를 보니 그림 속 여인이 너무 예뻤다. 연지는 한나라가 항복하여 그림의 미인을 선물로 바치면 남편이 반드시 그 미인에게 빠질 것이라고 여겼고, 이에 남편에게 권하여 포위를 풀고 돌아가게 했다. 정병설, 앞의 책, 2007, 176쪽.

19) 한 원제에게는 후궁이 너무 많아 평소 이들을 다 불러 볼 수가 없었다. 이에 원제는 화공을 시켜 후궁들의 얼굴을 그려오게 하여 그 그림을 근거로 불러 보게 되었다. 그러나 여러 궁녀들은 누구 할 것 없이 화공에게 뇌물을 갖다 바쳤다. 그 뇌물 금액은 많게는 십만 금, 적어도 오만 금 이하는 없었다. 그런데 왕장만은 그런 행동을 구승

얼굴을 그려 보내 전쟁을 막았다는 자부심을 드러냈음을 나타낸 것이다.

두 번째는 기생 초선(貂蟬)의 일화이다. 동탁(董卓), 여포(呂布)가 임금을 협박함에 여색을 좋아하는 동탁과 여포를 없애기 위해 초선을 이용하여 둘 사이를 갈라놓아 나라를 지켜냈다는 일화를 언급하고 있다. 여기서는 기생들을 이용해 나라를 구한 공로를 나타낸 것이다.

두 가지의 예시만 보더라도, 기생들은 많은 재주를 가져야 했음을 알 수 있다. 아름다운 외모를 가져야 하는 것은 물론이거니와, 춤과 노래는 기본이고, 시(詩)와 문(文), 그림에 이르기까지 다양한 재주에 능해야만 한다. 또한, 신분적 지위는 하층 계급에 속하지만, 다재다능한 모습으로 나라를 구할 수도 있음에 그들의 공로가 하찮지 않음을 드러낸 것이다.

> 딕져 즈고 이릭로 가인 미희을 곳세 비ᄒ며/ 혹 옥의 비ᄒ며 혹 금의 비ᄒ며/ 혹 향난의 비ᄒ며 혹 셜중숑국의 비ᄒ며/ 심지여 운월셩ᄉ의 비ᄒ여스나/ 고금은 수이ᄒ니 그 일홈은 한갓지라/ 진약 그 고으미 곳과 갓트며/ 그 말그미 옥과 갓튼며 그 향그러오미 향난과 갓트며/ 그 닝낙ᄒ미 숑쥭셜국과 갓트며/ 그 표일 츈유ᄒ미 진실노 운월셩신과 갓ᄒ여/ 그리 이른 말인지 위ᄌ 표양ᄒ여/ 이른 말인지 이으관지ᄒ면 그 승연 구구함과/ 향안 암탐ᄒ미 불과 유유 유탕ᄒ난 호리요/ 분분 무량한 모쵸리라/ 졔 불과 망국ᄒ난 요물이요 함인ᄒ난 굴암이라

하지 않고 버티어 결국 원제에게 한번도 불러가지 못하였다. 그 뒤 흉노가 한나라 조정에 입조하여 한 나라 미녀를 구해 자신의 처로 삼겠다고 요구하였다. 이에 원제는 그림에 의거하여 왕소군을 보내기로 결정하였다. 떠날 날이 되어 원제가 왕소군을 불러 보고는 비로소 그의 미모가 후궁의 제일이며 응대에도 뛰어나고 행동거지도 한아함을 알게 되었다. 원제는 후회스러웠지만, 이미 명적에 그 이름이 확정되었고 게다가 원제 자신이 외국에게 신임을 중시하는 터라 다른 궁녀로 바꿀 수도 없었다. 이에 원제는 이 일을 철저히 따져 화공들을 모두 기시(棄市)의 형벌에 처하고 그들 집안을 목수하였다.[元帝後宮旣多, 不得常見, 乃使畫工圖形, 案圖召幸之, 諸宮人皆賂畫工, 多者十萬, 少者亦不減五萬, 獨王嬙不肯, 遂不得見. 匈奴入朝求美人爲閼氏, 於是上案圖以昭君行. 及去, 召見, 貌爲後宮第一, 善應對, 擧止閑雅, 帝悔之. 而名籍已定, 帝重信於外國, 故不復更人, 乃窮案其事, 畫工皆棄市.], 유흠, 임동석 역, 『서경잡기』, 동서문화사, 2009, 102~103쪽.

『소수록』 3편의 내용으로 화자는 종순이고, 대상은 '가인(佳人), 미희(美姬)'이다. 즉, 가인과 미희는 아름다운 여자를 의미한다. 아름다운 여자는 옥(玉), 금(金), 향난(香蘭), 설중송죽(雪中松竹), 구름에 싸인 달과 별 등으로 비유되고 있다. 귀한 물건과 아름다움을 드러내는 물건들을 통해 혹은 베일에 싸인 모습을 형상화하고 있다. 그 이유에 대해서는 외형과 성품 등이 곱고 맑으며, 향기롭고 차가우며, 깨끗하고 부드러운 형상들을 언급하여 자태(姿態)의 아름다움을 나타내고 있다. 그러나 다음 문장에서는 의미가 전환된다. 기생을 탕자를 노리는 여우와 분분히 날아다니는 메추리로 비유하여 요물과 구렁이라고 서술하고 있다.

긱월 우습다 그듸 말이 편협흔 여즈로다/ 곳셰 비흐물 과타 흐나/ 곳시 고은아 불과 불그면 불고 희면 흘 다름이지/ 엇지 그 요요 년년흔 여옥 빅안과 도화 양협에 비흐며/ 옥의 비흐믈 옵니 과타흐나/ 옥니 희면 희고 츠면 츨 다름이지/ 엇지 그 틔 업고 교교흐며 온유겸양흔 듸 비흐며/ 금이 귀타흐나 불과 산을 키여 어드면 견상할 다름이지/ 엇지 구흐여 엇지 못흐고 능유능강한 옥모월틱의 비흐며/ 향난이 향그럽다 흐나 불과 유향이 미미할 다름이지/ 엇지 그 옥부향신이 쳔양즈발함의 비흐며/ 셜중송국이 비록 닝낙쳥결흐나/ 엇지 그 스시가졀의 소식경긔함의 비하며/ 운월셩신이 불과 고명광치할 다름이지/ 엇지 그 빙졍요랴흐며 빅티구비함의 비하며/ 죠윤모우와 남악 진진을 션의션희라 흐여스나/ 긔난 픠모한 즈최을 셰인이 보지 못흐난 것시니/ 엇지 그 죠셕승듸흐난 여빈여소로 진실한듸 비흐며/ 또난 망국흐난 요물이라 함인흐난 굴함이라 흐나/ 기역 속즈의 우언이라 주불취인인지취라/ 식불미인이즈미을 가인 미희의 홀노 함이 안이라/ 위증강 반쳡여난 만고 가인이나 쳔지의 풍유로듸 그 집을 업치미 업스니/ 엇지 미인과 가의을 탓할리요/ 왕망 동탁과 치경 진희 등이 미식되여 한송을 망케 흐여스며/ 난영 지빅과 이스 죠고등이 다 가의로 몸이 망흐엿난가/ 홍망셩쇠와 공명현달이 다 쩍가 이스니 엇지 져의을 탓흐리요/ 이러무로 호긱과 중부의 호화을 도을 다름이니라/ 이러무로 쳔흐디보난 미식인가 흐노라

『소수록』3편의 내용으로 손님이 이야기를 하고 있다. 손님은 종순의 이중적인 모습을 편협하다고 말한다. 그리고는 본인의 뜻으로 종순의 비판을 반박하고 있다. 아름다운 여인을 꽃에 비유했지만, 그 타당함에 대해 언급한다. 꽃이 고우나, 아름다운 여인의 외모에는 비할 수 없음을 드러내고 있다. 즉, 어느 하나만을 특징으로 드러낸 것이 아니라 서로 교합하고 있는 부분들이 매우 자연스럽게 잘 어우러지고 있음을 나타낸 것이다. 즉, 붉으면 붉고 희면 희다고 한 꽃과는 달리 아름다운 여인의 얼굴은 옥처럼 눈부신 흰 얼굴과 복숭아꽃처럼 발그스름한 두 뺨이라고 하여 서로 조화로운 모습을 더 아름답다고 표현하고 있다. 또한, 옥은 티 없이 교교하며 부드럽고 다소곳한 것과 비교하고 있으며, 금은 쉽게 얻을 수 없는 부드러우면서도 강한 옥 같고 달 같은 얼굴에 비교할 수 없으며, 향난은 천연의 향기를 뿜어내는데 비교하고, 설중송죽은 사시사철 밝고 눈부시며 시원함에 비교할 수 없다고 말한다. 또한, 구름에 싸인 달별은 하늘거리면서도 얼음처럼 굳고 맑은 백태(百態)를 구비한 자태에 비교할 수 없다고 하여 앞의 내용을 반박하고 있다. 더불어 무산선녀와 남악선녀를 제시하고 그들의 희미한 자취들과 기생들은 진실한 모습을 비교하여 언급한다. 종순의 말은 기생을 망국하는 요물, 사람을 빠뜨리는 수렁이라 하였으나, 속인이 빗댄 것이라며 종순을 속인으로 단정지어 말한다. 아름다운 기생의 잘못이라기보다는 미혹됨에 넘어가는 사람이 더 잘못되었음을 말하고 있는 것이다.

여러 인물들을 제시하여 기생이 천하의 보물임을 드러낸 부분이다. 위나라의 장강(莊姜)과 반첩여(班婕妤)는 아름다운 사람이고, 천년의 풍류지만 나라가 망한 것은 왕망(王莽), 동탁(董卓), 채경(蔡京), 진회(秦檜) 등이 모두 여색을 좋아했고, 그들로 인해 나라가 망하게 됐다고 한다. 또한 난영(欒盈), 지백(智伯), 이사(李斯), 조고(趙高) 등의 인물 역시 다른 이유[복수, 교만, 권력 다툼 등]로 나라가 망했다는 것을 드러내고 있다. 흥망성쇠(興亡盛衰)와 공명현달(功名顯達)에는 때가 있으니 기생들을 탓하지 말고 때를 잘 맞춰야 함을 강조한다. 호객과 장부의 호화를 도울 따름이라며 흥망성쇠와 공명현달이 전혀 다름을 제시하고 있다. 그렇기에 천하의 보배가 바로 미색이며, 기생들이 요물이라는 앞부분의 내용을 반박하고 있다고 할 수 있다.

19세기 사회문화적 의미

18, 19세기의 조선은 많은 변화가 진행된 시기였다. 정치, 경제, 사회, 문화적인 면에서도 모두 변화되었다. 오랫동안 지속되던 신분제도는 과도한 신분상승으로 인해 붕괴가 일어났고, 조선의 뿌리였던 성리학은 서양의 천주교, 동학 등이 들어오면서 정치적, 사회적, 문화적으로 큰 변화가 일어났다.[20] 이러한 사회적 배경이 『소수록』에 어떠한 영향을 끼쳤는지 살펴보고자 한다.

『소수록』에서도 19세기의 사회적 변화된 모습이 반영되었다고 할 수 있다.[21] 그 이유는 양반 중심의 작품들이 기생의 시각과 목소리를 전하는

---

20) 조선의 봉건사회는 19세기 중엽 피지배층의 반봉건 투쟁이 민란이라는 집단적 항쟁으로 발전하면서 본격적인 해체과정에 들어가게 되었다. 이 봉건 사회의 해체과정은 단순하지도 순탄하지도 않았다. 사회경제적 변동이 진행되면서 양반 지배층 내에서도 피지배층인 상천민(常賤民) 내에서도 분화가 일어났고, 그로 인해 계급적 이해와 신분적 이해가 괴리되면서 사회적 경제적 대립관계도 복잡한 양상을 띠게 되었다. 신분적 특권을 고수하려 안간힘을 다하면서도 경제적 이해에서는 피지배 소빈농층과 입장을 같이하는 몰락 양반층이 형성된 반면, 합법적 혹은 불법적인 방법 모두를 동원하여 신분적 장애를 극복하려 하면서도 경제적으로는 양반 지배층과 이해를 같이 하는 상천민층이 성장하였던 것이다. 사회적 대립관계는 지배층 내부에서도, 피지배층 내부에서도, 그리고 지배층과 피지배층 사이에서도 발전하였던 것이고, 이 복잡한 갈등관계 속에서 조선의 봉건사회는 해체되고 있었다. 이윤갑, 「조선 후기의 사회변동과 지배층의 동향」, 『한국학논집』 18, 계명대학교 한국학연구원, 1991, 33쪽.
21) 사대부의 전유물이었던 '가사; 역시 18세기 전후를 기점으로 하여 여항— 시정문화와 일정한 영향을 주고받으면서 3단계의 변화를 거치기는 마찬가지로 보이는데 그 변화의 방향은 크게 세 가지로 정리할 수 있다. 하나는 독서문화를 지향하면서 서사적 이야깃거리를 담아내든가 혹은 장편화함으로써 시정 담론화하는 방향이고, 다른 하나는 풍류방 문화권에서 혹은 여항— 시정문화권에서 가창되면서 잡가 스타일로 근접해 가는 것이며, 또 다른 하나는 규방문화권으로 들어가 규방의 독서물 혹은 규방의 담론으로 되는 방향이다. 김홍규, 「18·19세기 예술사의 구도와 시가의 미학적 전환」,

작품들로 다수 창작되었고, 이러한 작품들이 작품집에 실려 있다는 것만으로도 충분히 관심을 끌만한 소재가 되었기 때문이다. 조선 사회에서 표면화할 수 없었던 기생의 주장이 표면화된 희귀한 예들이다. 『소수록』이 기방 부근에서 향유되던 글이었기에 이런 글들이 실리게 된 것[22])이라고 한다. 주체인 기생의 관점에서 살펴본다면, 이 작품집은 기생이라는 존재를 구체적으로 어떤 의미였는지를 보여주는 자료임을 알 수 있다. 그런 반면, 대상인 양반의 관점에서 살펴본다면, 기생들이 예전과는 다른 입장을 드러냈다고 볼 수 있는 자료임을 알 수 있다.

1. 하위 주체의 일탈

대부분의 기생들이 남긴 작품들을 살펴보면 기생과 양반 남성의 사랑과 이별을 주제로 하고 있다. 즉, 그들이 사랑하고 이별하는 과정을 여과 없이 드러내기도 한다. 그런 점에서 조선 후기에는 기생과 양반 남성의 사랑은 매우 자유로운 형태였음을 알 수 있다. 기생과 양반 남성은 어떤 제약으로 만날 수 없는 관계가 아니었으므로 '특정' 남성과 만나야 했던 양반 여성들과는 큰 차이가 있다. 양반들의 경우에는 더 강한 정치적 권력을 위해 집안과 집안이 서로 결합해야 했기 때문에, 자녀들을 사랑 없는 정략 결혼을 시켜야만 했다.

많은 남성들을 만나야 했던 기생들은 운명적인 사랑을 꿈꾸었지만, 그런 운명적인 사랑은 많지 않았다. 하지만 운명적인 사람을 만난다 해도, 만남과 헤어짐이 반복적으로 이루어져야 했다. 그러나 관아에 속한 기생에게 사랑의 끝은 예정된 이별임을 의미한다. 그러므로 기생에게 사랑과 이별은 사적이면서도 동시에 기생으로서의 역할을 해야 했던 공적이기도 했던 것이다. 그런즉, 기생들에게 사랑과 이별을 소재로 한 작품들이 많았던 이유는 기생이라는 존재의 특수성을 드러낼 수 있는 유일한 방법이

『한국시가연구』 11집, 한국시가학회, 2002, 21~22쪽.
22) 정병설, 앞의 책, 2007, 167쪽.

었고, 그들의 생활과 그들의 감정을 표출할 수 있는 유일한 수단이었기 때문이다. 기생들은 사랑과 이별을 늘 생각해야 하는 안타까운 존재였으므로, 기생들에게 사랑과 이별에 대한 작품들은 그러한 상황을 상징적으로 보여준다고 할 수 있는 것이다.

　일탈이라는 개념은 원래 부정적 인식에서 비롯되었다고 본다. 정해진 틀에서 벗어났다는 의미이기 때문이다. 그러나 여기서는 부정적인 입장이라기보다는 다른 관점으로 상위 주체의 제도와 상대적인 개념으로 인식하고자 한다. 결국, 일탈이라는 것 역시 상위 주체의 관점에서 바라볼 수밖에 없는 것인 듯하다. 일탈은 사회적으로 강력한 힘을 가진 사람들이 만든 제도에서 상위 주체와 하위 주체 사이에서 발생하는 괴리에 의해 만들어진 개념이라 할 수 있다. 그렇기 때문에 일탈이라는 용어가 적절하다고 보기 어려울 수 있지만, 『소수록』이라는 문집이 형성된 것이야말로 바로 이러한 일탈을 드러낸 행위 중 하나였을 것이다.

　『소수록』 1, 8, 10편의 작품들은 기생들에 대한 사랑과 이별에 관한 이야기다. 이 세 편의 작품은 구조가 비슷하다. 기생으로서의 삶에서 이름난 명기(名妓)로 도약하고, 그 후 우연히 사랑하는 님을 만나며, 결국 이별에 이른다. 이별 후 잊지 못하는 님에 대한 생각으로 가슴앓이를 한다. 그러다가 결국에는 꿈을 꾸었다며 단념하고 자신의 삶을 살아가기도 하고, 자신을 데려가 달라며 적극적으로 자신의 견해를 드러내기도 한다. 극히 드문 예이기는 하지만, 양반 남성의 피붙이를 낳아 양반 남성으로 하여금 기생을 찾아오게 만드는 경우가 있음을 언급하기도 한다. 그 이유는 19세기 가사를 창작하는 형태가 그대로 전해졌기 때문이기도 하거니와 기생들의 염원(念願)이었던 양반 남성의 사랑을 그리고 있기 때문이다. 작품에서는 이러한 다양한 예들을 설명하여 19세기 기생들의 생활상을 엿볼 수 있도록 하고 있다. 이는 18세기 기생들의 형상과는 전혀 다른 양상을 보인다.

　18세기 가사에 나타난 기생들의 형상은 모두 양반 남성 작가에 의해서 이루어진 경우이며, 이들이 기생을 바라보는 관점은 여성 문제나 신분 질서 문제에 대한 인식은 없었다는 것을 알 수 있다. 그러나 중인층보다는 우호적으로 여유롭게 기생 계층을 바라보았기 때문에 기생에 대해 사실적이면서도 서사적 삶을 수용하고 여유로운 태도를 지녔던 것을 인문적 인간주의 정신으로 파악하였다23)을 알 수 있다. 그러나 19세기의 기생들의 형상은 모두 양반 남성 작가에 의해 창작되었다고 보기 어려운 실정이다. 물론 18세기 역시 다양한 삶에 대한 관심을 갖고 문학적으로 수용한 부분24)이 없다고 말하기는 어렵다. 그러나 하위 계층의 '일탈'이라는 관점에서 『소수록』의 작품들이야말로 18세기 창작자였던 양반 남성 작가들이 범접할 수 없는 영역에서의 주제의 다양성을 드러냈다고 볼 수 있을 것이다.

2. 지배와 저항의 문화

처음 발생한 기녀제도는 궁중 연회에서 흥을 돋우기 위해 양반 남성들에 의해 만들어진 제도 중의 하나다. 그러나 후대로 오면서 기녀 제도가 변화되었고, 그러면서 이는 남성의 쾌락을 목적으로 하는 유희적(遊戲的)이고도 성적(性的)인 것으로 전락하게 되었다. 기녀제도의 기록은 고려 때로 추정하며, 그 제도가 조선시대에 계승되었다고 전한다.25) 조선은 고

---

23) 고순희, 앞의 논문, 1995, 266쪽.
24) 18세기 중엽 이후에 양반 남성이 다양한 기생의 삶을 수용하여 가사화한 것은 다양한 삶에 대한 관심과 수용이라고 하는 조선 후기 양반지식인층의 사고 변화와 무관하지 않다. 18세기 후반에 이르면 박지원의 한문단편이나 이옥의 전 등과 같은 한문소설에서는 당시의 불우했거나 소외되었던 인물들의 삶을 수용하고, 이옥의 〈이언집〉과 같은 민요시에서는 남녀의 정을 드러내는 시편들을 지었으며, 악부시에서는 세태와 관련된 여인들과 촌민들의 사연을 담았다 이러한 조선 후기 한문학의 새로운 변화를 한마디로 말하는 것은 무리이긴 하지만 전체적인 조망 하에 개괄해본다면 다양한 삶에 대한 관심과 문학적 수용이라고 말할 수 있을 것이다. 고순희, 위의 논문, 1995, 262~263쪽.
25) 기(妓)라는 명사가 『고려사(高麗史)』의 기록에서 최초로 등장하며, 기종(妓種)은 유기장 곧, 양수척(揚水尺)의 집안에서 나왔다는 기록이 전한다. 또한, 『고려사』의 기록에 충렬왕 때 지방 기생을 선발하여 서울의 교방에 소속시켜 국가와 관료들의 오락에 이바지하게 했던 것이 확인된다고 하였다. 고려사의 기록으로 교방은 현종 이전에 이미 존재했고, 그 구성원이 궁녀였던 것도 알 수 있다. 이러한 조선의 기녀 제도는 고려의 제도를 계승하였다. 이는 『경국대전(經國大典)』 예전 선상조의 기록을 통해 알 수

려와 달리 새로운 나라를 건국하고, 새로운 이념인 성리학을 토대로 도덕적 이상을 추구하고자 하였다. 그러나 조선의 새로운 이념을 기반으로 한 도덕적 이상은 고려 시대를 이어온 기녀제도와는 맞지 않는다. 여러 번 기녀제도를 폐지하고자 하였으나 많은 양반의 반대에 의해 조선 후기에 이르기까지 계속 유지되었다는 것은 큰 의미가 있는 듯하다. 양반 남성들은 도덕적이면서도 이상적인 이데올로기를 추구하고자 하나, 억압적이고 불합리한 기녀제도를 그대로 수용하면서 조선이라는 새로운 국가적 이념과 일치시키고자 하는 모순을 드러내고 있다.

신분제도가 뚜렷하게 드러난 조선 전기에는 지배와 종속의 관계가 제대로 성립되었다. 조선시대의 기생들은 신분상 최하층에 속하며, 젠더상 여성으로 가장 힘없는 존재였기 때문이다. 가장 힘없는 기생들에게 남성 양반은 제도로 규정하여 사회적 틀을 만들어 권력과 부, 명예가 있는 양반 남성들의 쾌락을 위해 일을 하게 했던 것이다. 조선시대 기생들은 국가나 지방 관청에 소속된 천민으로 지역에 따라 서울 기생인 경기(京妓)와 지방 기생인 향기(鄕妓)로 분류되었다.26) 지방 관아의 기생은 기본적으로 여비(女婢)이다. 지방 기생들은 15세에 기안(妓案)에 올라 군아의 교방에서 음률을 익히고 기생으로서 일정한 교습을 받는다.27) 그렇기 때문에 지방 기생의 경우는 매우 제한적으로 움직일 수밖에 없었던 것이다. 『소수록』에 등장한 기생들 역시 지방 관아의 기생들로 여비(女婢)에 속하는 인물들이라 할 수 있다. 제도적 압박이 있었기 때문에 사회적으로는

있다. 강명관, 「조선후기 기녀제도의 변화와 경기」, 『한국고전여성문학연구』 18, 한국고전여성문학연구회, 2009, 7~9쪽.

26) 『경국대전』의 기녀 선상 조항은 오로지 경기에만 해당하는 것으로, 지방 관아 소속의 기녀에 대한 규정은 따로 존재하지 않는다. 지방 기녀의 기원도 현재 밝혀져 있지 않다. 다만 옛 문헌에 따르면 국경이 군사 요지에 아내가 없는 군사의 성욕을 해결하기 위한 여성을 배치한 것이 향기의 유래라 하였고, 도한 국경의 군사의 군사 요새와 지방 관아에 공무로 부임하거나 혹은 공무로 일시 머무는 남성 관료의 성적 욕망을 해결하기 위한 수단으로 기녀가 현재하고 있다고 밝히고 있다. 강명관, 「조선 가부장제의 성적 욕망과 기녀」, 『코기토』 63, 부산대 인문학연구소, 2007, 28~29쪽.

27) 강명관, 위의 논문, 2007, 29쪽.

크게 반란을 꿈꾸지 못했으나, 작품을 통해 자신의 의견을 표출할 수 있는 계기를 마련할 수 있었던 것이다.

『소수록』2, 3편의 작품들은 기생들의 비판과 풍자에 관한 이야기다. 기생의 자신감과 당당함을 드러내고 있고, 기생이 바라본 손님을 다섯 유형으로 분류하여 그 특징에 대해 언급하고 있다. 신분제도가 있는 봉건사회에서의 상층 부류라 일컫는 남성을 유형별로 분류하여 특징을 논한다는 것은 비판과 풍자의 대상이 되었다고 볼 수 있다. 그 비판과 풍자의 대상인 남성들 가운데 기생들은 무엇보다 좋은 남자의 기준을 돈이 많다는 것을 생각했다는 것이야말로 더 인상적이라 할 수 있다. 이러한 부분에서는 기생들의 현실적인 모습을 엿볼 수 있다.

기녀제도가 존재했을 당시만 해도 기생들이 남성을 비판하고 풍자한다는 것은 생각할 수도 없었던 일이다. 그러나 조선 후기에는 신분제도의 붕괴 위기로 제도의 정통성이 없어졌고, 이로 인한 지배와 종속적인 관계 역시 제대로 성립될 수가 없었던 것이다. 그런 과정에서 창작된 작품들은 대부분 신분제도의 모순과 남성의 비판, 풍자 등이 주를 이루게 되었다고 볼 수 있다.

조선 후기는 봉건사회의 해체기로, 사회 전반에 걸쳐 자유롭고 역동적인 분위기가 팽배하였다. 그러나 여성의 입장에서는 가부장권이 보다 강화되는 시기[28]였다. 그럼에도 불구하고 신분사회에서 가장 낮은 계층의 천민은 그들의 불합리성을 드러내는 하나의 장치로『소수록』2, 3편에서는 역대 기생들의 공로와 지조, 효용 등을 들어 궁색한 남성들을 비판하기에 이른다. 이 작품집은 기생이 스스로를 비판하는 부분도 있지만, 결국 이 작품을 통해 비판하고자 하는 것은 기생들에 눈에 비친 양반 남성들의 모습이며, 이는 지배와 저항을 드러낸 조선의 한 단면을 보여주는 계기가 될 것이다.

---

28) 정해은,「봉건체제의 동요와 여성의 성장」,『우리 여성의 역사』, 청년사, 1999, 225쪽.
주정화,『조선후기 시가의 하층여성 형상과 문학적 의미』, 한국교원대 석사학위논문, 2009, 15쪽.

3. 공간 문화의 복합성

　기방(妓房)은 조선 후기 새롭게 등장한 대표적 유흥공간이라 할 수 있다. 장악원과 각 지역 관아에 소속되어 직역을 수행했던 기녀들은 이들에 대한 관아의 지배력이 약화되고 유흥에 대한 수요가 높아지자 기방이라는 형태로 영업 일선에 뛰어들게 되었다. 기방에는 당연히 주인 격인 기녀와 기방을 실질적으로 운영하는 기부(妓夫), 기방의 고객인 각처의 유협객들이 모여들고, 그 안에서 술과 음악, 노래와 춤을 소비한다. 이런 기방 주변에는 기속(妓俗)이라 하여 기녀와 기방을 드나드는 고객 간 혹은 고객과 고객 간의 암묵적 관습이 존재하고 있었다.29)

　기생들의 공간인 기방은 기생들의 사적인 공간이기도 하고, 양반들과 함께 보내는 공적인 공간이기도 하다. 공적인 공간인 이유는 기생들의 삶의 터전이기 때문이다. 그들은 그곳에서 일하며 돈을 벌고, 그로 인해 생활을 할 수 있는 기회를 제공받는다. 그러나 양반 남성의 입장에서 기방은 유흥공간이라고 볼 수 있다. '흥겹게 논다'는 의미에서 유흥공간은 성적 욕망의 공간이기도 하고, 권력의 공간이기도 하며, 예술의 공간이기도 하다. 이는 모두 양반 남성들의 관점으로 본 기방의 특징이라고 할 수 있다.

　기녀제도의 성립은 양반 남성의 성적 욕망으로 인해 발생한 것이다. 그러므로 기방의 존재는 권력의 공간이 되며, 남성의 성적 욕망을 추구하기 위한 공간이 된다. 그런 이유로 유흥공간이라 말하는 기방30)은 상업적으로 발달할 수밖에 없었던 것이다. 그런 반면 기생들의 관점으로 본 기방은 제도적 공간이 되기도 하고, 비윤리적 공간이 되기도 하며, 예술의

---

29) 일제 초기 유흥가에서 불리던 노래를 집대성한 악부에 실린《외입장이 격식》은 조선 후기에서부터 전해지던 기방의 풍속을 대표적으로 보여주고 있다. 박애경, 「조선 후기 유흥공간과 일탈의 문학」, 『여성문학연구』 14권, 한국여성문학학회, 2005, 36쪽.
30) 다양한 유흥공간의 성장은 도시의 발달, 상업의 발달과 관련이 깊다. 즉 상업과 교역으로 생긴 잉여의 재화와 인력이 여가를 소비하는 곳으로 흘러가면서 자연스럽게 유흥문화가 발달하였고, 유흥문화의 실체를 구성하는 문학, 예술의 각 영역이 상업적 이윤의 대상이 되면서 전대의 풍류는 급격히 상업문화의 성격을 띠게 되었다는 것이다. 유흥문화가 상업화와 관련이 깊은 만큼 유흥가는 자연스럽게 사람과 돈이 모이는 지역에 집결하게 되었다. 박애경, 위의 논문, 2005, 39쪽.

공간이 되기도 한다. 기생들은 양반 남성들과 함께 춤과 음악 등의 다양한 예술적 활동을 했기 때문에 두 대상이 공통적으로 언급할 수 있는 공간의 영역으로는 예술 공간임에는 틀림없다. 하지만, 기생의 입장에서 기방은 기녀제도의 성립으로 인한 제도적 공간이 되며, 이 제도적 공간은 양반 남성의 권력으로 인해 만들어진 것이기 때문에 기생들에게는 비윤리적인 공간이 될 수밖에 없는 것이다.

기방 자체가 양반 남성과 기생이 만나 사랑을 나누기도 하고, 이별을 나누기도 하는 공간이다. 그러나 이 공간이 어느 한 편에 의해 만들어지는 그런 공간은 아니다. 즉, 기생들의 사적 공간이기는 하나, 그 공간이 기생들만의 공간 문화를 형성하는 것은 아니라는 것이다. 이는 양반과 기생의 복합적 공간으로의 유흥공간이라고 말할 수 있다. 그러나 엄밀하게 따져본다면, 양반들의 욕망을 추구하는 성적 욕망의 공간이 되기도 하며, 기생들의 입장에서 신분제도, 기녀제도에 의해 어쩔 수 없이 성립되어야만 했던 제도적 공간인 동시에 비윤리적인 공간이 되기도 한다. 즉, 유흥공간이라 일컫는 기방은 기생들의 입장에서는 결코 유흥공간이 될 수 없다. 이러한 공간 문화의 복합성은 보는 주체에 따라 달라지며, 이를 토대로 하여 사회문화적인 의미를 추구할 수 있도록 그 의미를 다양화해야 할 것이다.

공간 문화적인 측면에서 기방은 『소수록』 1, 5, 6, 8, 9, 10, 12, 13편에서와 같이 기생과 양반의 자유연애를 드러내고 있기 때문에 성적 욕망의 공간인 동시에 사랑과 이별의 공간이 될 수 있다. 또한, 2, 3편에서는 양반의 비판적 성격을 언급하고 있으므로 조선 사회의 비판, 풍자의 공간이 될 수도 있다.

맺음말

이 글은 19세기 창작된 『소수록』에 나타나는 기생들의 내면 의식과 사회문화적 의미에 대해 살펴보았다. 『소수록』은 모두 14편의 작품으로 이루어졌으며, 1편에서부터 14편에 이르기까지 매우 다양한 장르로 다양한 작가들에 의해 창작되었다. 기생들의 일생과 일상을 토대로 쓴 이 작품들이 『소수록』이라는 책으로 엮어졌다. 그러나 이 책이 어떠한 연유로 엮어졌는지는 정확히 알 수는 없다. 하지만, 이 책을 통해 기생들의 삶과 그들의 생활상을 살펴보기에는 매우 적합하다고 할 수 있다. 그 이유는 『소수록』이라는 책의 창작자가 기생들이고, 그 작품들이 기생들의 생활상을 잘 드러냈기 때문이다.

19세기는 사회적, 경제적으로 18세기와는 다르게 기생들 스스로 작품을 창작할 수 있는 기회가 더 많이 제공되었음을 알 수 있었다. 또한, 기방 혹은 교방이라는 기생들의 자체 공간의 발전으로 인해 더 자유로운 분위기에서 기생들의 내면 의식을 드러낼 수 있었다.

『소수록』을 통해 기생들의 입장에서 엿볼 수 있는 그들만의 세계를 생각해 보고, 그들의 대상이 되는 남성 양반의 관점을 통해 기생을 바라보는 '차이'를 살펴보았다. 다양한 작품들을 토대로 기생과 양반이 서로 대립되는 내면 의식으로 개인적 사랑과 원망, 소외된 하층민의 자의식과 욕망, 조선 사회의 모순과 비판으로 나누어 설명하였다. 이러한 기생의 내면 의식은 19세기 사회문화적 의미에서도 큰 영향을 미쳤다. 작품에 드러난 19세기 사회문화적 의미로는 하위주체의 일탈, 지배와 저항의 문화, 공간문화의 복합성을 드러내기에 충분했다.

본고에서는 『소수록』을 통해 19세기 기생들의 문화적 면모를 다시 살펴볼 수 있는 기회를 마련하고자 하였다. 주체가 되었던 기생들과 그들의 대상이 되었던 양반들의 이념 차이를 통해 엿볼 수 있는 그들의 사이의 괴리를 조금이나마 엿볼 수 있는 계기를 마련하고자 했던 것이다. 더 나아가서 19세기 기생들에 의해 창작된 작품들과 『소수록』을 비교해 본다면, 기생들의 문학에서 기생들의 문화로 다양한 영역의 학문들에 유용한 성과를 기대할 수 있을 것이라 생각된다.

제 5 장

고려대학교 도서관 소장 『악부』 소재 《외입장이 격식》을 통해 본 유흥 공간의 정치학

본고는 고려대학교 도서관 소장 『악부』에 소개된 《외입장이 격식》을 통해 드러나는 조선시대 유흥 공간의 정치적 맥락을 살펴보고자 한다. 《외입장이 격식》은 외입장이가 기생집에서 겪을 수 있는 일에 대한 규칙을 언급한 글로, 조선시대 기생들의 놀이의 단편적인 모습까지도 볼 수 있는 자료이다. 이에 본고는 외입장이와 기생, 외입장이와 외입장이의 유흥 공간인 기방(妓房)이라는 '공간'에서 드러나는 문화정치학적 의미를 찾아보고자 한다.

조선 후기에는 도시와 상업이 발달함에 따라 잉여의 재화와 인력이 여가를 소비하는 곳으로 흘러 유흥 문화가 발달하였고, 유흥 문화의 실체를 구성하는 문학·예술의 각 영역이 상업적 이윤의 대상이 되면서 전대의 풍류는 급격히 상업문화의 성격을 띠게 되었다는 것이다. 유흥 문화가 상업화와 관련이 깊은 만큼 유흥가는 자연스럽게 사람과 돈이 모이는 지역에 집결하게 되었다.[1] 그렇게 형성된 곳이 바로 기방[2]이고, 나름의 '기방 문화'를 형성하게 되었다.

본고에서 논하고자 하는 《외입장이 격식》도 그 중 하나다. 이러한 기방 문화는 하루 아침에 발생한 것이 아니라 유래가 오래된 것으로 적어도 18

---

1) 기방(妓房)은 새로운 상업적 유흥 공간으로 가무의 소비와 향락적 성애가 이루어지는 곳으로, 기방이라는 공간이 구성되려면 가무와 성적 향락을 제공하는 기녀의 존재가 우선시 되겠지만, 기방의 운영에 개입하고, 기녀들의 매니저 겸 패트론 역할을 한 이들은 주로 별감을 비롯한 무반층이었다. 박애경, 「조선 후기 유흥공간과 일탈의 문학」, 『여성문학연구』 14권, 한국여성문학학회, 2005, 38쪽.
2) 박애경, 위의 논문, 2005, 39쪽.

세기 이전으로 소급시킬 수 있다3)고 볼 수 있다.

공간의 문화정치는 "공간과 장소를 둘러싸고 지배력과 저항력이 어떻게 충돌하고 부딪히며, 다양한 의미들이 어떻게 서로 경합하고 갈등하면서 공간에 표출되고, 새로운 공간을 생산하는지에 대한 포괄적, 맥락적인 접근을 취하고 있다.4) 이러한 공간의 문화정치학은 '공간, 주체, 권력'의 결합하는 지점을 주요 연구 대상5)으로 하는 "공간의 생성과 변화를 비판적으로 접근하되 장소적 경험을 공유한 사람들이 그 장소에 부여하는 의미와 해석을 종합적으로 연구하는 학문 분야"이다.

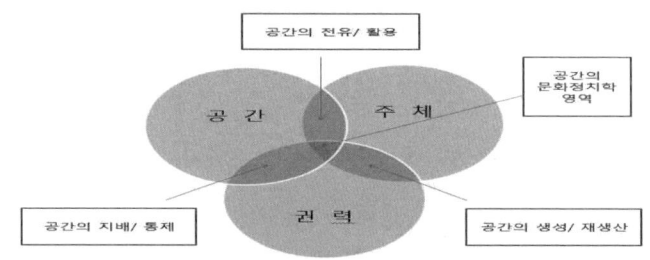

공간의 문화정치학의 개념구상도6)

---

3) 강명관, 「조선 후기의 중간계층과 유흥의 발달」, 『민족문학사연구』 2권, 민족문학사학회·민족문학사연구소, 1992, 187쪽.
4) 이무용, 『공간의 문화정치학』, 논형, 2005, 34쪽.
5) 공간의 문화정치학에서는 〈공간의 문화정치학의 연구 주제 및 대상〉을 다음과 같이 나타내고 있다. 이무용, 위의 책, 2005, 39쪽.

구분	공간과 권력	공간과 주체	주체와 권력
정치적 지형	공간의 정치	장소의 정치	차이의 정치
공간적 실천	공간의 지배·통제	공간의 전유·활용	공간의생성·재생산
이론적 배경	공간정치경제학	신문화지리/문화유물론	포스트모더니즘론
주요 논의	공간의 소비상품화 도시스펙터클 장소마케팅 공적·사적 공간 역공간, 가상공간	사회공간 장소정체성 경관텍스트(도시, 거리, 광장, 광고, 회화, 건축, 문학, 영화, 음악, 사진, 저널, 사이버공간)	소비의 정치 정체성의 정치 젠더·종족·세대·계층 하위문화공간
	↘	↓	↙
	공간의 정치경제 + 장소의 문화정치 ⇒ 공간의 문화정치		

공간의 문화정치학에서 논의의 주제인 공간, 주체, 권력으로 나누어 이들의 관계를 설명한 그림이다. 각각의 요소들은 서로 매우 밀접한 관련을 맺어 이들을 통해 새로운 의미를 부여하게 된다. 즉, 주체와 공간, 공간과 권력, 권력과 주체는 서로에 작용하여 바로 공간의 문화정치학을 형성하게 되는 것이다.

본고는 기생의 독특한 공간이면서도 양반들의 유흥 공간인 기방(妓房)에서 드러나는 문화정치학적 특성을 살펴보고자 한다. 이에 논자는 기방의 위계 질서를 잘 드러낸 《외입장이 격식》으로 공간의 문화적 특징을 파악해 볼 것이다. 또한, 여기서 표출된 공간의 문화적 특징을 공간의 문화정치학이 포괄하는 논의의 주제인 공간, 주체, 권력의 결합 양상에 따라 공간과 권력, 공간과 주체, 주체와 권력에 대해 살펴보고자 한다.

작품의 내용 및 구조

1. 작품의 내용

'외입장이'는 사전적 의미로 '오입질을 잘하는 남자'를 말하고, 오입질은 아내 이외의 다른 여성과 관계 맺는 것을 의미한다. 즉, 기생집에서 일하는 남자를 흔히 오입장이, 외입장이라 불렀다. 외입장이의 자세한 정의는 이능화에 의해 이루어졌다.

> 연소하고 호탕하며 떠돌아다니는 성격을 가져 청루 기방에 몸이 빠진 자를 세속에서는 외입장 혹은 외렵장이라 하였으니, 즉 밖에서 여색을 일삼는 자를 말한다. '장이'라는 뜻은 기에 능한 데서 나온 말이고, 각 전의 별감, 포도군관, 궁가의 청지기 및 무사는 항간에서 이르는 바 사처소 외입장이다.[7]

---

6) 이무용, 위의 책, 2005, 40쪽 참고.
7) 이능화, 『조선해어화사』, 동문선, 1992, 19쪽.

'외입장이'는 나이가 어리면서도 호탕한 성격을 가진 자로, 밖으로 떠돌아다니며 기생에 빠져 기생집을 벗어나지 못하는 남성을 말한다. 그러면서도 밖에서는 여색(女色)을 일삼는 자라고 하여 즉, 안으로는 가정을 가진 인물이면서도 기생과의 관계를 지나치게 탐하는 인물로 그려진다. 특히, 여기서 말하는 '사처소 외입장이'는 각 전의 별감, 포도군관, 궁의 청지기, 무사 등의 관직이 있는 인물을 말한다. 즉, 그들은 큰 관직은 아니지만 작은 향촌이나 군현의 관아에서는 막강한 힘을 가졌다고 해도 과언은 아닐 것이다.

> 춘보가 살아 있을 당시에는 청루(靑樓)에 드나드는 데에는 인사하는 법을 비롯해서 여러 가지 까다로운 법도가 있어서 자칫 잘못하면 풍파가 일어나고 또 잘하면 봄바람이 돌았다. 그 방면에 어두운 문외한(門外漢)이 처음으로 기생집에 들어갔다가 불량배에게 매를 맞아서 머리가 터지고 뼈가 부러지는 자가 많았다. 만약 기생이 외입장에게 예의를 잃는 일이 있으면 치마와 버선을 벗겨서 맨발로 종로 거리를 다니게 했다. 그렇지 않으면 기생집의 세간살이를 모두 때려 부수고 기생의 사과를 기다려서 새집을 사주었다. 이것이 이른바 외입장이다.8)

'서춘보'라는 근세의 양반 외입장이를 다룬 글이다. 춘보는 문관 집안 사람이나 붓보다는 무예를 연마하기에 힘썼고, 15살 때에는 머리에 초립을 쓰고 밤에 기생집을 전전긍긍하였다9)고 전한다. 그는 벼슬할 기회가 있는데도 불구하고 무예를 연마하였다고 하며, 20살에 써야 할 초립을 15살에 쓰고 기생집을 돌아다녔다고 하니 나이보다 많이 성숙하고도 여색(女色)을 밝혔던 인물이라는 것을 알 수 있다.

위의 글은 서춘보의 이야기 가운데서 청루의 법도를 언급한 부분이다. 그 당시 청루에 엄격한 법도가 있었고, 그 법도는 인사하는 사소한 법에서부터 여러 까다로운 법도까지 매우 다양한 법도가 존재했었음을 제시

---

8) 이능화, 위의 책, 1992, 432쪽.
9) 이능화, 위의 책, 1992, 431쪽.

제 5 장 고려대학교 도서관 소장『악부』소재《외입장이 격식》을 통해 본 유흥 공간의 정치학

하고 있다. 그 법도는 지키라고 만들어 놓은 것이지만, 만약 법도를 어기면 벌을 받게 된다. "불량배에게 머리가 터지기도 하고, 뼈가 부러지는 일도 생길 수 있다"며 법도의 중요성에 대해 언급하고 있다. 그러나 이 법도는 기생에게도 예외는 없다. 기생이 법을 어기면 다른 사람들과 마찬가지로 벌을 받는데, 외입장이와 같이 잘못하면 기생들은 외입장이들보다 더 가혹한 벌을 받게 된다.

청루(青樓)의 법도에 대해 인사하는 소소한 것에서부터 여러 가지 까다로운 것에 이르기까지 법도에 경중(輕重)을 언급한 것이다. 어찌 됐든 법도는 정확히 알고 행해야 하는 것이고, 그렇지 못한 경우는 벌을 받게 된다는 것을 강조하고 있다. "처음 기생집에 들어간 경우는 매를 맞아 곤욕을 치르는 경우가 많았다"는 것으로 보아, 처음 기생집에 들어가는 것 역시 어떤 격식과 절차가 존재했음을 의미한다. 즉, 법도는 마땅히 지켜져야 하는 것으로, 엄격하고 냉정하게 인식할 수밖에 없었다. 그것은 외입장이가 존재하는 이유였고, 그들이 지켜야 할 세상이었기 때문이다. 그러므로 기생과 외입장이, 외입장이와 외입장이에게 법도는 더욱 중요한 의미로 여겨졌을 것이다.

본고에서 논하고자 하는 고려대학교 도서관 소장『악부』소재《외입장이 격식》은 네 가지 격식으로 나눠 내용이 전개된다. 1) 기생의 집에 들어가는 격식, 2) 대선 책망하는 격식, 3) 처음 나온 기생 말 묻는 격식, 4) 기생 량쥐를 욕뵈는 격식이다. 이 작품들은 기방에서 기생의 입장과 손님의 입장으로 상황에 대한 양상들을 소개한다. 이는 대부분 기생과 손님, 손님과 손님 사이의 관계를 드러내는 대화들로 이루어진다. 이렇듯, 이 인물들 사이의 관계를 바탕으로 주체, 공간, 권력이라는 각각의 연관성을 따져 그 관계들을 제시한다면, 논의하고자 하는 문화정치학적 성격을 드러낼 수 있을 것이다.

첫 번째 작품인 〈기생 집에 들어가는 격식〉에서는 기생집에 들어가는 것 자체만으로 격식이라는 것이 존재했고, 어떤 상황인지를 고려하여 그 격식에 맞게 기생집에 들어가야 함을 알려주는 역할을 하는 작품이다. 기생 집에 손님이 먼저 있을 경우에는 어떤 방식으로 나중에 온 손님이 기생 집으로 들어가는가를 격식으로 설명한 작품이다.

두 번째 작품은 〈대선 책망하는 격식〉이다. 대선 책망은 상대에 대해 서먹하고 어색한 상황을 의미한다. 따라서, 처음 본 사람이든, 안면이 있는 사람이든 간에 서로 시비(是非)를 하려면 이렇게 하는 것이라고 하여 싸우는 방식을 가르쳐서 그 싸움에서 벗어나는 방법을 알려주는 작품이다.

세 번째 작품인 〈처음 나온 기생 말 묻는 격식〉이다. 제목 그대로 외입장이가 처음 나온 기생을 길들일 때 사용하는 격식을 설명한 작품이다. 외입장이들이 처음 기생 집에 나온 기생을 약 올리는 내용이지만, 외입장이들은 어려운 기생 생활을 꿋꿋하게 견디게 하기 위해 이러한 일종의 신고식을 치르게 하여 기생을 욕보이게 한다. 기생 1명을 두고 여러 외입장이들이 희롱하는 장면들로 묘사되었으나, 그 희롱하는 정도가 매우 심하다는 것을 알 수 있다. 외입장이들은 어렵고 험난한 기생 생활을 견뎌내게 하기 위함이라지만, 희롱하고 욕보인 부분들은 외입장이의 허세와 위엄을 드러내기에도 질 떨어지는 부분이기도 하다. 이를 달리 말하자면, 그 시대에 기생들의 사회적 지위를 엿볼 수 있는 부분이기도 한 것이다.

마지막 네 번째 작품은 〈기생 양쥐 욕뵈는 것〉이다. 외입을 잘못하거나 서로 다른 두 처소가 서로 싸움에 휘말렸을 때에 그 해결방안을 제시한 작품이다. 싸움을 하여 벌을 받는 가운데에도 중간에 말리는 사람이 있어야 그 싸움은 끝이 난다. 그러나 만약 중간에 말리는 사람이 없으면 말리는 사람이 있을 때까지 계속 벌을 받아야 하기 때문에, 사람을 사서 싸움을 말리게 한다는 것도 알려준다.

위에서 제시한 4편의 작품은 《외입장이 격식》이라는 제목으로 엮여 있다. 그렇다면, 왜 《외입장이 격식》이라 불리는 걸까? '격(格)'의 사전적 의미는 '주위 환경이나 일의 형편에 걸맞게 어울리는 분수와 품위'[10]를 말

---

10) 국립국어원 표준국어대사전(https://stdict.korean.go.kr/search/searchResult.do).

한다. 즉, 《외입장이 격식》은 어떤 사건에 대해 외입장이로서의 분수와 품위에 맞는 방식에 대해 적어 놓은 글이 되는 것이다. 그러므로 이 작품은 외입장이들에게 어떤 사건을 해결하기 위한 목적을 가진 일종의 지침서 역할을 한다고 볼 수 있다.

따라서 본고에서는 《외입장이 격식》의 주된 공간인 기방에서 일어나는 여러 사건을 바탕으로, 외입장이들이 어떻게 사건들을 해결하고, 공간, 주체, 권력이라는 문화정치학적 요소들이 어떻게 작용하여 공간에서 어떻게 활용되는지를 살펴보고자 하는 것이다.

2. 작품의 형식과 구조

문학 작품을 연구해서 얻는 구조 분석의 방법은 문학 작품이 아닌 다른 언술 형태 또는 문화적인 표현물에도 적용된다. 그런 것들을 텍스트라고 총칭한다면, 문학 작품의 분석과 텍스트 분석은 취급 범위나 방법에서 일치하는 작업이다. 그러나 아직은 텍스트 분석에서는 글의 외형을, 작품 분석에서는 글의 의미를 다루는 차이가 두드러지게 나타나 있다. 장차 양자를 합치는 것이 바람직하다는 데에 동의하지만, 지금까지 해온 텍스트 분석이 '작품 분석을 위해 어떤 도움이 될 수 있는가'가 의문이다.[11] 그럼에도 불구하고, 이러한 형식과 구조에 따른 연구 방법을 문학 작품 분석에서 많이 활용하는 이유는 그동안의 연구 방법에 따른다는 일반적인 의미보다는 형식과 구조를 통해서 작품 분석을 조금 더 쉽고 명료하게 할 수 있다는 장점을 갖고 있기 때문이다. 그러므로 논자 역시 작품에 드러난 형식과 구조에 따른 연구 방법을 토대로 공간에 드러난 문화정치학적 측면에 대해 살펴볼 것이다.

---

11) 조동일, 「문학과 텍스트언어학; 문학작품과 구조분석」, 『텍스트언어학』 9권, 2000, 11쪽.

2.1 대화체 형식

대화체 형식은 여러 작품에서 자주 등장하는 서술 형태 중 하나다. 가사 형식에서 많이 등장했으며, 이에 대한 연구들도 많이 이루어졌다.12) '대화'라는 것은 인간에게 너무도 익숙한 일상적 말하기 방식이며, 오래전부터 문학에서는 문체적 표현 기법으로 사용되어 왔다. 대화체가 사용된 작품에 표출된 문제는 대부분이 당대의 매우 중요한 문제들이었다는 점도 흥미롭다.13) 대화는 단일한 화자의 진술로 이루어지는 독백과는 달리 작품 내에 둘 이상의 인물이 서로 의견을 교환하는 형태의 화법을 말한다. 대화는 일상생활에서 인간과 인간이 서로 의사를 교환하는 가장 기본적인 말하기 방식이다. 이러한 대화는 문학 작품 속에 수용되어 작자의 의식을 표현하는 하나의 기법으로 활용되기도 한다. 극 장르는 작품 전체가 대화로 구성되고, 서사 장르는 대화와 작자 서술이 교체되며, 서정 장르인 시는 대체로 작자 독백으로 이루어지나 대화가 활용되는 경우도 있다.14) 《외입장이 격식》에 드러난 작품도 마찬가지로 각각 작품에 등장하는 인물 간의 대화 형식으로 구성되어 있다. 각 작품에 등장하는 대화체 형식을 살펴보자.

 손님 2[밖] : 평안호
 손님 1[안] : 평안호
               〈기생집 들어가는 격식〉

---

12) 이혜경,「〈고공가〉와 〈고공답주인가〉에 나타난 대화체의 양상과 의미」,『한국학논집』69집, 계명대학교 한국학연구원, 2017.; 임재욱,「가사와 시조에 활용된 대화체의 변천과 그 의미」,『국어교육연구』61집, 국어교육학회, 2016.; 강혜정,「〈거사가〉와 〈임천별곡〉을 중심으로 본 조선 후기 대화체 가사의 특수성」,『한민족어문학』68권, 한민족어문학회, 2014.; 김형태,「〈갑민가〉의 이본 및 대화체 형식 연구」,『열상고전연구』18집, 열상고전연구회, 2003.; 김형태,「대화체 가사 유형별 특성 고찰」,『열상고전연구』21집, 열상고전연구회, 2005.
13) 김형태, 위의 논문, 2005, 67쪽.
14) 임재욱, 앞의 논문, 2016, 193쪽.

제 5 장 고려대학교 도서관 소장 『악부』 소재 《외입장이 격식》을 통해 본 유흥 공간의 정치학

손님 1[안]: 게가 여긔를 어듼 줄 알고 드러왔소?
손님 2[밧]: 기생의 집으로 알고 드러왔소.
<대선 책망하는 격식>

손님: 네가 하- 기생이라 하니 일홈이 무윗이냐.
기생: 무윗이올시다.
손님: 나이 멧 살이냐.
기생: 멧 살이올시다.
<처음 나온 기생 말 묻는 격식>

타처 외입장이: 왠 등사요. [하기도 하고 보안즉]
　　　　　　　외입 등신가 보오. [하기도 하나니]
자소 외입장이: 네 외입등사요.
<기생 량쥐를 욕 베는 것>

　《외입장이 격식》 4편은 모두 대화체 형식으로 되어 있다. 기생과 손님, 혹은 손님과 손님, 외입장이와 외입장이의 문답 방식으로 이루어져 있음을 알 수 있다.
　첫 번째 작품인 〈기생집 들어가는 격식〉은 기방에 들른 손님들의 대화이다. 손님 1[안]는 먼저 온 손님이고, 손님 2[밧]은 나중에 온 손님이다. 그 둘은 서로 안면이 없는 사이로 두 사람의 인사 방법을 통해서 그들의 관계가 수평적이라는 것을 드러내고 있다.
　두 번째 작품인 〈대선 책망하는 격식〉은 낯선 두 사람이 서로 알지 못하는 상황에서 서로 시비가 붙게 되자, 이를 해결하는 방법을 적고 있다. 손님 1[안]와 손님 2[밧]의 대화에서는 낯선 사람을 서로 경계하는 기색이 드러난다. 어떤 상황이든 간에 기방에서 일어난 싸움에 대한 해결책을 제시한 것이다.
　세 번째 작품인 〈처음 나온 기생 말 묻는 격식〉은 손님이 처음 나온 기생을 불러 짓궂게 질문하고 놀리는 대화로 기생에게는 모욕감을 느끼게 하는 상황을 드러내고 있다. 이는 기생의 신고식 정도로 이해하면 될 것이다. 이 과정에서 외입장이는 기생에게 고되고 험난한 기생의 삶을 견뎌나갈 수 있도록 훈련을 한다고 하나, 기생에게는 모욕적이고 수치스러울 수밖에 없다. 이는 외입장이와 기생의 갈등을 직접적으로 드러내지는 않았지만, 힘없는 기생의 경우는 불만을 표출하지도 못한다.

마지막 작품인 〈기생 량쥐를 욕 베는 것〉은 두 외입 처소끼리 일어난 싸움에 대한 정황을 제시하고 있다. 싸움의 정황을 설명으로 대신하고 있으며, 대화에서는 두 외입장이가 등장한다. 두 외입장이는 다른 타처 외입장이의 청에 의해 싸움을 그만두게 되는 상황을 제시한다. 싸움이 일어났을 때 해결하는 나름의 격식이고, 그 격식을 따라야만 싸움에서 벗어날 수 있기 때문이다. 외입장이들은 서로 지켜야 할 규칙, 격식 등을 만들어 《외입장이 격식》이라 칭하며, 그들끼리 공유하여 외입장이들의 위계질서를 바로 잡고자 했음을 알 수 있다.

이렇듯, 《외입장이 격식》은 모든 상황이 외입 처소인 '기방'에서 일어난 일이며, 그들 나름의 격식과 질서가 있었다는 것을 알 수 있다. 하지만, 이는 외입장이와 기생, 외입장이와 외입장이와의 관계를 따져볼 수 있는 중요한 자료이기도 하다. 또한, 기방이라는 공간에서 일어나는 사건에 대해서도 작품을 통해 알 수 있다. 그러므로 《외입장이 격식》은 외입장이들이 지켜야 할 규율, 규칙으로 만들어진 그들만의 지침서라고도 볼 수 있지만, 더 크게는 조선의 기방[외입 처소]이라는 공간에서 일어날 수 있는 공간, 주체, 권력를 나타내고, 각각의 요소들의 관계들을 면밀하게 드러낼 수 있는 텍스트라고도 말할 수 있다.

2.2 상황에 따른 대립 구조

이 《외입장이 격식》의 등장인물들은 외입장이와 외입장이, 혹은 기생과 외입장이의 대화 형식으로 이루어졌고, 이 대화는 대립 구조를 드러내고 있다. 이 대립 구조는 두 인물의 서로 다른 견해를 나타내기도 하지만,

제 5 장 고려대학교 도서관 소장 『악부』 소재 《외입장이 격식》을 통해 본 유흥 공간의 정치학

의견의 일치를 드러내기도 한다. 그러면서 새로운 권력 관계를 생성하기도 한다. 각각의 작품에 드러난 대립 양상들을 살펴보자.

우선, 〈기생집 들어가는 격식〉에서는 손님 1[안]과 손님 2[밖]의 대립 양상이 극명하게 드러난다.15) 간혹, 두 손님 사이에 기생의 대화가 보이지만, 손님들의 대립 관계를 돋보이게 하지는 않는다. 〈기생집 들어가는 격식〉의 상황은 기생집 안에 손님 1[안]과 기생집 밖의 손님 2[밖]가 한 기생을 찾아 기생집에서 노는 장면을 그리고 있다.

> 손님 2[밖] : (중치마 앞자락을 떡 해치고 앉아서 담뱃대를 딱딱 떨어서 좋은 담배 한 대에 불을 붙인 후) 좌중에 통할 말 있소.
> 손님 1[안] : 무슨 말이요?
> 손님 2[밖] : 주인 기생 소리 들읍시다.
> 손님 1[안] : 좋은 말이오, 같이 들읍시다.
> 손님 2[밖] : 여보게
> 기생   : 네
> 손님 2[밖] : 시조 부르게
> 기생   : 네 [대답하고 시조 한 장 부르고 나면]

기방을 찾은 손님 2[밖]가 손님 1[안]에게 인사를 하고 들어와서 앉으면서 이루어진 대화이다. 기방이라는 하나의 공간에 기생과 손님 1[안]이 먼저 있었고, 그 이후 손님 2[밖]가 등장하여 함께 시간을 보내는 광경을 드러낸 것이다. 《외입장이 격식》에서 제시하듯이, 원래 기방에 손님이 있으면 다른 손님과 함께 자리하는 경우는 매우 드문 경우이다. 즉, 이전 조선시대에는 대체로 기생과 손님은 1 : 1로 서로 대응 관계를 드러내고 있다. 그러나 작품에서의 기생과 손님은 1 : 2로 기존에 제시된 일반적인 대

---

15) 정병설(『나는 기생이다-소수록 읽기』, 문학동네, 2007, 132~133쪽)은 손님 1을 바깥 손님으로, 손님 2를 안 손님으로 제시하였다. 그러나 논자는 고려대학교 도서관 소장 《외입장이 격식》을 대화체 형식인 대사와 지문으로 나누어 보니, 손님 1은 안 손님으로, 손님 2는 바깥 손님으로 보는 것이 더 타당하다고 여긴다.

응 관계에는 맞지 않다는 것을 알 수 있다. 즉, 이 작품을 통해 기생과 손님의 관계가 이전과는 같지 않음을 분별하는 기준이 된다고도 볼 수 있을 것이다.

손님 2[밖]은 손님 1[안]과 기생의 사이에 들어온 상황이라 어색한 분위기를 형성하고 있는 주체이다. 그렇기 때문에 손님 2[밖]은 어색함을 풀기 위해 담배를 소재 삼아 분위기를 전환하기 위해 노력 중이다. 즉, '담뱃대를 털어 '좋은' 담배 한 대에 불을 붙였다'는 문장은 어색한 상황에 대한 분위기 전환 도구로 쓰였음을 알 수 있다. 또한, 여기서 '좋은 담배'를 통해 손님 2[밖]의 경제적 여건과 지위를 짐작해 볼 수 있다.

위의 상황은 두 명의 손님과 한 명의 기생 사이에서 손님과 손님, 손님과 기생의 관계를 드러내고 있다. 그러면서 그 사이에 취해야 할 격식에 대해 자세히 논의한 것이다. 손님 2[밖]은 기생과 손님 1[안]가 미리 형성해 놓은 토대 안에서 이방인의 관점에서 바라볼 수밖에 없는 손님으로 그 관계를 설명하고 있으며, 손님 1[안]과 기생 사이의 관계 안에 편입되기를 바라는 모습임을 엿볼 수 있다.

다음은 〈대선 책망하는 격식〉의 대립 구조에 대해 살펴보자.

    손님 1[안]: 게 것흔 외입장이는 처음 보왓스니 나가오
        [하면, 그 사람이 어더맛지 아니하랴면,]
상황1) 손님 2[밖]: 네 보와하니 외입 년됴가 나보담 놉흔가보오
        [하고 나가는 것이며, 그 사람과 싸호랴면]
상황2) 손님 2[밖]: 너 것흔 외입장이는 보지 못햇다

손님 1[안]과 손님 2[밖]의 시비 붙는 상황을 제시하고 있다. 무엇에 대한 시비였는지 자세한 정황은 알 수 없다. 하지만, 사건의 전말을 추측해 보면, 손님 1[안]이 먼저 기방 안에 있는 상황에서 손님 2[밖]가 등장하여 인사 없이 들어오는 장면이다. 그런 까닭에 손님 1[안]은 "그대 같은 외입장이는 처음 보았다"라고 하며 밖으로 나가라 한다. 그 상황에서 손님 1

제 5 장   고려대학교 도서관 소장『악부』 소재《외입장이 격식》을 통해 본 유흥 공간의 정치학   155

[안]은 손님 2[밖]에게 두 가지 상황을 제시한다. 하나는 얻어맞지 않으려 피하는 상황이고, 다른 하나는 싸우려는 상황이다. 즉, 상황 1의 경우는 그 싸움을 피하는 상황을 제시하며 얻어맞지 않으려면 밖으로 나가야 한다고 설득한다. 그러던 중, 손님 2[밖]는 "보아하니 외입 년도가 나보다 높은가 보오"라며, 손님 1[안]의 말에 수긍하는 모습을 드러낸다. 즉, 이는 아마도 권력에서는 손님 1[안]보다 자신이 조금 밀린다는 뜻을 의미하기도 한다. 이 역시 마찬가지로 권력이 지배체계 안에서 큰 의미가 있는 듯, 기방 안에서도 조선시대 봉건사회의 모습을 단편적으로 드러내면서 권력에 의해 지배되는 사회적 의미를 내포하고 있다고 볼 수 있다.

다음은 〈처음 나온 기생 말 문는 격식〉에 드러난 손님과 기생의 대화이다. 여기서 손님과 기생은 서로 대립 관계에 놓여 있고, 그 대립 관계는 수직 관계로 이루어졌음을 알 수 있다.

 손님: 이년아 네가 명색이 무엇이냐 [하면]
 기생: 기생이올시다 [하나니]
 손님: 너것흔 기생은 처음 보왓다. 머리에 쫴야리ㅅ자국이 잇고 겨드랭이
     에 바굼이 자국이 그저 잇는데 너것흔 기생은 처음 보왓다. 이년아
     내려가 물이나 써오너라 [하고 쌤을 한 번 약간 째리면]
 기생: 그래도 기생이올시다 [하거든]
 손님: 이년아 죽어도 기생이야.
 기생: 또 기생이올시다 [하면 그제야]

손님과 기생은 신분적으로, 젠더적으로 상하 관계에 놓여 있다. 손님은 기생에게 "명색이 무엇이냐"고 묻는데, 이는 기생이 기생답지 못함을 꾸짖는 말이기도 하다. 하지만, 그 꾸짖음은 기생의 외모 때문이다. 손님은 기생이 갖추어야 할 아름다운 얼굴과 단정하게 꾸민 외모 등을 언급한다. 하지만, 기생은 외형적으로 그리 아름답지 않다. 즉, 일반적인 기생이라면 아름다운 외모가 수반되어야 하는 게 마땅하지만, 똬리 자국 있는 머리, 바구니 자국 있는 겨드랑이로 가꾸지 않은 게으른 기생의 외모로 기

생답지 못함을 지적한 것이다. 그러나 이에 아랑곳하지 않고, 기생은 스스로를 기생이라고 말한다. 그러면서 손님은 여러 번이나 기생의 신분에 대해 묻고 또 묻는다. 외입장이에게 기생은 용모가 잘 꾸며진 아름다운 외모로만 평가할 뿐이고, 이 부분을 통해 기생이라는 이름에 걸맞는 기생의 기준은 바로 '아름답고 화려한 외모'라는 것을 알 수 있다. 즉, 여기서 손님은 처음 나온 기생을 길들이기 위해 대화를 이어 나가고 있다고는 하나, 기생의 권위나 권력 역시 어찌 보면 연륜과 경험이 큰 범위를 차지하고 있다고 볼 수 있는 것이다.

다음은 〈기생 량쥐를 욕 베는 것〉의 대화 부분이다. 이 격식은 외입에 잘못한 일이거나 외입 처소끼리 싸움이 나게 되면 그 대처방안을 설명한 것이다. 물론, 이 격식에는 뚜렷한 해결방법이 드러난 것은 아니다. 하지만, 그래도 그 상황에서 벗어날 수 있는 방안을 살필 수 있고, 나름의 해결방법을 찾고자 한 것으로 설명할 수 있다.

  타처 외입장이: 왠 등사요. [하기도 하고 보안즉]
         외입 등신가 보오. [하기도 하나니]
  자소 외입장이: 네 외입등사요.
  타처 외입장이: 청 좀 합시다.
  자소 외입장이: 청 듣다 뿐이오. 너희 년놈들을 영 파의를 시키고 아주 찢어발기갯더니 친구가 청을 하시기 들어가거라. 마침 보고가 따라오다가 태워가지고 들어가느니라.

타처 외입장이와 자소 외입장이의 싸움을 나타내는 장면이다. 여기에 등장하는 타처 외입장이는 자소 외입장이와 싸우는 경쟁 당사자의 타처 외입장이가 아니다. 즉, 타처 외입장이는 직접 싸움에 등장하는 인물이 아니라는 말이다. 다른 타처 외입장이는 어느 누가 섭외했는지는 드러나지 않는다. 다만, 다른 타처 외입장이의 청(請)이 아니면 그냥 들어갈 수가 없기 때문에 빠른 시간 안에 사람을 시켜 요청을 해야 한다. 즉, 이렇게 싸움이 중단되는 이유는 중간에 말리는 다른 타처 외입장이 덕분이다.

그러므로, 그의 역할은 굉장히 중요하다. 싸울 때에는 미리 중간에 말려줄 다른 타처 외입장이를 섭외한 이후에나 싸움을 시작해야 한다는 것이다.

이렇듯, 작품은 인물 사이의 관계를 여실히 드러내기 좋은 대화 형식으로 구성되어 있고, 이러한 대화 형식은 상황에 따른 대립을 명확하게 드러내는 데 매우 탁월하다. 즉,《외입장이 격식》4편의 작품은 손님과 손님[외입장이와 외입장이], 손님[외입장이]과 기생 사이에서의 대화 형식을 통한 대립 양상을 명확하게 드러내기 때문에 그들의 관계를 살펴 '기방'이라는 유흥 공간에서의 문화정치학적 의미를 찾아볼 수 있을 것이다.

유흥 공간[기방(妓房)]에서의 문화정치

'공간의 문화정치학'에서는 주체, 공간, 권력을 강조한다. 그 사이에서 드러나는 주체는 공간 안에서 어떤 목적에 의해 대화를 주도하는 인물이고, 공간은 주체와 대상 사이에 대화가 이루어지는 곳[장소]이며, 권력은 주체와 대상 사이의 대립 관계를 통해 힘 있는 자[권력자]와 혹은 그 관계[권력 관계]로 나타낸다. 그 서로의 관계들이 어우러져서 공간은 문화적 측면에서 정치적 의미를 드러내고, 이를 '공간의 문화정치학'이라고 불리는 것이다. 문화정치학에서는 공간, 주체, 권력의 관계가 매우 밀접한 연관성이 있으므로, 이들이 어떤 관계에 있느냐에 따라 공간의 역할은 매우 다양하게 나타난다.

1. 주체와 공간의 관계 : 공간의 의미화

주체는 권력에 의해 구성되거나 혹은 권력이 부여한 장(場)을 벗어나기 위해 저항하는 존재[16]이며, 공간은 물질·사건·요소·주체·행위 등이 얽혀 배열·구성되는 환경, 영역, 맥락[17]이다. 이런 주체와 공간의 관계에서는

---

16) 안현수, 「푸코의 권력 이론의 양상과 '주체'의 문제」, 『동서철학연구』 72호, 2014, 304쪽.

지배적으로 생산된 공간을 공간 이용자가 재현하는 방식, 즉, 공간에 대한 해석과 의미부여를 다룬다.18)

《외입장이 격식》의 배경이 되는 주된 공간이면서도 지배적으로 생산된 공간이라 볼 수 있는 '기방'에서 공간 이용자인 기생과 외입장이가 어떤 방식으로 공간의 의미를 드러내는지를 살펴 주체와 공간의 관계를 드러내고자 한다.

첫 번째 작품인 〈기생집 들어가는 격식〉을 살펴보자. 작품에 드러난 공간은 기방이며, 주체는 손님 2[밖]이다.

손님 2[밖] : 들어가자
손님 1[안] : 두로 [하인만 있으면 '두롭시오' 한다.]
손님 2[밖] : 평안호
손님 1[안] : 평안호
손님 2[밖] : 무사한가
기생　　　 : 평안헙시오

〈기생집 들어가는 격식〉

〈기생집 들어가는 격식〉에서는 손님이 기생집에 들어가는 상황을 제시하고 있다. 기생집 안에 손님이 없을 경우와 손님이 없는 경우로 나눠 그 상황이 달라짐을 설명하고 있다. 기생집 안에 손님이 없다면, 손님과 기생이 함께 즐거운 시간을 보내면 된다. 하지만, 안에 손님이 있을 경우는 상황이 달라진다. 위의 작품은 이런 상황을 하나의 예시로 설명한 것이다.

위의 인용문은 기생집 안에 손님이 있을 경우이다. 손님 2[밖]는 "평안호"라 하여 안에 있는 손님과 기생에게 인사를 전한다. 그러면 손님 1[안]은 다시 "평안호"라며 인사를 한다. 이 "평안호"라는 인사는 기생집에서만

---

17) 조명래, 『공간으로 사회 읽기』, 한울아카데미, 2013, 40쪽.
18) 이해수, 「1960~1973년 동심의 낙원, 남산공원의 문화정치」, 『미디어 젠더 & 문화』 33권 4호, 한국여성커뮤니케이션학회, 2018, 14쪽.

하는 독특한 인사법이다.[19] 손님은 인사를 건넨 후에 다시 "무사한가"라고 하여 기생에게 안부를 묻는다. 그러나 이런 점에서 살펴보면, 이 대화의 등장인물은 손님과 기생 단둘이 하는 대화가 아닌 2명의 손님과 기생으로 총 3명의 구성원으로 이루어진 대화 내용이어야 더 타당하다. 즉, 기생의 물음에 손님 2[밖]가 답하고, 손님 1[안]의 물음에 기생이 답하는 구조로 되어 있어야 훨씬 더 자연스럽다. 각각 서로의 안부를 묻고 답하면서 세 등장인물의 관계를 미루어 짐작해 볼 수 있다. 이는 기생집에서 행해지는 기생과 손님들 사이의 관계를 서술한 것으로, 인사를 할 때만해도 손님 1(안)과 손님 2(밖)은 모르는 사이로, 서로 동등한 위치에 있으며 수평적 관계에 있음을 드러낸다.

손님 1(안): 게가 여긔를 어딘 줄 알고 드러왓소?
손님 2(밖): 기생의 집으로 알고 드러왓소.
　　　　　　　　　　　　　　　　〈대선 책망하는 격식〉

〈대선 책망하는 격식〉의 첫 부분이다. 기방에 들른 손님들의 대화로, 낯선 사람의 경계가 묻어난다. 손님 1[안]은 먼저 온 손님이고, 손님 2[밖]는 나중에 온 손님이다. 제목은 '처음 본 사람이든 나중에 본 사람이든 시비를 걸려면 이렇게 하는 것'이지만, 시비를 피하는 방법으로 보아도 무방할 듯하다. 이는 '기방'이라는 특별한 공간의 상황을 제시한다. 손님 1[안]은 "여기가 어딘 줄 알고 들어왔는지?"를 손님 2[밖]에게 묻는다. 이에 손님 2[밖]는 "기생의 집으로 알고 들어왔소."라 하여 질문에 대한 행간을 읽어내지 못한다. 손님 1[안]은 기방에도 분명 예의가 있음을 대화에서 드러내고자 하지만, 손님 2[밖]는 자신의 말만 계속 한다.
　위의 두 작품은 기생집이라는 공간에서 안에 손님이 있는 상황에서 바

---

[19] 18세기 후반 문인 강이천의 〈한경사〉와 19세기 판소리계 소설 〈계유사〉, 20세기 역사소설 홍명희의 〈임꺽정〉에서도 기생집 풍경을 드러낼 때 '평안호'라고 인사한다고 그려져 있다. 정병설, 앞의 책, 2007, 130쪽.

깥 손님과 안 손님이 서로 대처하는 상황을 재현한 것이다. 원래 조선 시대의 기방은 기생 한 명이 여러 손님을 받는 것이 일반적인 기방의 풍경이라고 볼 수 없다20)고 하였다. 그러나 사회가 변하면 제도와 풍속도 변해야 하는 것처럼, 이러한 상황에서 외입장이들은 그들 나름의 격식을 만들어 직접적으로 변화에 맞서고자 했던 것이다. 이렇게 만들어진 격식은 기방의 안팎을 오가는 손님들과 기생 사이의 관계를 합리적, 논리적으로 운영하려 했음을 엿볼 수 있다.

우리가 일반적으로 알고 있는 기방 혹은 기생집은 유흥과 향락을 즐기고자 마련된 양반의 공간이었다. 하지만, 이 작품에서는 주체가 된 외입장이의 공간으로 전락하였고, 격식을 알지 못하는 손님에게는 불편한 공간으로 인식되어 서로 섞일 수 없는 낯선 공간으로 차단될 수밖에 없었다. 더불어 손님의 입장으로 기생집에 들어갔지만, 기생과 함께 향유할 수 없는 통제의 공간으로 재현된다. 그런 까닭에 작품에 등장하는 주체와 공간의 관계에서의 기방은 일반적인 의미로서의 유흥 공간인 기방에서 벗어난 낯선 공간인 동시에 통제와 차단의 공간으로서의 의미를 가진다고 볼 수 있다.

2. 공간과 권력의 관계 : 공간의 제도화

권력21)은 일반적인 지배체제를 나타내지 않고, 여기서는 공간 안에서

---

20) 정병설, 위의 책, 2007, 134쪽.
21) 푸코에게 권력이란 전략이요, 관계요, 기능이다. 권력의 존재론적 지위는 (넓은 의미의) 사물이 아니라 사물들을 서로 관계 맺게 하는 어떤 힘의 기능이다. 그것은 전략적 위치들의 집단적인 효과이다. 우선 권력은 전략이다. 그것은 누군가에 의해 소유되는 것이 아니라 힘들이 사회적으로 행사되는 과정이다. 때문에, 권력에서 중요한 것은 위치이다. 이 위치란 사회적 망 속에서 끊임없이 변환되는 위치이며, 권력이란 이 위치적 변환의 운동을 통해 기능하는 것이다. 그리고 권력은 집단적인 효과이다. 권력이란 어떤 개인이 소유할 수 있는 것이 아니라 사회 집단들 사이에서 발생하는 일종의 효과이다. 따라서 권력은 전유되는 것이 아니다. 오히려 전유란 권력의 효과들이 형성하는 장치 안에서만 이루어질 수 있는 것이다. 권력이란 일종의 추상적 기계라고 할 수 있을 것이다. 미셸푸코, 이정우 역, 『담론의 질서』, 서강대 출판부, 1998, 132쪽.

제 5 장   고려대학교 도서관 소장 『악부』 소재 《외입장이 격식》을 통해 본 유흥 공간의 정치학

생성되는 권력을 의미한다. 공간과 권력의 관계에서는 국가 권력의 다양한 공간 지배 방식과 그로 인한 공간의 변화과정을 분석한다.[22]

유흥 공간에서는 권력 관계가 형성되면서 큰 의미를 갖는다. 조선시대 봉건사회에서 나누어진 신분체계는 기방 안에서는 큰 변화가 발생한다. 즉, 지배계급과 독특한 관계를 이룬 기녀집단의 문화적 개성을 읽을 수 있다. 기녀들이 호의호식하며 다른 천민 집단의 선망 대상이 되[23]기 때문이다. 그러나 본고에서 다루는 《외입장이 격식》는 약간 다르다. 주체가 기생이 아닌 외입장이이기 때문이다. 외입장이가 주체가 될 때에는 권력 관계 역시 그들 안에서 큰 변화가 생기기 때문이다.

다음 작품은 두 인물[외입장이들]이 수평적 관계보다는 수직적 관계로 변모되는 상황을 재현하고 있다.

> 손님 1[안] : 수고했네. [하고 담배 먹던 것을 털고 한 대를 붙여서 주인 사람(기생)에게]
> 손님 2[밖] : 담배 먹어요? [하며 준 후에 손님하고 다른 말은 책망 들을까 봐 별량 없고, 혹 기생을 데리고 실없는 말을 하되,]
> 손님 2[밖] : 그동안 더 예뻤구나. 누가 핥아주지? [이런 희롱 몇 마디 하다가 나올 때 일어서 돌아서며]
> 손님 2[밖] : 뵙시다.
> 손님 1[안] : 보세 [객이나 기생이 대답을 하든지 말든지 하고 나오는 것] [이왕에는 승지 참판이나 사알 새악이나 노래 선생 외에는 '해라'를 못하고 누구든지 외입장이는 다 하게 하는 것.]
> <기생집 들어가는 격식>

---

22) 이해수, 앞의 논문, 2018, 14쪽.
23) 권력과의 관계에서 가장 두드러진 특징은 지배계층의 성적 요구에 대한 육체의 제공과 그 지속적 담보를 통한 긴밀한 상호의존에 있었다. 뿐만 아니라 사대부들과의 잦은 회동과 지근거리에서의 은밀한 보좌가 군주국가 유지의 또 다른 변수로 기능했다는 사실이다. …. 제도권력의 정치적 긴장과 사댑 집단의 자의식적 억압을 이완시켜야 할 모종의 향응 혹은 배출통로의 모색과 긴밀하게 연계된다. 따지고 보면 이는 계약행위처럼 기녀와 사대부의 교환가치를 전제로 은밀히 유지되었던 셈이다. 박종성, 『백정과 기생-조선천민사의 두 얼굴』, 서울대학교 출판원, 2002, 89쪽.

손님 2[밖]가 청한 기생의 시조 소리를 손님 1[안]과 같이 듣다가 손님 1[안]이 손님 2[밖]에게 다음에 들을 것을 청하는 부분이다. 작품은 손님 2[밖] → 손님 1[안], 손님 1[안] → 손님 2[밖]의 제안과 허락이 순차적이면서도 반복적으로 이루어졌다. 제안과 허락이 반복되자, 손님 2[밖]은 더 이상 그 공간에서 할 수 있는 일이 없게 된다. 손님 1[안]은 기생과 즐거운 시간을 보내고 있었지만, 뜻하지 않은 손님 2[밖]의 등장으로 어색한 분위기가 형성된다. 손님 2[밖]는 어색한 분위기를 깨뜨리기 위해 담배를 권하기도 하고, 주인 사람인 기생에게 농을 건네는 등 분위기 전환을 위해 노력한다. 하지만, 오히려 손님 2[밖]는 어색함과 민망함으로 자리를 피하고자 밖으로 나가 버린다. 즉, 손님 2[밖]에게 손님 1[안]과 기생의 공간은 공유의 공간에서 타자의 공간으로 변환되고, 즐거움의 공간에서 외로움의 공간으로 전환된다.

    손님 1[안]: 게 것흔 외입장이는 처음 보왓스니 나가오
       [하면, 그 사람이 어더맛지 아니하랴면,]
상황1) 손님 2[밖]: 네 보와하니 외입 년됴가 나보담 놉흔가보오
       [하고 나가는 것이며, 그 사람과 싸호랴면]
상황2) 손님 2[밖]: 너 것흔 외입장이는 보지 못햇다.
                      <대선 책망하는 격식>

<대선 책망하는 격식>의 첫 부분이다. 손님 1[안]이 손님 2[밖]에게 시비를 붙이는 장면이다. 손님 1[안]은 먼저 기방 안에 있었고, 손님 2[밖]는 인사 없이 기생집 안으로 들어온다. 이에 손님 1[안]은 "그대 같은 외입장이는 처음 보았다"라며 밖으로 나가라고 한다. 이런 상황에서 손님 2[밖]에게는 두 가지 상황을 제시한다. 하나는 싸움을 피하는 상황이고, 다른 하나는 싸움에 맞서는 상황이다.

 상황 1)의 경우는 싸움을 피하는 상황을 재현하며 밖으로 나가야 함을 드러낸다. 그러던 중 손님 2[밖]는 "보아하니 외입년도가 나보다 높은가

제 5 장 고려대학교 도서관 소장 『악부』 소재 《외입장이 격식》을 통해 본 유흥 공간의 정치학

보오"라며, 손님 1[안]이 손님 2[밖]보다 수직적 관계임을 대략 직감할 수 있음은 말에 수긍하는 모습을 보이기 때문이다. 이는 권력이 지배체계 안에서 큰 의미를 갖듯이, 기방 안에서도 외입장이 연도가 더 오래된 것처럼 보이는 손님 1[안]이 권력 관계에서는 조금 우위에 있음을 언급한 것이다.

상황 2)는 싸움에 맞서는 상황을 재현한 것으로 "너 같은 외입장이는 보지 못했다"라 하여 싸움의 의지를 드러내고 있다. 이러한 상황에서는 권력 관계가 성립되지 않는다. 손님 2[밖]는 손님 1[안]을 같은 수평관계로 인식하여 외입 연도는 중요하지 않다고 여기는 것이다. 이에 손님 2[밖]는 외입장이들끼리 만들어 놓은 격식을 어기고 싸움을 진행시키고자 한다.

다음 역시 〈대선 책망하는 격식〉의 한 부분이다. 이는 같은 외입장이지만, 외입장이끼리의 권력 관계가 어떻게 형성되었는지를 보여준다.

　　　[하고 되리여 책망을 하면, 먼젓 사람(손님 1)이 담베째로 갓대 우를 넘겨 치고, 서로를 두들기는 것이요, 처음처럼 순하게 말을 하고 나가면 신발 신으랴 할 쩨, 책망하든 사람이]

　　　　　　　손님 1[안]: 나가는 친구 좀 뵙시다. [하면, 돌아 드르와서 안나니,]
상황 1) 손님 2[밖]: 기생집의서 인사가 외 잇갯소만, 인사합시다. 이것이 외입에 불수 예사니, 엇지 알지 마오. [하고 가치 놀다가 가는 것이며, 두로 오란 말이 업스면 다시 도라서 드르오며]
상황 2) 손님 2[밖]: 평안호 [하고 안저서 되리여 그 사람을 책망하여 내여 쏜는 일이나, 이런 일은 희귀한 것이 본래붓허 업수이 여겨서 책망하는 것이라, 도로 드르와서 그 사람 책망하기는 어려우니라.]

대가 셀다고 하여 대선 책망이라 하는 것.

　　　　　　　　　　　　　　　　　〈대선 책망하는 격식〉

손님 2[밖]에 대한 손님 1[안]의 책망을 적고 있다. 손님 1[안]은 손님 2[밖]와의 싸움을 조장하는 상황을 만들거나 혹은 싸우지 않고 상황을 잘 마무리하여 손님 2[밖]에게 기방에서 갖춰야 할 예의를 알려주는 방식으로 서술하고 있다. 이 부분은 두 가지 상황으로 나누어 예로 설명한다.

먼저, 손님 1[안]이 손님 2[밖]에게 싸움을 거는 상황을 제시한다. 손님 1[안]은 담뱃대로 손님 2[밖]의 갓대 위를 넘겨 치고 두들기기까지 한다. 그러면서 처음 말을 걸 때처럼 순하게 말을 하고 나가는 행동을 취하려 신발 신으려 할 때 손님 1[안]은 손님 2[밖]에게 말을 건다. 순하게 말을 한다는 의미는 싸움의 의도가 전혀 없음을 의미한다. 그런 까닭에 손님 1[안]은 손님 2[밖]를 그냥 보내지 않고 "나가는 손님 좀 봅시다"라 하여 손님 2[밖]에게 인사를 전하며 기방에 온 목적을 달성하게 하고자 한다. 손님 2[밖]는 다시 "기생집에서 인사가 왜 있겠소만, 인사합시다."라 하여 설명 부분에도 있듯이 서로 같이 놀다가 가는 것이라 한다. 이는 손님 1[안]과의 관계를 잘 마무리하려는 의도라고 볼 수 있다. 하지만, 이와는 달리 다시 들어오라는 말이 없다면, 손님 2[밖]는 손님 1[안]의 허락 없이도 다시 들어와 "평안호"라고 인사하며 아무 일도 일어나지 않았던 것처럼 그렇게 인사하고 만다.

여기서 권력을 가진 사람은 손님 1[안]이다. 이들 사이의 권력 관계는 외입 연도로 정해진다. 하지만 작품 어디에서도 외입 년도에 대한 정보는 알 수 없다. 다만, 손님 2[밖]의 대화에서 손님 1[안]의 외입 연도가 본인보다 더 높다고 여기고 있다. 하지만 작품에서는 그에 대한 정확한 정보를 제공하지 않는다. 그렇기 때문에 기방에 먼저 온 사람이 우위에 있고, 그 우위에 있는 사람이 권력을 가진다고 볼 수 있는 것이다.

다음 작품은 〈처음 나온 기생 말 묻는 격식〉에서 기방 안에서 드러난 권력 관계를 드러낸 부분이다.

아무나 : 네 무슨 말이요?
손　님 : 처음 보는 게집 말 뭇갯소 [하면]

상황 1) 아무나 : 가치 무릅시다 [하기도 하고]
상황 2) 아무나 : 잘 무르시오 하기도 하나니, [그제야]

　어느 한 외입장이가 동기 유발 및 좌중의 관심을 얻고자 하여 좌중들에게 질문을 던진다. 그러면서 손님은 처음 보는 계집 즉, 처음 기방에 들어온 기생에게 말을 묻겠다며 좌중의 여러 외입장이에게 함께 할 것을 구한다. 여러 외입장이가 같은 입장에 있다 보니 어떤 한 사람을 지목하여 질문하는 것이 아닌 여러 사람들에게 묻는다. 이는 좌중들의 관심을 위한 방법으로 대화의 기능을 언급한 것이다. 그런 후에는 상황을 두 가지로 나누어 제시한다. 상황 1)의 경우는 어떤 사람이 같이 묻자고 의견의 동조를 구하는 답변이고, 상황 2)의 경우는 어떤 사람이 잘 물어보라고 옆에서 다독여주는 답변이다. 여러 사람이 있을 경우에는 그 상황을 제대로 이해하고 파악하기 위해 한 사람이 나서서 그 상황을 통솔하는 능력도 매우 중요함을 드러낸 것이다. 같은 손님[외입장이]의 입장이기 때문에, 이 부분에서는 어떠한 권력 관계도 등장하지 않는다. 하지만, 다음 구절에 기생의 등장으로 인해 권력 관계의 구도가 극명하게 드러나게 된다.

손님: 이년아 죽어도 기생이야.
기생: 쏘 기생이올시다. [하면 그제야]
손님: 네가 하- 기생이라 하니 일흠이 무윗이나.
기생: 무윗이올시다.
손님: 나이 멧 살이냐.
기생: 멧 살이올시다.
손님: 그 나이를 한 쎱에 먹엇단이냐.
기생: 한 해에 한 살식 먹엇습니다.
손님: 그러면 쏨아라. [기생이 손꾸락으로 쏨되]
기생: 한 해 한 살 먹엇고 두 해에 두 살 먹엇고 세 해에 세 살 먹엇고

　계속 이어지는 손님[외입장이]과 기생의 대화이다. 손님은 먼저 처음

나온 기생에게 "기생이냐?"고 그녀의 정체성에 대해 묻고는 그런 후에야 기생의 이름과 나이, 고향 등의 인적사항을 질문한다. 그러나 이 대화에서는 기생과 손님의 자세한 내력에 대해 설명하지는 않는다. 그냥 대략적으로 '무엇', '몇'이라는 대명사를 이용해서 구체적이고도 자세한 상황을 재현하고 있을 뿐이다. 그 이유는 아마도 이 작품이 '격식'을 드러내고 있기 때문일 것이다. 외입장이들이 물어보는 것은 기생들의 이름이고, 한번 관계를 맺으면 대부분 그 관계가 끝까지 지속되기 때문이다. 다만, 이런 상황에서 이와 비슷한 격식으로 손님과 기생의 권력 관계를 드러낸다고 볼 수 있다. 앞에서 손님들끼리 나눈 대화와는 다르게 손님과 기생의 대화에서는 권력 관계가 분명하게 드러난다. 외입장이가 기생을 조롱하고 무시하는 어투뿐만 아니라 말도 안 되는 질문에 답을 해야 하는 기생의 처지 역시 가련하게 느껴질 뿐이다. 이러한 권력 관계는 처음 나온 기생이기 때문은 아닐 것이다.

기방에서 외입장이와 기생의 관계는 상하수직적 관계가 형성된다. 그러나 그것보다도 이 작품에서는 외입장이와 외입장이 사이에서 드러나는 권력 관계를 통해 공간 안에서 만들어지는 제도화된 모습이 조선시대 봉건사회의 모습임을 단편적으로 드러냈다고 볼 수 있을 것이다.

3. 권력과 주체의 관계 : 표면화된 진실

권력과 주체의 관계에서는 공간의 생산과 재생산을 둘러싼 권력과 공간 이용자의 사회관계들이 상호 교차하고 중첩되는 영역을 다룬다.24) 주체의 신체는 단지 권력에 의해 복종 되는 대상으로만 존재할 뿐이다. 형벌 중에서도 신체형은 죄인이 신체를 고문하고 절단함으로써 극단적 고통을 유발하는 것인데, 이러한 형벌의 목적은 처벌의 효과를 노리기 위해서 죄인의 고통을 창출하는 정치적 의식이다.25) 죄인의 신체는 끊임없이

---

24) 이해수, 앞의 논문, 2018, 14쪽.
25) 푸코의 권력 이론 안에서 주체의 저항성을 발견하기란 쉽지 않다. 안현수, 앞의 논문, 2014, 305쪽.

진실을 강요하는 장소이다. 권력은 늘 진실과 관계를 맺고 있고, 이 권력이 기능하기 위해서는 진실이 필요하며, 권력을 통해 진실이 생산된다고 본다. 또한, 진실의 생산 없이는 어떠한 권력도 행사할 수 없다고 본다.[26] 그렇다면, 그 주체는 권력에 '복종'하고 '순종'해야 한다.

　이 작품은 기방 안에서의 외입장이 사이의 권력 관계를 드러내는 것이 아닌 외입장이들끼리의 싸움에서 처소와 처소 사이의 권력 관계를 드러내고자 한 것이다. 이 작품에서 처벌은 처벌로서의 의미보다는 보여주기식의 처벌을 강행한다. 이러한 보여주기식 처벌은 권력 관계에서 어떠한 의미로 작용하는지를 살펴보아야 할 것이다.

> 외입에 잘못한 일이거나 외입 처소끼리 쌈이 나면은 이럭케 하는 법인데, 기생은 잡아서 훗속것만 입피고 발 벳기고 머리 풀니며, 기생 서방은 것옷 입운 채 뒤로 결박 짓고 상투 풀고 발 벳고, 두 년놈을 압헤 세이고 여러 외입쟁이가 짜라서 대로상으로 나가면 타처 외입장이 (제곳의 함께 잇는 외입장이는 아니 하는 것)가 쩍 가루서서
> ⋯⋯ 중략 ⋯⋯⋯
> (만일에 밤중 같은 때 욕을 뵐 것에 외입장이가 청을 아니하면 그냥 들여보낼 수가 없는 고로 청할 사람을 미리 언약도 하는 것)
> <기생 량쥐를 욕 베는 것>

　《외입장이 격식》의 마지막 작품으로 서론과 결론을 제시한 부분이다. 작품은 "외입장이들끼리 잘못한 일이 있거나 처소끼리의 싸움이 있다면 이렇게 하는 법"이라 하여 각각의 처소에서 싸움이 나면 어떻게 대처해야 하는지에 대한 방법을 제시한 글이다. 기생과 외입장이의 처지와 위치를 달리하고 있지만, 같이 벌을 받게 된다. 하지만, 기생이 외입장이 보다 더 모욕적인 벌을 받는데, 그 이유는 권력 관계에서 상층에 속하지 못했기 때문이다. 즉, 기생에게는 잡아서 홑속곳만 입히고 발 벗기고 머리 풀게

---

[26] 푸코, 홍성민 옮김, 『권력과 지식』, 나남출판, 1997, 125쪽.; 안현수, 앞의 논문, 2014, 306쪽 재인용.

하는 형벌이 주어진다. 전형적인 죄인의 모습이다. 하지만, "홑속곳만 입힌다"는 의미는 거의 옷을 입히지 않은 상태로 벌을 준다는 것을 뜻하고, 이러한 모습으로 길거리를 돌아다니게 한다는 것은 모욕적인 모습임을 의미한다. 또한, "발 벗기고 머리 풀게 한다"는 것 역시 일반적으로 죄를 받는 죄인임을 의미한다. 이는 기생뿐만 아니라 외입장이도 벌을 받고 있음을 대중들에게 보여주는 행위임을 알 수 있다. 그러나 조선 후기는 엄격한 봉건사회가 붕괴되었다고는 하지만, 이 봉건사회가 갖는 기본 사상은 쉽게 변하지는 못했던 것이다. 기생이기 때문에 괜찮다는 견해보다는 여성으로서의 유교적 덕목에서 어긋나는 행위로 살펴보자면 기생에게 주는 벌은 매우 심하다.

그러면서 "두 년놈을 앞에 세우고 여러 외입장이가 따라서 큰 길로 나가면 외부의 외입장이가 가로 막아 서서"라 하여 죄를 지으면 벌을 받는 형식적 행위를 드러낼 뿐이다. 이는 마지막 부분에서 덧붙여 설명한다. "외입장이가 청을 아니하면 그냥 들여보낼 수가 없는 고로 청할 사람을 미리 언약도 하는"이라는 표현에서 알 수 있듯이 권력 관계를 유지하기 위해서는 사람을 시켜 위기를 모면해야 하고, 이 위기 역시 권력 관계 안에서 행해지는 행위라는 것을 알 수 있다.

주체들은 권력 다툼을 위해 싸움을 해야 하고, 그들 사이에서도 조금이라도 우위에 있고자 하는 욕망과 욕심으로 인해 싸움이 전개된다. 작품에 등장하는 외입장이들이 싸우는 이유에 대해서는 자세히 드러나지 않는다. 하지만, 외입장이들 역시 그들의 욕망과 욕심 때문으로 볼 수 있고, 그들에게 싸움의 결과는 결국 벌을 받는 것이다. 그러나 이는 표면화된 진실일 뿐이고, 외입장이들은 권력 앞에서 아무 것도 할 수 없는, 권력을 위해 싸우는 그들의 표면화된 진실은 진실을 가리기 위한 하나의 수단으로 작용할 뿐이다.

결론

　유흥 공간은 예술적 취향과 쾌락을 공유하는 장소인 동시에 가무(歌舞)와 시가(詩歌)가 함께 연행되는 공간이기도 하다. 시와 가가 합쳐진 시가는 연행으로 그 의미가 최종 완성된다. 따라서 연행물로 수용자의 가(歌), 무(舞), 악(樂)이 펼쳐지는 유흥 공간은 시가의 주요 연행공간이기도 하다. 동시에 다양한 장르의 놀음과 노래가 오락을 위한 연행물로 공존하는 개방적 장(場)이라 할 수 있다. 조선 후기 시가에 두드러지게 나타나는 장르 간의 착종과 섞임은 바로 이런 유흥 공간의 개방성에서 비롯되었다는 평가가 온당할 것이다.27)

　결국, 이러한 공간은 그들만의 격식화, 제도화를 만들었고, 이를 작품으로 반영한 것이 《외입장이 격식》이다. 이에 대한 문학적 가치를 계급사회, 봉건사회에 대한 권력 지향이라고 볼 수 있다. 사대부들이 서로 법과 규율, 도덕이라는 이름으로 자신들을 구속하고 억제한 그들에 대한 일종의 반항이기 때문이다. 즉, 높은 계급의 사람들은 낮은 계급의 사람들에게 억제, 억압 등을 드러내는 모순적 양상을 드러냈고, 그들을 그들 나름의 권력을 쟁취하고자 하는 모습을 통해 정치적으로 모순된 사회제도의 양상을 엿볼 수 있었다. 철저히 계급화된 사회에 대한 반항으로 창작된 작품이라 생각되지만, 결국 계급사회, 봉건사회에 대한 모순을 드러내는 작품이라고도 볼 수 있을 듯하다.

　기생들과 함께 노는 것도 법칙과 방법이 있음을 나타내는 작품이다. 기생집 즉, 기방에 갈 때는 돈과 지위가 있다고 해서 그냥 들어갈 수 있는 곳이 아니었다. 그곳을 방문하는 손님들에게는 그들만의 법도와 질서가 있었고, 그 법도와 질서는 그들만의 격(格)으로 생성되어 문학작품으로까지 남겨져 있었음을 알 수 있었다.

　《외입장이 격식》은 조선시대 외입장이들이 싸움에 처할 수 있는 상황에 대한 대처 방안을 마련할 수 있는 일종의 가이드북(guide-book)과도

---

27) 박애경, 앞의 논문, 2005, 50쪽.

같다. 그러면서 외입장이 나름의 품위와 분수에 맞는 방식으로 외입장이들을 위한, 외입장이들을 위해, 외입장이들 스스로 만든 그들만의 권력을 위한 격식 활용서로 보아야 할 것이다.

 기방의 손님들[외입장이들]에게는 그들 나름의 격식과 규칙이 있었고, 그 규칙과 격식에 의해 평화롭고 안전하게 출입이 가능한 곳이 바로 기방이었던 것이다. 그리고 그곳의 풍속을 잘 아는 인물들은 기생과 손님들이었다. 본고에서는 기방이라는 유흥 공간에서 이루어지는 문화정치적 메커니즘을 이해하기 위해 기생과 손님들[외입장이들]의 공간과 권력, 주체에 따라 그 의미들을 파악하고자 했다. 이에《외입장이 격식》에서는 외입장이를 주체로 삼아 기방이라는 유흥 공간에서의 권력 관계를 찾고자 하였다. 그러나 본고에서는《외입장이 격식》이라는 4개의 작품에 형성된 문화정치학적 의미가 조금씩은 다르게 드러났다. 하지만, 그들이 만들어 놓은 권력 관계를 통해 주목받지 못한 소수, 하위문화 체계의 문화정치적 의의를 드러내고자 했던 것이다.

제 6 장
『북상기(北廂記)』에 드러난 인물형상과 공간인식

본고에서는 19세기 한문희곡인『북상기(北廂記)』에 드러난 인물형상과 공간인식을 논하고자 한다. 이를 통해 시대의 공간사회적 의미를 추출해 볼 것이다. 현재 전해지는 한문희곡에는『동상기(東廂記)』,『북상기(北廂記)』,『백상루기(百祥樓記)』세 작품이 있다. 이 작품들은 중국희곡『서상기(西廂記)』를 바탕으로 창작되었다고 전한다. 그 가운데서도『북상기』는 18세 기생과 61세 선비의 사랑 이야기를 극화한 작품으로 그로테스크(grotesque)한 사랑을 극화했을 뿐만 아니라, 남녀 간의 성행위를 노골적으로 묘사하고 있다.1)

『북상기』에 대한 연구는 안대회2)에 의해 처음 이루어졌다. 그는 '동고어초(東皐漁樵)'라는 몰락한 사대부 작가에 의해 백화문으로 창작된 완벽한 희곡 형태라는 것을 밝혔고, 창작 시기를 1840년으로 추정하였다. 지역적 배경은 강원도 홍천으로, 18세 기생과 61세 선비의 엽기적 사랑을 극화한 작품이며, 관음증적(觀淫症的) 색정(色情)희곡3)이라 평하였다. 그러나 그는『북상기』의 문학적 가치로 1791년 이옥(李鈺)의『동상기(東廂記)』가 유일하다는 문학사의 상식을 깼으며, 20세기 이전에 본격적인 희곡의 감상, 이해, 창작이 결핍된 것을 문학사의 특징으로 간주하였다. 하

---

1) 동고어초 작, 안대회, 이창숙 역,『북상기』, 김영사, 2011, 308쪽.
2) 안대회,「19세기 희곡『북상기』연구」,『고전문학연구』33집, 한국고전문학회, 2008.
3) 희곡은 본래 공연을 목적으로 작성된 문학이지만,『북상기』는 공연을 목적으로 지어진 글이 아니다. 즉, 61세 선비와 18세 기생의 노골적성 행위 묘사 때문으로, 자칫 이 희곡은 너무도 색정적이고, 도색적인 성격을 지니게 될 뿐이다. 안대회, 위의 논문, 2008, 430쪽.

지만, 이 작품의 발굴로 그 양상이 달라졌고, 작품을 통해 당시의 제도와 풍속, 인정세태를 잘 드러내는 기회를 마련할 수 있게 되었음[4]을 주장하였다. 또한 이창숙[5]은 『북상기』는 명청대 유행한 전기의 체재에 따른 한문극본이라며, 작품에 드러난 강(腔)을 언급하며 중국 극본에서도 잘 쓰지 않는 〈행향자(行香子)〉를 사용하였음을 특이성으로 강조하였다. 이외에도 『북상기』는 뢰정[6], 정은영[7]에 의해 연구되었다.

이에 본고는 『북상기』에 드러난 인물형상과 공간인식에 대해 살펴볼 것이다. 인물형상과 공간인식은 19세기의 시대상과 사회상을 반영하기 때문에 작품의 구조를 파악하고 등장인물 사이의 연관성을 살피고자 한다.

『북상기』의 내용 분석

이 작품은 두 사건으로 정리할 수 있다. 하나는 순옥과 낙안선생의 사랑 이야기이고, 다른 하나는 내기로 골탕 먹는 낙안선생의 이야기이다. 사건별로 정리하면 다음과 같다.

사건1) 순옥과 낙안선생의 사랑 이야기
① 여색에 무관심한 김낙안이 환갑잔치에서 춤추는 순옥을 본다.
② 김낙안은 순옥을 보고 첫눈에 반하지만 두 번 퇴짜 맞는다.
③ 순옥의 양어미인 봉래선을 불러 협박한다.
④ 봉래선은 낙안선생에게 맹서를 받아내고 순옥은 몸을 허락한다.

---

4) 19세기 당시의 제도와 풍속, 인정세태를 바탕으로 잘 구성하여 문학성이 높으며, 19세기 문학사에서 가장 흥미로운 작품의 하나로 부각할 만하다고 판단하였다. 안대회, 위의 논문, 2008, 410쪽.
5) 이창숙, 「『北廂記』의 곡패 운용」, 『문헌과해석』 56권, 태학사, 2011.
6) 뢰정, 『북상기』 연구」, 서울시립대학교 일반대학원 석사학위논문, 2013.
―――, 「『북상기』의 곡문에 나타난 글쓰기 특징- 김성탄 비평본 『서상기』와 『도화선』의 비교를 중심으로」, 『어문논집』 75집, 민족어문학회, 2015.
7) 정은영, 『조선후기 한문서사의 성 담론: 『절화기담』, 『포의교집』, 『백상루기』를 중심으로」, 한양대학교 일반대학원 석사학위논문, 2009.

⑤ 6월초 5일, 낙안이 북상에서 <불망기>를 짓고, 6일 합방한다.
⑥ 원주 감영에서 순옥이 상의원 침선비로 뽑혀 한양에 간다.
⑦ 낙안은 150냥을 주고, 김약허와 오유와 함께 순옥을 빼낸다.
⑧ 순옥은 오유의 말대로 양평 두물머리 여관에서 기다린다.
⑨ 순옥은 속신의 문권을 받고, 7월초 6일 홍천집으로 돌아온다.
⑩ 7월 칠석, 낙안선생과 순옥이 합방한다.
⑪ 합방으로 순옥은 앓아 눕고, 봉래선은 妓房의 비방을 알려준다.
⑫ 순옥은 자리에 눕고, 낙안선생은 치료목적으로 정사를 벌인다.
⑬ 순옥은 다음날 보답하겠다고 하고, 낙안선생은 실망하며 간다.

사건1)은 낙안선생과 순옥의 사랑 이야기다. 큰 고난과 역경을 이겨내는 사랑 이야기는 아니지만, 작은 고난을 해결하는 과정에서 사랑이 성취되는 이야기로 전개되어 나타난다. 이 이야기는 처음부터 순옥과 낙안선생의 순탄한 사랑을 언급한 것은 아니다. 낙안선생은 순옥에게 여러 번 연애시를 보내기도 하고, 봉래선을 협박하기도 하며 순옥에게 구애한다. 이런 낙안선생의 끈질긴 노력은 순옥의 사랑을 얻게 한다. 그러나 순옥의 침선비 선발이라는 갈등양상으로 둘 사이는 헤어져야 했지만, 낙안선생의 도움으로 순옥은 침선비에서 풀려난다. 이후 집으로 돌아온 순옥은 낙안선생과 인연(因緣)을 맺는다. 이 과정에서 순옥과 낙안선생은 더욱 돈독한 사랑을 느끼게 된다.

사건2) 이양진와 봉래선의 음모로 골탕 먹는 낙안선생의 이야기
① 홍천으로 유배 온 이부사(이양진)가 봉래선을 부른다.
② 낙안선생과 담배 500근 내기바둑을 하고 낙안선생이 진다.
③ 담배 품귀현상으로 담배를 못 구하고 돈도 없음에 고민한다.
④ 이화양이 담배 대신 순옥을 노비로 보내라 권유한다.
⑤ 낙안선생, 순옥, 이양진이 모두 제안에 동의한다.
⑥ 봉래선은 순옥을 구할 계략을 짜고 이양진을 유혹한다.
⑦ 봉래선은 순옥이 딸임을 밝히고 내기를 무효화시킨다.
⑧ 낙안선생을 골탕 먹이기로 하고 낙안선생에게 모욕을 준다.

⑨ 봉래선은 낙안선생을 북상으로 데려가 술을 먹이고 재운다.
⑩ 술이 깬 낙안선생은 옆에 순옥이 있음에 기뻐한다.
⑪ 사건의 내막을 알게 된 낙안선생은 잔치를 열어 사례한다.

　사건2)는 이양진과 봉래선의 음모로, 내기에서 골탕 먹는 낙안선생의 이야기다. 이양진은 서울에서 유배온 인물이며, 봉래선과 관계를 맺는다. 그는 무료한 날을 즐겁게 보내고자 소소한 일을 찾는다. 이양진은 낙안선생과 담배 500근 내기를 걸고 바둑을 둔다. 이 내기바둑은 놀이의 범주에 속하는 '경쟁'이라는 속성을 가지고 있다.8) 경쟁은 이겨야 한다는 열정을 만들어내고9) 놀이보다는 승리를 이끌어 내기 위해 최선을 다하는 모습을 등장시킨다. 낙안선생은 결국 내기에서 지게 되고, 담배 품귀현상으로 고민한다. 결코 가볍게 해결되지 않을 일이기 때문에 작품에는 봉래선이 일을 해결하는 것으로 되어 있다. 봉래선은 이양진을 유혹하여 순옥이 자신의 딸임을 밝히고, 봉래선과 이양진은 낙안선생에게 골탕 먹일 방법을 찾는다. 낙안선생은 술자리에 모인 사람들에게 모욕을 당하지만, 술에서 깬 낙안선생은 순옥이 옆자리에 있는 것을 확인하고 기뻐하여 손님들을 초대해 잔치를 베푼다.

　두 이야기는 순차적으로 진행된다. 낙안선생과 순옥의 사랑 이야기가 먼저 이루어지고, 후에 두 사람의 사랑을 결정짓는 내기바둑이 등장하는데, 봉래선과 이양진이 음모를 꾸며 낙안선생에게 골탕을 먹이는 이야기로 연결된다. 첫 번째 사건은 낙안선생이 순옥을 침선비에서 해방시켜 주며, 두 번째 사건은 봉래선이 낙안선생을 내기바둑에서 순옥을 노비에서 해방시켜 준다.

---

8) 놀이의 결과에서 한 사람의 우월성이 나타난다는 것을 의미한다. 그럼에도 불구하고, 어느 한 놀이에서 이겼다는 우월성의 효력은 승리한 사람에게 일반적인 세상사에서도 비슷한 어떤 우월성을 부여하는 경향을 갖고 있다. 승리자는 놀이 그 이상의 무엇을 얻게 된다. 이로써 이긴 자는 존경을 받게 되고 명예를 얻게 되고, 이러한 명예와 존경은 그 이긴 자가 속한 집단에도 어떤 이익을 가져온다. 요한 호이징아, 김윤수 역, 『호모 루덴스』, 까치, 2014, 81쪽.
9) 요한 호이징아, 김윤수 역, 위의 책, 2014, 77쪽.

『북상기』에 등장하는 인물 형상

1. 모순관계로 성립된 두 인물 : 순옥과 낙안선생

순옥과 낙안선생은 주인공이다. 작품은 대체적으로 두 인물에 의해 전개된다. 김낙안은 순옥을 보고 첫눈에 반하고, 서로 사랑을 나누는 이야기다.

① 낙안선생: 청렴하지만 색(色)에 눈뜬 선비
낙안선생: 소생 김낙안은 화산에서 대대로 살아온 사람입니다. 일찍부터 과거 공부에 전념하여 시부를 대충 깨쳤으나 여러 차례 진사시에 낙방하였다오. 출세에는 더 이상 뜻을 잃어 결국 급제의 꿈을 접고 고향에 돌아와 선대로부터 물려받은 가업을 잇고 있습니다. 세상사는 몇 오라기 흰 머리털만 남겨놓고/ 생애를 한 조각 청산에 붙이네.
고난 성품에 조용하여 번잡한 세상사에는 심드렁하고, 유독 기생들에게는 무덤덤합니다. 톡쏘는 푸성귀 반찬에 대끼지 않은 좁쌀밥을 먹고, 검은 가죽옷에 거친 삼베옷을 입지요. 그래도 마음 편하게 먹고 산답니다. 그런 소생을 남들은 다들 낙안당(樂安堂)이라 부릅니다. 그야 뭐 도를 즐기고 가난을 편안히 여긴다는 안빈낙도의 뜻을 취한 게 아니겠소.[10]

이름은 김낙안이고, 화산에서 지낸 사람이다. 일찍부터 과거에 전념했지만, 시험에서 낙방하여 고향으로 돌아와 가업(家業)을 잇고 있다. 그러나 구체적으로 어떤 삶을 살아가고 있는지는 드러나지 않는다. 낙안선생은 청렴하게 살아가는 모습을 '몇 오라기 흰 머리털'과 '생애 한 조각'이라 표현한다.

---

10) 동고어초 작, 안대회, 이창숙 역, 앞의 책, 2011, 29~30쪽.

낙안선생의 성품은 조용하고, 세상사에 관심이 없는 은둔형 인간으로 드러내며, 유독 기생들에게는 무덤덤하다며 여색을 밝히지 않은 청렴하고도 올곧은 성격이라고 설명한다. 또한, 푸성귀 반찬과 좁쌀밥을 먹고, 가죽옷에 거친 삼베옷을 입는 소박한 인물로 그려진다. 즉, 그는 부귀영화(富貴榮華)의 생활이 아니어도 마음이 편하다며 청렴함을 강조하고 있다. 다른 사람들이 그를 '낙안당(樂安堂)'이라 부르는 이유에 대해서는 '안빈낙도(安貧樂道)'의 의미라 설명한다. 이는 낙안선생이 전형적인 소박한 향반(鄕班)임을 짐작하게 한다.

> 낙안선생: 내 이제까지 육십 평생을 살아오면서 하고 많은 기생들과 노는 년들을 두루두루 거의 다 겪었지. 제일 증오하는 것이 '골수를 녹이는 호색'이란 글자였고, 가장 사모했던 말은 '마음 속에는 기생이 없다'는 정부자의 말씀이었지. 향이니 옥이니 하는 기생년들을 사랑하는 놈들을 볼때마다 두루미를 삶고 거문고를 불태워 시비를 일으킬 생각은 적이 없었지. 그런데 어라! 순옥을 만나 얼굴을 보고 노래를 들은 뒤로는 눈앞이 어른어른하고 마음이 뒤숭숭하네. 귀를 기울이면 꾀꼬리 소리요 눈을 감으면 제비 모습이야. 생각하지 않아도 절로 생각이 나고, 잊으려 해도 잊기가 어렵구나. 《시경》의 '얼굴이 무궁화 같은, 그 사람은 옥같구나!'라는 두 구절을 가져다 눈에 잘 뜨이는 곳에 붙여놓고 좌우명으로 삼아도 봤지. 그래도 그림 속 떡을 보고 배부르길 바라는 꼴이요. 매실을 바라보며 갈증을 없앤다는 격일세. 이런 때에는 어쩌면 좋단 말이냐? (혼잣말하며 노래한다)[11]

낙안선생은 기생 순옥에게 푹 빠져 있는 상태다. 육십을 살아왔지만, 호색(好色)이라는 말을 가장 싫어했고, 정부자의 말씀을 가장 좋아했다고 말한다. 그 이전의 낙안선생은 기생에게 빠진 적이 없었지만, 순옥은 예

---

11) 동고어초 작, 안대회, 이창숙 역, 위의 책, 2011, 40~41쪽.

외가 된다. 낙안선생은 자신의 환갑잔치에서 처음 만난 순옥이 눈을 감아도 눈을 떠도 자꾸만 생각난다고 표현한다. 그러나 생각만으로는 욕망이 채워지지 않는다. "이런 때에는 어쩌면 좋단 말이냐?"라는 말로 스스로 해결할 수 없는 상황임을 드러내며 낙안선생과 순옥의 관계를 짐작하게 한다.

다음은 앞 부분과는 정반대의 상황이다. 순수하고 청렴하기만 한 향촌 선비였던 낙안선생은 어린 기생 순옥을 만난 후 뒤늦게 여색을 알게 되는 과정을 그린 것이다.

② 순옥: 유교적 세계관을 지닌 화려한 기생

순옥: 소첩의 성은 김이요, 이름은 순옥이랍니다. 나이는 이구십팔 열여덟이고요, 화산 사람이지요. 부모님을 일찍 여의고 외할아버지 밑에서 자랐습니다. 일찍이 장악원 옥선재 님을 만나 멋진 춤과 노래를 모조리 배웠습니다. 그뿐 아니지요. 시도 연주도 잘할 줄 알지요. 모두들 소첩을 초산운 새화예라 부른답니다. 관동땅 스물여섯 고을의 교방에는 춤과 노래로 명성을 날리는 기생이 많지만 첩을 능가하는 기생은 없지요. 타고난 성품이 조용하여 기박한 운명을 안고 태어난 것이 한스럽습니다. 저는 비록 교방에 이름을 올리고 있어도 두 남자를 섬기지 않겠다고 뜻을 굳히고 삼종의 도리를 행하려 합니다. 그래서 감사와 수령들의 잔치 자리나 귀공자와 호걸들의 모임에서 대가로 받은 비단과 가락지가 손꼽아 헤아리지 못할 지경입니다만, 지금껏 몇 해가 흘렀는데도 붉은 점을 잘 지켜왔지요. 참 잘한 일이 아닌가요?

《고당부》를 한번 짓고 난 뒤로는
구름과 비만 보면 언제나 싱숭생숭

붉은 문에 비스듬히 목을 빼고 서 있으면
오가는 사람들 애끓는 이 얼마련가

저는 이 따위 여자가 아니랍니다. 달은 지고 등불은 사위어 수놓은 휘장 안으로 불빛은 쓸쓸히 어른거리기도 하고, 제비가 재잘대고 꾀꼬리가 노래하여 비단창이 요란스럽기도 하군요. 이럴 때 남모를 걱정과 숨겨진 한이 유달리 솟구쳐 오르지요. 하지만 그런 줄을 그 누가 알겠어요? (손으로 고운 뺨을 받치고 말없이 내다본다. 내려간다)[12]

순옥: (오른다) 세상에 태어나서 하루도 부모님으로부터 보살핌을 받지 못하다니! 다리 밑에서 주어온 몸도 아니고, 게다가 훌륭한 용모와 재주를 갖고 있지 않은가! 남들이 부모님을 모시고 색동옷 입고 춤추며 음식을 살펴드리는 모습을 볼 때마다 저도 모르게 새 눈물이 흘러 손수건을 적십니다.[13]

　　이름은 순옥이고, 나이는 18살로 화산 사람이다. 그녀는 어렸을 때 부모님을 일찍 여의었고, 이로 인해 기생이 되었다는 기생이 된 필연성을 제시한다. 또한 기생으로 갖추어야 할 춤과 노래는 장악원 옥선재에게 배웠다고 한다. 옥선재의 명성을 알 수는 없지만, 이름이 거론될 정도의 인물이라면 명성이 컸을 것이라 짐작할 만하다. 순옥은 재능이 뛰어나서 시, 연주 등도 잘하고, 아름다움이 꽃잎과 견줄만하다고 하여 미모와 재능을 겸비한 인물로 등장한다. 그리고 관동의 26개 고을 교방 중에서도 춤과 노래로 명성을 날린 사람이 없다며 스스로 팔방미인(八方美人)임을 제시하고 있다.
　　앞 부분은 기생으로서의 갖춰야 할 기능과 재능에 대한 부분을 나타냈다면, 뒷 부분은 본인의 성품을 드러냈다고 볼 수 있다. 그녀는 태어나면서부터 조용했고, 기생이 된 운명에 기박하다며 부모를 일찍 여읜 기구한 삶을 제시하고 있다. 하지만 기구한 삶의 불만보다 본인의 의지가 굳게 드러나 있다. 기생의 신분에도 양반 여성이 시집가면 지켜야 하는 삼종지

---
12) 동고어초 작, 안대회, 이창숙 역, 위의 책, 2011, 20~22쪽.
13) 동고어초 작, 안대회, 이창숙 역, 위의 책, 2011, 23~24쪽.

도(三從之道)를 지키겠다며 유교적 세계관의 면모를 보여준다.

이렇듯 두 인물은 신분과 지위에는 모순적이다. 낙안선생은 선비로서 존경과 모범이 되는 인물로, 순옥은 기생으로서 미모와 재능을 두루 갖춘 인물로 그려졌다. 낙안선생은 "타고난 성품에 조용하여 번잡한 세상사에는 심드렁하고, 유독 기생들에게는 무덤덤합니다."라며 과거에 낙방하여 능력과 소질이 없음보다는 타고난 성품으로 번잡한 세상사에 관심이 없어 보인다고 하였다. 그런데 첫눈에 반한 순옥에게 편지를 보내고, 순옥의 양어미 봉래선을 불러서 순옥을 소개시켜 달라고 협박하는 모습에서 모순관계를 드러난다고 볼 수 있다.

순옥 역시 마찬가지다. 두 인물의 만남에서 낙안선생이 '순옥의 집'을 방문하면서 순옥은 낙안선생에게 관심이 없다. 그러나 낙안선생을 맞이하는 순옥의 옷차림에서는 '엷은 화장, 수수한 옷, 구름 같은 검은 머릿단, 몽롱한 눈자위, 반쯤 젖혀진 고의적삼, 보드라운 가슴' 등과 같은 교태로운 모습을 통해 선생을 유혹하는 순옥의 태도를 엿볼 수 있다. 또한, 순옥은 자신을 기생으로 대접하여 한두 번 욕정을 풀고 난 후, 다시 찾지 않을 것에 대한 두려움을 갖는다. 이는 곧 순옥이 비록 기생이지만, 양반 여성처럼 살아가고자 하는 마음을 드러냈다고 볼 수 있다.

2. 일치관계로 성립된 두 인물 : 봉래선과 이양진

두 인물은 작품의 부주인공이다. 이야기의 전개에서 그들은 사건2)에서의 이야기를 주도하고 사건을 해결하는 중요한 역할로 그려진다. 이야기의 반 이상이 이들에 의해 이루어지기는 하나, 사건1)이 진행된 이후에 바로 사건2)가 서술되기 때문에 이야기의 주인공이라고 말할 수는 없다.

2.1 봉래선 : 결연의 매개자, 사건의 해결사

두 사건을 연결시키는 최고의 인물은 봉래선이다. 난처한 상황에 처한 낙안선생과 순옥의 결연에 최대의 조력자가 되기도 한다. 봉래선이 자신을 소개하는 부분과 순옥이 봉래선과 대화하는 부분을 살펴보자.

> 봉래선: 이 늙은 것은 성은 김씨요. 이름은 봉래선이랍니다. 어려서부터 원주 교방에 소속되어 옛 노래에 새 곡조 하며, 구슬픈 가야금 소리와 호쾌한 피리 소리를 어느 것이든 모르는 것이 없고, 어느 것이든 잘하지 못하는 게 없었지요. 하나 봄이 가고 가을 오니 얼굴도 시들고 재주도 줄더군요. 그래서 문을 닫아걸고 손님을 사양했지요. 하늘 같은 남편은 행상하러 타지로 떠도느라 해를 넘겨도 돌아오지 않네요. 드디어 궁벽한 마을에 처박혀 향 사르고 염불하는 할망구 신세가 돼 버렸구려. 또 슬하에는 사내고 계집이고 자식이라곤 반쪽도 없답니다. 늘그막에 기대어 먹고살 거라곤 그저 중매쟁이 산 밑에 뚜쟁이 밭 몇 뙈기뿐이라오. 암만 곰곰이 생각해봐도 몹시도 처량한 꼬락서니지요.
>
> 순 옥: (오른다) …… 제가 생각하니 어머님은 대를 이을 자식이 없으시고, 이 어린 것은 친부모가 없어요. 오늘부터 어머님 슬하에서 수양딸이 되어 한 세상에 모녀 간으로 지낸다면 좋은 일이 아닐까요? 어머니 이 아이의 절을 네 번 받으세요!(절한다)14)

봉래선은 기명(妓名)이다. 봉래선은 스스로 '늙은 것'이라며, 예전에 명성이 높았던 원주 교방 소속 기생이었다고 말한다. 그럼에도 불구하고 지금은 나이가 들어서 할 수 없는 것들이 많아 찾는 사람이 없는 처량한 신세라고 한탄하고 있다. 즉, 어렸을 때는 원주 교방에서 노래를 잘 불렀고, 가야금, 피리 역시 잘 다룰 줄 아는, 못하는 것이 없는 팔방미인이었음을 회상한다. 그러면서 지금은 능력을 발휘하지 못함을 원통하게 생각한다. 또한, 남편이 있지만 행상하러 타지로 나가서 돌아오지 않는 상황임을 강조하고, 궁벽한 마을에 사는 할망구 신세라고 설명한다. 게다가 슬하에 자식이 없는 혼자 몸이며, 외로움에 중매쟁이가 되었다며 처량한 모습임

---

14) 동고어초 작, 안대회, 이창숙 역, 위의 책, 2011, 23~24쪽.

을 강조하여 예전과 다른 상황임에 처량함을 극대화시키고 있다.

순옥은 봉래선의 안타까운 사연을 듣고 아무 연관이 없는 사이였음에도 같은 처지에 있음을 위로하면서 새로운 모녀관계를 형성한다. 봉래선은 어렸을 때부터 원주 교방에 있었던 잘 나가던 기생이었으나, 노년에 운이 다하지 못해 처량하게 살고 있는 인물로 그리고 있다. 순옥은 이런 봉래선을 안타깝고 처량하게 여긴다. 봉래선은 순옥의 배려로 그녀의 양어머니가 되어 모녀관계를 형성하게 된다.

2.2 이양진: 사랑의 방해자, 사건의 갈등

> 이양진: 저는 이양진입니다. 대대로 서울에 살면서 연전에 무과에 을과로 급제하여 벼슬이 장단도호부사까지 올랐습니다. 작년 가을 성상으로부터 견책을 당해 동쪽 화산으로 귀양 왔습니다.
>
> 심양은 외진 곳이라 음악도 없어
> 한 해가 다하도록 풍악 소리 못 들었네
> 봄강에 꽃 피고 새가 울거나 달 뜨는 가을밤이면
> 혼자서 술을 사서 잔이나 기울이네
>
> 여관은 썰렁하고 나그네 심사가 스산하구나. 낙안선생과 때때로 상종할 뿐 무릎을 맞대고 앉아 소견할 이 하나 없네. 정말 괴롭구나.[15]

이양진은 유배 온 나그네로, 봉래선과 함께 두 번째 사건을 만들어가는 인물이다. 그는 대대로 서울에서 살았고, 여러 해 전에 무과 을과에 급제한 인물로, 벼슬은 장단도호부사까지 이른 인재라 소개한다. 그는 유배 온 배경을 자세하게 설명하고 있지 않다. 하지만, 임금으로부터 견책을 당해 화산으로 귀양왔다고만 전할 뿐이다. 정확한 시기 또한 알 수 없다.

---

15) 동고어초 작, 안대회, 이창숙 역, 위의 책, 2011, 155~156쪽.

하지만 작년 가을쯤으로, 그가 유배 온 것이 일 년쯤 된다. 봄 강에 꽃이 피고 새가 울거나 달 쓰는 가을밤이라 하여 시간의 흐름을 드러내고 있다. 또한 시에서 '심양'은 본인이 있는 동쪽 화산으로, 그곳은 음악도 없는 외진 곳이다. 그런 까닭에 일 년이 지나도록 풍악소리를 듣지 못했다고 전한다. 더불어 본인의 심경에 대해서는 스산하고, 괴롭다며 유배의 심정을 간략하게나마 제시하고 있다. 그러나 귀양 온 사람이 기생과 즐기고 내기바둑을 두는 것은 매우 어색한 일이다.

이는 앞에 제시한 봉래선의 속성과 일치한다. 즉, 봉래선은 그 지역에서 이름난 명기였고, 이양진 역시 무과 을과에 장원급제한 인재였다. 하지만, 그들이 세월의 흐름과 임금의 모략으로 예전의 명성에서 벗어난 다른 모습으로 부귀영화에서 멀어진 인물로 전락해 버린다.

『북상기』에 드러난 공간인식

이 작품에 등장하는 대부분의 공간은 순옥의 집이다. 그런데 이야기를 전개시키기 위해 다른 공간들도 등장시키고 있다. 공간을 언급할 경우 대체적으로 동서남북(東西南北)인 사방(四方)이나 상하좌우(上下左右)로 소개하는 경우가 많다. 이 작품 역시 네 방향을 통해 등장인물의 관계 및 내용을 설명하고 있다.

> 아름다운 순옥이 관동에서 명성을 독차지하고 봉래산에 사는 여자가 서쪽 이웃에게 중매를 섰네
> 전임 부사는 남초 담배 내기바둑에서 이겼고 늙은 선생은 시를 지어 《북상기》를 이었네.

이는 작품의 공간을 모두 포함하는 구절이기도 하거니와 작품의 줄거리를 드러내는 구절이기도 하다. 네 방향으로 주인공의 상황과 연결시켜 작품의 내용을 암시하고 있기 때문이다. 동서남북의 순서로 등장인물을

묘사하고 있다. 처음 등장한 '순옥'은 주인공이다. 아름다운 외모로 관동에서 명성이 높은 인물로 등장한다. 봉래산에 사는 여자는 순옥의 양어머니인 '봉래선'이다. 그녀는 서쪽 이웃에게 중매를 섰다고 하는데, 이는 낙안선생과의 중매를 의미한다. 전임부사는 이부사[이양진]로 남초(南草)로 담배 내기를 제안하고, 낙안선생을 이긴다. 하지만, 낙안선생이 한 내기 바둑은 간단한 담배 내기였지만, 이를 계기로 순옥을 잃게 된다. 그리고는 괴로운 마음에 매일 술을 마셔 봉래선의 계략인지를 확인한다. 이에 골탕임을 알고 『북상기』를 지어 남긴다고 한다.

1. 유흥(遊興), 사치(奢侈)의 공간 : 순옥의 집

순옥의 생활공간은 부유한 기생집이다. 순옥의 집은 전체적인 형태에서부터 서쪽에서 동쪽의 순서로 묘사되었고, 침방과 담장은 안과 밖의 이분적(二分的) 공간 구조를 드러낸다. 구체적인 공간으로 침방 뒷면, 안팎의 경계, 침방, 남쪽 담장, 북쪽 담장의 순서대로 소품들을 구분하여 나열하고 있다. 이는 낙안선생 눈에 비친 순옥의 집을 설명하고 있는 부분이다.

> 집은 네 칸으로 열두 기둥의 초가집이다. 서쪽 한 칸 방은 다락방이고, 다음 한 칸은 침방이다. 앞뒤 툇마루는 작은 교자(交子) 난간이다. 동쪽 두 칸은 대청마루로, 삼면은 와룡풍혈(臥龍風穴) 난간으로 밖을 치장하였고, 안에는 완자(完字) 세 살창을 한 장지문[양도헌(涼檮軒)]으로 가렸다. 그 위에는 등나무 자리와 대나무 안석을 놓았다. 안석 옆에는 오동을 인두로 지지고 아울러 비자나무 널판을 한 바둑판이 있는데 흑백 바둑알이 다홍칠을 한 합 속에 각각 들어 있다.16)

순옥의 집은 열두 기둥으로 된 네 칸짜리 초가집이다. 다른 기생들에 비해 부유한 환경에서 살고 있음을 알 수 있다. 그녀의 집에는 다락방과

---
16) 동고어초 작, 안대회, 이창숙 역, 위의 책, 2011, 60~61쪽.

침방이 있고, 대청마루에는 삼면이 아름답게 장식된 난간과 장지문이 있다. 대청마루로 그 사이 장지문은 큰 의미가 있다. 하나의 문은 닫힘과 열림의 의미를 동시에 드러내기 때문에 이중구조를 의미한다고 볼 수 있다. 순옥이 기생의 면모를 드러내는 공간으로, 대청마루에 마련된 등나무 자리와 대나무 안석이 접대공간을 드러내고 있으며, 바둑판과 바둑알은 유흥공간의 면모를 나타낸 것이다. 즉, 순옥은 기생이기 때문에 그녀의 공간인 기방은 매우 유흥적인 공간임을 의미한다고 볼 수 있다.

> 침방 뒷면에는 두 짝의 장지문이 있고 중간에 청사(靑絲) 모기장을 비스듬히 말아 올려놓았다. 앞면에는 난간머리에 푸른색의 가는 상구(緗龜) 대나무 발을 걸어 놓았고, 발안에는 능화무늬로 치장한 분합 사창(紗窓)이 반은 열리고 반은 닫혀 있다. 창 안에는 가래나무 무늬목과 화리목(花梨木)으로 치장한 붉은 시렁이 있고, 시렁은 대방규벽(大方圭壁) 푸른색 포갑에 상아 찌를 꽂은 책들이 한 질 한 질 자리를 잡았다. 시렁 옆에는 자단(紫檀) 재질에 거북이 무릎을 꿇은 모양의 교자상 하나를 놓았고, 상 왼편에는 오래된 구리 꽃병과 벽옥(碧玉) 단지를 안치했다. 단지에는 인조 사계화 두 송이를 심어놓았고, 꽃병에는 공작새 깃털 여섯 개를 꽂아놓았다. 상 오른편에는 반죽(斑竹) 석가산(石假山) 필통이 있어 각색 화전(華箋)을 비스듬히 꽂았다. 필통 옆에는 무회목(無灰木)으로 치장한 벼루집을 하나 놓았다. 벼루집 위에는 남포석 수침연(水沈硯) 하나와 수정으로 만든 사자 필가(筆架) 하나, 매괴석(玫瑰石)으로 만든 연꽃잎 모양의 연적 하나, 그리고 자루에 각색 칠을 한 붓 일곱 자루와 일본과 중국산 참먹 세 덩이를 놓았다. 상 중간에는 서른두 쪽의 선화아패(宣和牙牌)를 깔았다. 상 곁에는 박산(博山) 청동화로를 놓았는데, 화로에서는 가는 부용향(芙蓉香) 연기가 피어 나오고 있다. 적동(赤銅) 재떨이와 황동 타호(唾壺), 오동 바탕에 은빛 꽃을 새긴 담배서랍과 설화(雪花) 주석 대통에 반죽(斑竹) 설대를 한 음양연대(陰陽烟臺)가 있다.[17]

---

17) 동고어초 작, 안대회, 이창숙 역, 위의 책, 2011, 61~62쪽.

침방을 묘사하고 있다. '침방 뒷면 – 앞면 – 창 안 – 시렁 옆 – 상 왼편 – 상 오른편 – 필통 옆 – 벼루집 위 – 상 중간 – 상 곁'의 순서로 물건들을 나열하고 있다. 일정한 순서로 묘사되어 있는 것이 아니라 눈에 보이는 대로 서술하고 있다. 묘사한 물건들은 대체적으로 희귀하고 값비싼 것들이다. 모든 기생집이 작품에서처럼 화려한 물건들로 장식되어 있지는 않지만, 순옥은 홍천에서 인기 많은 기생임을 언급하고 있다. 그러므로, 이러한 화려한 물건이 이를 증명해 주고 있다고 볼 수 있는 것이다. 눈에 보이는 물건의 대부분은 귀한 것들로 많은 부를 축적했음을 알 수 있고, 명성도 어떠한지를 알 수 있다.

> 방 안팎은 종이와 비단으로 장식하고, 기름칠을 하고 아교를 발라 각각 갖은 기교를 부렸다.
> 방 안에는 일곱 자 크기의 왕골 화문석을 깔았다. 화문석 위에는 몽고산 얇은 담요를 놓았다. 아래쪽 벽 가까이에는 산버들로 엮은 가는 살 평상을 놓았고, 평상 위에는 교동산(喬桐産) 가는 왕골자리와 방금요(方錦褥)를 깔았다. 요 위에는 죽부인을 가로로 놓았다. 평상 아래에는 또 탕파(湯婆) 하나가 있고, 사방의 벽에는 상상급(上上級)의 태사전(太史牋)에 쓴 각 폭의 주련(珠聯)을 걸어 놓았다. 주련의 글자체에는 어떤 것은 미원장(米元章)의 자체를 모방하였고, 어떤 것은 이도보(李道輔)의 자체를 모방하였다. 주련에는 이렇게 쓰여 있다.18)

방안은 '바다– 남쪽 벽– 평상 위– 평상 아래– 사방의 벽'의 순서로 묘사되어 있다. 방 안에 깔린 화문석의 크기는 일곱 자[7尺]라고 하니 꽤 큰 집임을 알 수 있다. 또한, 기생집의 물건들은 대부분 진귀한 것들이다. 화문석 역시 왕골 화문석이며, 그 위에는 몽고산 얇은 담요도 있다고 한다. 산버들로 엮은 가는 살의 평상, 교동산 가는 왕골자리, 사방이 금으로 둘러싸인 요, 죽부인, 탕파(湯婆)[더운 물을 넣어서 몸을 덥히는 데 쓰던 물

---

18) 동고어초 작, 안대회, 이창숙 역, 위의 책, 2011, 62쪽.

통], 상급 가운데서도 상급의 태사전에 쓴 각 폭의 주련 등은 최고급 물건들이다. 이는 19세기 어떤 생활을 했는지를 엿볼 수 있는 중요한 소재가 될 수 있다. 하지만 모든 기생들이 호화롭고 화려한 생활을 한 것은 아니다. 작품에 등장하는 순옥처럼 교방에서 많은 인기 있는 기생들의 집에는 실제 존재했을 가능성이 크다.

> 남쪽 담장 아래에 나무를 죽 이어 심었다. 위성류(渭城柳) 다섯 그루, 수사회(垂絲檜) 네 그루, 벽오동 두 그루, 천지송(千枝松) 한 그루, 금사오죽(金絲烏竹) 쉰 내지 일흔 그루가 보인다. 동쪽 담장 머리에는 서른 평되는 화계(花階)가 있어 안석류(安石榴)와 광남류(廣南榴) 화분 각 두 개, 납설매(臘雪梅) 춘옥매(春玉梅) 화분 각 하나, 월계화 화분 네 개, 종려 화분 하나, 영산홍 화분 두 개, 치자 화분 두 개, 장미 화분 하나, 해당화 화분 하나, 꽃잎이 제각기 다른 국화 화분 다섯, 모란 화분 두 개, 작약 화분 두 개, 파초 화분 두 개를 놓았다. 이 밖에도 옥잠화, 수돈화(繡墩花), 봉선화, 난, 원추리 따위 갖가지 품종이 종류에 따라 향기를 풍기고 있다.
> 북쪽 담장 아래는 땅이 제법 넓어서 새로 들어온 과일나무를 줄지어 심었다. 동천(洞天)의 배치가 그다지 화려하지는 않으나 정돈되고 청초하여 여유가 있다. 방 안에 들어가 집물을 보니 주인의 사람됨을 상상할 만하다. 주인이 대체 누군가? 순옥이 바로 그 사람이다)[19]

집밖 정원을 묘사하고 있다. 남쪽 담장 아래에서부터 북쪽 담장 아래까지를 자세히 그리고 있다. 이는 꽃과 나무들이 즐비해 있는 모습뿐만 아니라 기생의 화려하고 아름다운 모습을 드러낸 것이다. 담장의 모습이 화려하지 않다고 했지만 버드나무, 계회나무, 오동나무, 소나무, 대나무, 과일나무에 이르는 귀한 나무들이 집에 있다는 것만으로도 충분히 화려하다. 그러나 순옥의 집이 열두 기둥의 초가집인 것을 생각해 보면 화려하지 않지만 정돈되고 청초하여 여유 있는 모습인 것이다. 즉, 순옥의 집

---

[19] 동고어초 작, 안대회, 이창숙 역, 위의 책, 2011, 63~64쪽.

은 부유한 양반집에서 볼 수 있는 물건들을 통해서 기생 순옥이 기생으로 는 명성이 대단했음을 짐작할 수 있게 한다.

2. 안빈낙도(安貧樂道) 및 연희(演戲)의 공간 : 낙안당(樂安堂)

'낙안당'은 낙안선생의 집이다. 낙안선생이 어렸을 때부터 살아온 곳으로, 일찍부터 과거 시험도 공부했던 장소이다. '낙안당'에 대한 본문의 내용은 다음과 같다.

> 본관사또: 오늘은 서쪽 마을에 사는 오랜 친구 낙안선생의 환갑날이니 하관이 축하주 한잔 올려야겠소이다. 내가 관장하는 교방에서 악사와 기생을 성대하고 화려하게 치장시켜서 일제히 낙안당 북쪽에 있는 방화수류정에 대기하라 일러두었습니다. (모두 오른다. 많은 악기가 오른다. 피리, 해금, 하적, 호고, 칠현금, 열두 줄 가야금, 노을 빛 치마를 떨치고 복숭아를 바치며 화려한 무리를 이끈다. 농작무와 능파채련곡, 요량영신가를 부르며 하나하나 갖가지 음악을 연주한다. 술잔과 안주접시가 잡다하게 벌여 있다. 본관사또가 오른다.)[20]

이 공간은 '낙안당'이다. 정확히 말하면 '낙안당의 북쪽에 있는 방화수류정'이다. '낙안당'은 낙안선생을 가리키면서도 낙안선생의 집을 나타내기도 한다. 방화수류정은 낙안당의 북쪽에 위치하고 있으며, 가장 경관이 좋은 곳에 풍류와 멋을 느끼기 위해 설치된 건축물이다. 향반의 집에 방화수류정이 있는 것도 놀랍지만, 경치를 보기 위해 마련된 공간이기 때문에 넓은 공간임을 알 수 있다. 낙안당의 규모가 얼마나 큰지 알 수는 없다. 하지만, 본관사또는 그곳에서 교방 악사와 기생들을 데리고 성대한 잔치를 열어주고자 하니 더욱 놀랍기만 하다. 집에 방화수류정을 설치할

---

20) 동고어초 작, 안대회, 이창숙 역, 위의 책, 2011, 31~32쪽.

능력이라면, 과거를 보고 정계로 진출하지 못한 낙안선생이더라도 부유한 향반이었다는 가능성이 매우 크다. 작품에서는 낙안선생의 지위, 관직 등이 자세히 드러나지 않는다. 하지만, 낙안선생의 환갑잔치의 규모로 보아 마을에서 명망 높은 인물이었음을 알 수 있다.

본관사또는 오랜 친구인 낙안선생의 환갑잔치를 축하하고자 낙안당 북쪽에 있는 방화수류정에 술자리를 마련한다. 본관사또는 자신이 관장하는 교방에서 악사와 기생들을 데리고 낙안선생의 생일을 축하한다. 환갑잔치에 사용되는 악기로도 잔치의 규모를 짐작해 볼 수 있다. 더불어 농작무와 능파채련곡, 요량영신가 등 농사와 관련 노래를 불러 풍년을 염원하고 있다.

3. 약속(約束), 해방(解放)의 공간 : 두물고개 주막

순옥은 낙안선생의 마음을 받아들이고, 낙안선생은 순옥의 조건을 받아들여 서로의 마음을 확인한다. 그러던 중, 순옥은 침선비에 뽑혀 서울로 올라가게 되고, 그녀를 지키고자 낙안선생은 자신의 재산으로 그녀를 빼내오려 한다. 그 중간에 낙안선생은 봉래선의 도움을 받아 심부름꾼인 오유와 김약허에게 일을 처리하도록 하고, 그들은 순옥을 침선비에서 빼내는 데 큰 역할을 한다. 다음은 오유와 순옥의 대화로, 두 인물이 계략을 꾸며 해결 과정을 드러내고 있다.

> 오유: 봉래선 아주머니의 말씀이 이러쿵저러쿵 한데 나는 오로지 그 일 때문에 새벽에 출발하여 겨우 도착했지요. 동쪽 집 화장대에 놓아둔 것과 서쪽 집 문갑에서 나온 것을 모아서 삼백 냥을 마련했소. 김약허 형이 뒤따라 가지고 올 텐데 그의 행차를 따져 보면 내일 정오쯤에는 도착할 겝니다. …… 제가 벌써 조처해놨 습니다. 뜻하지 않은 불행한 사태가 벌어질지도 모르니 날이 저물었어도 지금 바로 출발하여 별빛을 등불 삼아 서울로 가겠소. 무슨 길이든지 찾아서 여덟아홉 날 지나면 반드시 결과가 나올

게요. 순옥 아가씨는 절대로 서울로 들어오지 마시오. 서울 가까이도 오지 마시오. 여기서 양근 두물머리는 서울로 올라갈 때 반드시 거쳐야 하는 주막거리입니다. 거기에서 외지고 조용한 인가를 찾아가 은신하고서 날마다 사람을 시켜 길가에 나가 사람이 오는지 기다리시오. 약허 형이 도착하면 곧장 한양성 안으로 들어오지 말고 나를 흥인문 밖 김주부의 마방에서 기다리라고 하시오. 내가 조만간 흥인문을 나가서 만나볼 테니까요. 금석 같은 제 말씀을 허투루 들어서는 절대로 아니 되오. 이 일은 주춤거릴 겨를이 없소. 나는 갑니다.21)

오유는 순옥에게 봉래선의 말을 전하면서 낙안선생의 도움이 있었음을 전한다. 대화에 나타난 동쪽 집은 순옥의 집을, 서쪽 집은 낙안선생의 집을 가리킨다. 낙안선생은 본인의 재산을 쏟아 순옥을 구하고자 한다. 오유는 모든 필요한 대책을 세웠다고 전하는데, 그에 따른 걱정과 염려로 순옥에게 서울에 절대 들어오지 말라고 말한다. 본문에 등장하는 공간인 양근 두물머리는 북한강과 남한강의 두 강물이 만난다고 하여 두물+머리라 하며, 지금의 '양수리'를 가리킨다. 그곳은 서울과 가까이 있고, 서울을 갈 때 반드시 거쳐야 하는 곳이기도 하다. 두물머리가 주막거리이기 때문에 낯선 사람들이 자주 드나들어 매우 위험한 장소가 될 수 있음을 언급한 것이다. 그러므로 오유는 순옥을 조용한 인가를 찾아 들키지 않게 은신하라고 한다. 이에 오유는 사람을 시켜 길가에 사람이 오는지 기다리라고 하며, 김약허가 도착한 후에 첫 번째 지령(指令)이 이루어지는 공간으로 약속이 이행되는 곳이기도 하다. 그러므로 두물머리 주막은 둘의 약속 공간이 되는 것이다.

봉래선: 네가 왔구나. 네가 왔어. 이리 온 걸 보니 일이 잘 풀렸나 보다. 오유와 김약허 두 사람은 왜 같이 오지 않았느냐? 일이

---

21) 동고어초 작, 안대회, 이창숙 역, 위의 책, 2011, 99~100쪽.

아직 남은 게냐? 돈이 모자라는 게냐? 어미는 멍청이가 됐는
지 미치광이가 됐는지 영문을 모르겠구나. 자세히 어미에게
들려다오.
순 옥: 모든 일을 오유 어르신이 해내셨어요. 일도 잘되었고, 돈도 충
분했어요. 그런데 그분과 어저씨는 당신들 볼일 때문에 다른
데로 갔다가 뒤따라 돌아오시기로 했어요. 저도 그분 말씀대
로 애초에 서울로 가지 않고 양근 두물머리에 머물렀어요.[22]

봉래선과 순옥의 대화이다. 봉래선은 순옥을 반가운 기색으로 맞이하고, 그 동안의 정황에 대해 묻는다. 또한, 같이 돌아와야 하는 오유와 김약허가 돌아오지 않음에 그들의 안부를 묻기도 한다. 이에 순옥이 무사히 집에 왔음을 자축하며, 순옥의 탈출이 오유의 공(功)으로 드러낸다. 순옥은 봉래선에게 일이 해결된 후에 먼저 집에 돌아왔다고 전한다. 순옥은 애초에 서울로 가지 않았고, 양근 두물머리에 머물렀기에 결과적으로 침선비에서 풀려날 수 있었음을 강조한다. 이렇듯 양근 두물머리는 약속의 공간인 동시에 순옥에게는 해방의 공간이라는 의미에서 매우 중요한 역할을 했다고 볼 수 있는 것이다.

4. 내기, 놀이의 공간 : 이양진의 여관

이양진의 여관은 외로움의 공간이다. 귀양을 왔으니 홀로 시간을 보내야 하는 인고와 고통의 공간이다. 그러나 외로움을 달래기 위해 이양진은 봉래선과는 골패놀이를, 낙안선생과는 바둑을 둔다. 이양진은 유배온 인물이다. 유배라는 특수한 상황임에도 불구하고 "여관은 썰렁하고 나그네 심사가 스산하다"고 하여 외로움을 드러내고 있다. 또한, 이양진은 "낙안선생과 때때로 상종할 뿐 무릎을 맞대고 앉아 소견할 이 하나 없다"며 외롭고 괴로운 마음을 드러낸다.

---

22) 동고어초 작, 안대회, 이창숙 역, 위의 책, 2011, 115쪽.

제 6 장 『북상기(北廂記)』에 드러난 인물형상과 공간인식

돌 이: 소인 갑니다요. (가서 부른다) 봉래선 아주머니, 남쪽 마을 김수문장 집에 묵는 장단부사 나으리께서 저더러 아주머니를 불러오라 하십니다. 저와 함께 가십시다.

순 옥: 어머니, 무슨 일인지 따지지 마셔요. 그런 분의 부름을 받고 누가 가지 않는다 하겠어요. 한번 가보셔요. 다만 높으신 나으리께 부름을 받았으니 촌스럽게 뵐 수는 없어요. 어머니, 얼굴과 차림새를 조금 꾸미셔요.

봉래선: 네 말이 맞다. (눈썹과 볼을 엷게 바른다. 치마끈을 약간 고쳐 맨다. 오른다) 돌이야! 나으리 처소가 어디냐?

돌 이: 이 옆길 동쪽 송국헌(松菊軒)입니다요.

　여관집 주인은 이양진에게 봉래선을 소개하고, 이양진은 돌이를 시켜 봉래선을 데려오라 한다. 이에 부름을 받은 봉래선은 그 이유를 궁금해 하지만, 순옥의 말대로 치장하고 이양진을 만나러 간다. 이양진의 집은 남쪽 마을 김수문장 집이다. 그 집의 이름은 송국헌(松菊軒)이다. 송국헌 이라는 이름은 절개와 지조를 대표하는 소나무와 국화를 의미한다. 따라서 본인 역시 절개와 지조를 지키는 선비로서의 면모를 드러내고자 한 것으로 볼 수 있다. 절개와 지조를 의미하는 송국헌에 기생 봉래선을 불러 놓고는 본인의 외롭고 쓸쓸함을 달래고자 한다.

이양진: 쓸쓸한 객관에서 향기로운 자태를 접하니 정말 위로가 되는구나. 위로가. 꽃이 석 달 붉다 하나 시든 꽃잎도 사랑스럽고, 달은 보름을 지나도 남은 광휘가 다정스럽다지. 봉래선! 내가 작년 서울을 떠나 이곳 귀양지에 병들어 누웠지. 객지라 아는 이도 거의 없고, 얼굴 펴고 대할 사람이 없었네. 이제 봉래선을 만나 반나절 시름을 녹이게 됐네. 바라건대 향기로운 말재간을 아끼지 말고 우아한 곡조로 맑은 담소로 나그네의 시름 어린 속을 풀어주구려.[23]

---

23) 동고어초 작, 안대회, 이창숙 역, 위의 책, 2011, 156~159쪽.

쓸쓸한 객관은 귀양지를 의미한다. 자세히 말하면, 이양진의 여관이 된다. 그 공간에 향기로운 자태를 가진 봉래선이 방문한다. 이양진은 여관주인이 소개한 봉래선을 "하나의 시든 꽃잎", "남은 광휘"라 비유하여 본인을 찾아와준 것에 대해 고마워한다. 그리고 이양진은 자신의 처지에 대해 상세하게 언급한다. 이양진은 작년에 서울을 떠나 병든 몸으로 귀양지에 왔고, 그로부터 지금까지 혼자 쭉 지내다가 봉래선을 만났다는 것이다. 그러니 너무도 반가움에 자신의 시름을 풀어달라고 부탁한다.

> 이양진: 어제 낙안 형님과 내기 바둑을 두어 아이가 이겼고, 오늘 복수전에는 아우가 졌습니다. 그래서 술상을 한자리 차려 감히 형님을 오시게 하였습니다.
> 본관사또: 내기에 무엇을 걸었소?
> 이양진: 이것이 문권이니 한번 보시면 아실 거외다.
> 본관사또: (문권을 본다) 아! 요즘 남초 오백 근은 작지 않소이다. 작지 않아. 내기는 이미 약속하였고, 문권이 또 증명하니 관가에 소송할 것까지야 있겠소? 노형의 오늘 이 자리는 성대한 모임이라 하겠군요. 자리에 없어선 안 될 것이 풍악이지요. 교방에 분부하여 기녀와 악공들이 삼현을 완전히 갖추어 송국헌 동쪽 범파정에 대령케 하라.
> 낙안선생: 그러면 정말 금상첨화요.24)

내기바둑을 한 다음 날, 이양진과 낙안선생은 내기바둑 복수전을 펼치지만, 이양진은 낙안선생에게 패하고, 미리 언급했던 일을 계획한다. 이양진은 본관사또를 모시고, 잔치를 열어 본관사또에게 전날 있었던 일을 제시한다. 이는 이양진의 또 다른 계략이다. 무엇보다 이양진은 문권으로 남긴 내기바둑의 결과를 본관사또에게 보여주고 있다. 본관사또의 말인즉, 내기는 이미 약속한 것으로 문권이 증명하고 있는 것이기 때문에 관

---

24) 동고어초 작, 안대회, 이창숙 역, 위의 책, 2011, 171쪽.

가에 소송할 것이 없다는 것이다. 이 내기는 이양진의 승리임을 말해주고 있다. 그러나 문제가 되는 것은 큰 내기 물건이 걸려있는데도 불구하고 본관사또는 내기에 대한 처벌을 주지 않는다는 것이다. 본관사또는 직접 작지 않다고 언급하면서도 귀양온 이양진의 내기에 동조한다. 심지어는 이양진이 있는 송국헌 동쪽 범파정에서 기녀와 악공을 불러 잔치까지 베풀어도 아랑곳하지 않고 지켜만 보고 있다.

이양진의 집은 내기 공간에서는 부패와 비리가 있는 공간으로 전락되지만, 다시 잔치가 열리는 공간으로 전환된다. 이 공간은 부패와 비리가 있는 공간으로 제시되면서 죄에 대한 처벌을 언급함이 마땅하다. 그리고 그 벌로 죄인의 신분에 맞게 책임을 다해야 한다는 논리이다. 하지만, 이양진과 낙안선생은 내기 바둑을 두었고, 잔치까지 열었으니 외로움에 제약된 공간에서 내기, 놀이의 공간으로 전환되었음을 알 수 있다.

5. 통합(統合), 치유(治癒)의 공간 : 순옥의 집[북상(北廂)]

이야기의 마지막 공간은 처음 공간인 순옥의 집으로 다시 돌아간다. 이는 모든 사건을 마무리하는 곳으로 순옥의 집[북상(北廂)]을 소개한다.

> 순옥: 어머니! '현재의 사랑 믿고서 옛 은혜를 잊어서야 되나요.' 제가 비록 집에 없으나 선생님을 붙잡아 제 방을 깨끗이 치워 오늘밤을 보내게 하셔요. 만사 서풍에 날려 보내고 한잔 술로 전송합니다. 선생님! '그대 분수가에 가시거든, 흰구름이 그 시절과 같은지 보소서.' 북상의 작은 방에 정든 주인이 없더라도 그곳은 지난 날 함께 놀던 옛 장소이니 하룻밤 묵고 가셔요. 어머니와 술단지를 열어 해장하시고요. 저는 이미 주인이 있으니 제 맘대로 모시고 가지 못합니다. 이제부터 삼성과 상성 되어 동서로 헤어지니 영원토록 한을 머금을 것입니다. (낯을 가리고 눈물을 훔친다. 마당으로 내려서서 고별한다)
> (봉래선은 선생을 데리고 북상으로 간다. 정원과 마루에 놓인

물건이며, 동천의 깔끔함은 완연히 예전과 똑같다. 하늘에 해는 기우는데 채색 구름은 어디로 가는가. 빈 이부자리에 홀로 앉아 혀만 쯧쯧 찬다. 문득 그림 병풍을 보니 활짝 핀 복사꽃이 마치 그 사람처럼 아리땁다. 술기운이 도도하여 필가에서 붓을 잡아 먹을 듬뿍 묻혀 분벽에다가 최호의 시를 쓴다)

북상은 순옥의 집이다. 순옥 역시 봉래선의 계략임을 모르고, 봉래선에게 자신의 심정을 고백한다. 순옥은 자나깨나 낙안선생 걱정 뿐이다. 순옥은 상심하고 있을 낙안선생을 염려하며 봉래선에게 낙안선생을 부탁하고, 이양진의 노비로 갈 준비를 한다. 그러면서 북상 주인인 순옥은 봉래선에게 낙안선생을 위로해 달라고 당부한다. 순옥은 스스로 낙안선생을 위로하고자 하지만, 이양진의 노비가 되어야 하는 상황에 대해 안타까워한다. 그러면서 순옥은 영원히 한(恨)으로 남을 것이라며 이별의 아쉬움과 원망스러움을 드러낸다. 술에 취한 낙안선생은 봉래선에 이끌려 북상으로 가고, 이별의 아픔으로 봉래선과 술만 마신다. 술이 취한 낙안선생은 북상에서 다시 순옥을 맞이한다는 결론으로 이야기는 마무리된다.

북상은 순옥과 낙안선생에게는 의미 있는 공간이다. 처음 순옥을 만나는 자리는 낙안선생의 환갑잔치였다. 하지만, 이야기가 진행되는 과정에서 순옥과 낙안선생이 서로 마음을 확인하는 곳이 북상이고, 결국 이야기의 마지막 역시 순옥의 집인 북상이 된다. 북상은 낙안선생과 순옥을 하나로 이어주는 연결의 공간이자 화해의 공간이다. 또한, 북상은 순옥에게는 낙안선생의 사랑을 확인하게 되는 공간이고, 낙안선생에게는 순옥과의 이별의 아픔을 치유하는 공간이다. 따라서 북상은 이 모든 것을 통합하는 공간이며, 인간의 인생사를 그려낸 하나의 공간으로 작용한다는 것을 알 수 있다.

맺음말

본고에서는 19세기 한문희곡인 『북상기』에 드러난 인물형상과 공간인식을 논하였다. 『북상기』에 나타난 두 사건은 순옥과 낙안의 사랑 이야기와 봉래선과 이양진의 음모로 골탕 먹는 낙안선생의 이야기다. 첫 번째 사건의 인물형상은 순옥과 낙안의 모순관계를 드러냈고, 두 번째 사건의 인물형상은 봉래선과 이양진의 일치관계를 드러냈다. 『북상기』의 공간은 순옥의 집, 낙안당, 두물머리 주막, 이양진의 여관, 순옥의 집[북상(北廂)]으로 나누어진다. 이 공간들은 ① 유흥·사치의 공간, ② 안빈낙도·연희의 공간, ③ 약속·해방의 공간, ④ 내기·놀이의 공간, ⑤ 통합·치유의 공간으로 나타나며, 순옥의 집[북상]은 모든 공간을 통합하는 공간으로 작품에서 중요한 의미를 갖는다.

순옥의 집[북상]은 즐비해 있는 물품들을 통해 19세기의 기생들의 생활공간을 엿볼 수 있다. 그 당시 어떤 물품들이 무역을 통해 조선으로 들어왔는지 알 수 있을 뿐만 아니라 취미, 애호품 등으로 시대상을 반영하고 있음을 말해준다.

낙안선생의 끊임없는 구애는 순옥이 낙안선생을 집[북상]에 초대하게 되고, 그 초대로 인해 북상은 성욕을 추구하는 공간으로 발전하게 된다. 그러므로 순옥의 집은 사랑을 완성하는 공간이 되는 것이다. 주막은 특성상 여러 낯선 사람들이 오가는 곳이지만, 부정과 비리의 공간이 되기도 하고, 약속과 해방의 공간이 되기도 한다. 그러나 『북상기』에는 '두물머리[지금의 양평군 양수리]'라는 곳이 등장한다. 서울과 근접해 있으면서 서울이 아니지만, 서울과 가깝고 서울에 갈 때 반드시 거쳐야 하는 곳으로 그려진다. 그러므로 인접성이 가깝고, 설명하기 쉬운 공간이어야 한다. 이 공간은 순옥에게 자유를 느낄 수 있는 공간이기도 하며, 자신을 구하러 오겠다는 낙안선생의 약속의 공간이기도 하다. 이양진의 여관은 사건의 발단이 되는 내기, 놀이의 공간이다. 이는 19세기의 놀이문화를 발견할 수 있는 공간이기도 하다. 따라서 『북상기』에 등장하는 네 공간은 각

인물들의 다양한 관계로 사건의 양상을 살펴볼 수 있는 자료가 될 수 있다. 따라서『북상기』는 19세기의 기방문화(妓房文化)를 살필 수 있는 중요한 자료로 활용할 수 있을 듯하다.

보 론
〈츈 희영 명긔 명션이라〉의 욕망 구조 고찰

문제제기

    본고는 19세기 기생들의 창작집인 『소수록』의 작품 가운데서 〈츈 희영 명긔 명션이라〉를 중심으로 작품 구조를 분석하고, 인물들의 특징을 살펴 그레마스의 행위 모형소로 욕망 구조를 고찰해보고자 한다. 〈츈 희영 명긔 명션이라〉는 『소수록』에서 가장 긴 작품이다. 기생 명선의 일대기를 서사 방식으로 그려낸 것으로 기생의 욕망을 가장 잘 표현한 작품이라고 볼 수 있다.
    〈츈 희영 명긔 명션이라〉는 1845~7년 사이에 창작되어 『소수록』[1]의 첫 부분에 수록되어 있는 작품이다. 정병설[2]은 원문 및 다른 기생 관련 작품들을 소개하며, 기생 관련 내용들을 분류하고 특징들을 논하였다. 또한, 박애경[3], 박혜숙[4], 이화형[5], 김혜영[6]에 의해 그간의 연구들이 이루

---

[1] 『소수록』은 현재 국립중앙도서관 고서실에 소장된 한글필사본으로, 총 125면의 한 권 짜리 한글필사본으로 표제는 "소수록단"으로, 내제는 "소수록"으로 되어 있으며, 총 14편의 글이 들어 있다. 이들 14편의 작품은 〈기녀자술가〉, 〈기녀자탄가〉 등 대체로 가사가 주가 되며, 상사시조가 7수, 6수, 3수가 있다. 또한, 편지글 및 해주 감영 기생의 점고 호명기도 함께 있다. 그 가운데 첫 번째 작품이 〈츈 희영 명긔 명션이라〉이다. 이 작품은 황해도 해주 감영의 명기 명선이 자신의 삶과 사랑을 돌아보는 가사로, 박동 사또의 막내 김진사와의 사랑, 이별, 재회가 내용의 주를 이룬다. 이 작품은 〈소수록〉에서 분량이 가장 길 뿐만 아니라, 작가가 구체적으로 밝혀져 있고, 또한 작품 수준도 상당한 편이다. 다시 말해, 이 작품은 기녀의 생생한 육성을 통해, 그들의 삶, 자의식, 소망 등을 세세히 들을 수 있는 기녀 시가의 가작으로 뒤에 시린 작품들의 모범이 된다. 정병설, 「해주기생 명선의 인생독백」, 『문헌과 해석』 15호, 2001, 151쪽.
[2] 정병설, 『나는 기생이다— 소수록 읽기』, 문학동네, 2007.
[3] 박애경, 「조선후기 장편가사의 생애담적 기능에 대하여: 〈이정양가록〉과 〈소수록〉을 중심으로」, 『열상고전연구』 18집, 열상고전연구회, 2003.
    ____, 「소수자 문학으로서의 기녀문학」, 『고전문학연구』 29, 한국고전문학회, 2006.

어졌다. 박애경은 〈츈 히영 명긔 명션이라〉를 〈이정양가록〉과 비교하여 작품의 특징을 설명하였다. 또한, 소수자의 문학으로서 〈츈 히영 명긔 명션이라〉는 삶을 회고하고 성찰함에 자신의 생에 대한 자부심과 성취감을 드러낸 작품으로 기녀가사(妓女歌辭)가 갖는 의미를 조선 전, 중기와 후기로 나누어 위상을 살펴보았다. 이화형은 기생들의 호명(呼名)을 연구함에 〈츈 히영 명긔 명션이라〉의 '명션'의 호명을 제시하여 기생의 독창성과 정체성을 드러내고자 했다. 김혜영은 『소수록』의 성격과 작가의 문제를 논하면서 『소수록』은 한 작가의 창작 작품집이 아니라는 것과 소설을 수용하였음을 밝혔고, 『소수록』과 다른 작품들과의 연관성을 드러냈다. 이렇게 그간의 〈츈 히영 명긔 명션이라〉의 연구들은 다양한 방법으로 진행되었다.

그간의 선행 연구들을 바탕으로 하여, 본고에서는 작품의 구조를 파악하고, 그레마스의 행위소 모형을 통해 주체와 대상의 욕망 구조로 분석할 것이다. 『소수록』의 많은 작품들 중에서도 〈츈 히명 명긔 명션이라〉는 기생 명션의 일대기를 그린 작품이다. 이 작품은 명션이 기생으로서 추구하고자 하는 욕망을 잘 드러냈다고 볼 수 있다. 이 작품 하나로 19세기 기생들의 욕망 구조를 단일화시킬 수는 없지만, 기생들에 의해 창작된 작품의 수가 많지 않기 때문에, 대략적으로 엿볼 수 있는 기생들이 욕망 구조라는 점을 감안한다면 19세기 기생들의 욕망구조가 사회문화적 현상으로 어떤 의미가 있는지도 파악할 수 있을 것이다.

〈츈 히영 명긔 명션이라〉의 작품 구조

『소수록』은 14편으로 된 작품집이다. 그 첫 부분에는 〈츈 히영 명긔 명션이라〉는 작품이 실려 있다. 『소수록』 1편은 14편의 작품 가운데 가장

---

4) 박혜숙, 「여성 자기서사체의 인식」, 『여성문학연구』 8호, 한국여성문학학회, 2002.
5) 이화형, 「기생시가에 나타난 자의식 양상 고찰」, 『우리문학연구』 34, 우리문학회, 2011.
6) 김혜영, 「소수록의 성격과 작자 문제」, 『어문론총』 61호, 한국문학언어학회, 2014.
   _____, 「소수록의 소설 수용과 그 의미-〈논창가지미〉를 중심으로-」, 『한민족문화연구』 48권, 한민족문화학회, 2015.

많은 분량을 차지하고 있다. 이 작품은 〈츈 희영 명긔 명션이라〉는 제목으로 해주의 명기인 명선의 일대기를 담고 있다.

〈츈 희영 명긔 명션이라〉은 20개의 단락으로 '기- 승- 전- 결'의 4단 구조로 나누어 특징을 살펴볼 수 있을 것이다.

1단락	명선의 출생	여자로 태어난 恨	기
2단락	기생이 된 이유와 기생의 일	기생이 되어야 했던 본인의 원망과 일직 기적에 들어 12세에 성인이 됨	
3단락	기생 놀음(기생의 형상화)		
4단락	기생으로 이름을 알림	15세 인기 있는 기녀로 명성을 떨치다가 김진사를 만나 사랑하게 됨	승
5단락	님을 만나 첫눈에 반함		
6단락	님의 이별 소식	김진사는 기생 명선에게 이별을 알리고, 명선은 모두 거짓말이라고 사실을 부정함. 하지만, 김진사는 명선을 데리러 오겠다 약속함/ 님과의 이별 후 님을 그리워 함	
7단락	이별할 때가 옴		
8단락	계절마다 님을 그리워 함		
9단락	열두 달 동안 님을 그리워 함		
10단락	님에게 해주지 못한 것들을 원망하며 님을 그리워 함		
11단락	하루종일 님을 그리워 함		
12단락	불효한 딸을 어머니가 걱정함		
13단락	님께 나의 절개를 보임	스스로 절개를 다짐하며 신관 사또의 수청 요구에 불응함	
14단락	다시 어머니를 걱정함		
15단락	사내 아이의 출생	김진사의 아이를 출산하고 서울로 오라는 기별을 들음	전
16단락	님께서 서울로 오라 기별함		
17단락	홀로 남는 어머니에게 하는 말		
18단락	서울로 가는 노정을 서술	서울로 올라와 드디어 님과 다	

19단락	님과의 재회	시 만남	
20단락	벗에게 남기는 말	기생의 모습, 절개와 기생으로서의 쓸쓸한 현실 및 글 쓴 동기를 제시함	결

　이 작품은 크게 4단계로 나누어 살펴볼 수 있다. '명선이 기생이 된 동기(起)- 기생이 된 이후 김진사를 만나 사랑하고 이별하는 부분(承)- 님의 기별을 듣고 서울로 올라가는 부분(轉)- 벗에게 남기는 당부의 말(結)'의 구조로 나눌 수 있다.

　첫 번째는 기(起)에 해당되는 부분으로, 1~3단락까지 기생으로 태어난 한(恨)을 제시한 부분이다. 명선이 기생이 된 이유와 더불어 큰 상처를 받고 기생으로 사는 모습을 제시하고 있다. 명선은 어릴 적부터 춤과 음악, 문장 등을 배워 기생이 되기 위해 준비한다. 명선은 남들보다 이른 7~8세의 나이로 기적(妓籍)에 이름을 올리게 되고, 12세에는 성인(成人)이 되어 자신의 처지와 신분을 한탄한다. 어린 명선에게 큰 상처는 믿었던 순사또마저 서울로 돌아가 버린 것이다. 이에 명선은 기생이 된 자신을 자책하고 스스로 원망한다. 그러면서 모든 것을 체념하고 기생으로 할 수 있는 춤, 노래 등을 즐기고, 남자를 사귀기에 이른다. 그러나 결국 잠자리만 원하는 남성들에게 환멸을 느끼고, 짐승과 별반 차이 없게 느낀 자신의 신세를 한탄하기에 이른다.

　두 번째는 승(承)에 해당되는 부분으로, 4~14단락까지 명선이 기생의 직분으로 김진사를 만나 서로 사랑하고 이별하는 부분이다. 명선은 이름난 기생이 되었고, 그러다 보니 김진사를 만나는 것은 쉬웠을 지도 모른다. 그렇지만, 명선은 김진사를 만나 첫눈에 반하고, 김진사 역시 그녀에게 기생이 아닌 한 여인의 면모를 보여준다. 그러나 기쁨도 잠시뿐이다. 김진사는 명선에게 이별을 말하며, 이별 후 다시 만날 것을 약속한다. 님을 잊지 못하는 명선은 밤낮없이, 사계절 내내, 일 년 열두 달을 그리움으로 보낸다.

세 번째는 전(轉)에 해당되는 부분으로, 15~19단락이 여기에 속한다. 명선이 님에게 온 기별을 듣고 서울로 올라가는 부분이다. 명선이 서울로 올라갈 수 있었던 큰 이유는 사내아이를 출산하였기 때문이다. 김진사를 닮은 사내아이를 낳았고, 이 소식에 김진사는 명선을 서울로 부른다. 그러나 명선이 사내아이를 낳지 못했다면 김진사는 그 약속을 지켰는지 알 수 없다. 이유야 어쨌든 작품에서 김진사는 약속을 잊지 않고, 가마를 보내 명선을 데려가고 있다. 서울로 가게 된 명선은 기뻐 어쩔 줄을 모른다. 그러나 홀로 둔 어머니 때문에 마음이 무거울 뿐이다. 명선은 홀로 남겨둔 어머니를 걱정하며 당부의 말을 남기지만, 어머니의 걱정은 멀리 가는 딸을 자주 보지 못함이 아니라 양반집 첩이 된 딸이 멸시당하는 일이다. 그런 명선은 어머니를 안심시키고, 다시 고향인 해주로 김진사와 함께 돌아올 것을 꿈꾼다. 이 부분은 명선의 원망이 잘 드러난 부분이면서도 명선의 욕망을 노골적으로 드러낸 부분이기도 하다.

네 번째는 결(結)에 해당되는 부분이다. 20단락으로 명선이 벗들에게 당부하는 말이다. 사실 이 부분이 없어도 이야기 전개에는 아무 상관이 없다. 그럼에도 불구하고 이 단락이 작품 뒤에 제시되어 있는 것은 편집상의 잘못일 수도 있겠거니와 혹은 신분 상승만을 목적으로 하는 여러 기생들에게 명선이 당부코자 하는 말일 가능성이 크다. 이 부분에서는 앞의 내용과 다른 명선의 태도를 엿볼 수 있다. 다른 동료 기생들에게 보내는 당부 혹은 충고이기 때문이다. 기생들의 아름다운 모습과 기생들의 절개를 언급함과 동시에 기생들이 추구하고자 하는 욕망이 현실적으로 어렵다는 것을 제시한다. 그러면서 음부(淫婦)와 나찰녀(羅刹女) 같은 기생들을 경계하기 위해서라고 글을 쓴 동기를 밝혀놓고 있다.

이 작품은 '명선과 김진사의 이별하고 그리워하는 부분'이 가장 많은 비중을 차지한다. 명선은 하늘에 지극한 정성으로 기도하여 김진사를 만나고, 그 만남이 비록 짧았다 할지라도 서로 사랑하며 기쁜 시간을 맞이한다. 그러나 김진사와 명선은 이별해야만 한다. 서로 헤어지기 싫은 상황이라 할지라도 어쩔 수 없는 현실로 이별하게 된다. 그러나 명선은 사랑하는 마음을 감당할 수 없음에 자나 깨나 김진사 생각만 하며, 님에 대한 마음을 나타내고자 한다. 그러나 뜻밖의 반전이 발생한다. 김진사와 명선 사이에 아이가 생겼고, 그 아이가 연결 고리가 되어 다시 님과 만나게 되는 상황이 제시된다.

어린 나이에 기생이 된 사연과 더불어 한 남자를 만나 사랑하여 아들을 낳고, 그 남자를 따라 서울로 올라가는 과정을 서술하고 있다. 작품의 말미에서 기생 명선은 스스로 정인(情人)을 만나 잘 풀린 경우라고 소개하고 있다. 그러나 모든 기생이 명선과 마찬가지로 정인을 만나는 것이 아닐 뿐더러 정인을 만난다고 해도 첩이 되지 못하는 경우도 허다하다. 그러나 이 작품은 기생의 소망을 잘 드러낸 경우로, 기생으로 최고의 욕망을 얻게 된 신분 상승뿐만 아니라 기생의 신분으로 누릴 수 있는 최고의 것을 누리게 되는 가장 이상적이고도 훌륭한 모습을 보여주는 경우라고 할 수 있다.

작품에 드러난 인물들의 특징

〈춘 희영 명기 명선이라〉는 기생 명선의 일대기를 다룬 작품이며, 주된 등장인물은 '명선'과 '김진사'이다. 작품 속의 인물은 이야기의 구조 안에서 의미를 끌어내는 중요한 역할을 담당한다. 즉, 등장인물은 작품과 독자를 연결시켜주는 매개적 역할을 한다고 볼 수 있다. 그러므로 작품 속의 인물인 '명선'과 '김진사'의 성격을 드러내는 내용을 구체적으로 살펴야 작품의 의미를 제대로 파악할 수 있을 것이다.

1. 기생 명선

명선은 황해도 해주 기생이다. 작품의 첫 부분에서는 여자로 태어난 자신의 성장 배경 및 상황 등을 언급하며 스스로를 원망한다. 그러나 이 부분을 통해, 명선은 남녀 구분에 대한 뚜렷한 자신의 생각을 드러내는 당당한 모습을 엿볼 수 있다. 작품의 시적 화자는 '명선'이다. 작품의 전체적인 내용은 명선이 스스로 살아온 삶에 대한 후회를 토로하면서도, 후배들에게 자신의 태도를 본받으라는 것이다.

> 쳔지지벽ᄒ여 만물이 시싱ᄒ고 인싱이/ ᄉ람난 후 고금 영웅을 역역희 혜여보니/ 한둘이 안이여든 이ᄂᆡ 몸 어이ᄒ여/ 남ᄌᆞ는 마다ᄒ고 일기 여ᄌᆞ 되어 나며/ 공명현달과 회졔충신은 남ᄌᆞ에 ᄉ업이나/ 거안졔미ᄒ여 죵일이죵은 여ᄌᆞ에 ᄒᆞᆼᄉ여날

시적 화자는 독자들의 시선을 끌기 위해 '천지개벽(天地開闢)', '만물소생(萬物甦生)' 등으로 우주 만물의 이치와 인간이 만들어낸 유구한 역사를 작품의 첫 머리에서 언급하고 있다. 이는 스스로를 우주적 질서와 유구한 역사 속에서 위치짓고자 하는 심리[7]라고 말한다. 그러나 이런 의미뿐만 아니라 다른 의미로는 곧 영웅들의 대부분이 남자임을 나타내고 있다. 이런 까닭에 시적 화자는 남자로 태어나지 못하고, 여자로 태어났음을 억울하게 생각한다. 그럼에도 불구하고 현실에 순응하는 모습이 잘 드러나 있다. '공명현달(功名顯達)', '효제충신(孝悌忠信)'의 유교적 이념을 내세우면서 남자가 이루어야 할 덕목에 대해 논하고, 여자가 되어서는 남편을 위해 거안제미(擧案齊眉)하여 남편을 섬겨야 함을 강조한다. '거안제미'는 남존여비사상(男尊女卑思想)을 드러내는 구문일 뿐만 아니라 넓은 의미로는 조선시대의 신분 제도 및 유교적 사회상을 반영하고 있다고 볼 수 있다. 즉, 이는 남성의 우월성을 드러냄과 동시에 여성인 기생의 몸으로 남녀차별사상(男女差別思想)이 존재하는 조선시대의 삶을 살아가야 하는 안타까움을 드러낸 것이다.

---

[7] 이러한 심리는 우주와 인류 역사 전체에서 볼 때 한갓 미물에 불과한 인간이, 그것도 인간사회에서도 멸시받는 기생이, 스스로를 그 질서 속에 당당히 위치짓고자 하는 데서 명선의 인간적 각성을 엿볼 수 있다고 하였다. 정병설, 앞의 책, 문학동네, 2007, 21쪽.

이닉 힝사 싱각ᄒ니 호부호모 게우 ᄒ니/ 황ᄒ원손 가ᄅ치고 져적져적 거름ᄒ니/ 초무 검무 고이ᄒ다 명션으로 이름ᄒ여/ 칠팔 셰에 시ᄉᄒ니 죠달도 죠달할ᄉ/ 명월 갓튼 이닉 얼골 션연ᄒ여 명션인가/ 명만쳔ᄒ 큰 이름이 션종신할 명션인가

명선은 자신의 생애를 서술하며, 기생이 될 수밖에 없었던 자신의 처지를 설명한다. 아버지와 어머니를 겨우 부르고, 산과 물을 겨우 구분하여 저적저적 걸음을 걸을 때 즉, 너무도 어렸을 때부터 기생이 되기 위해 기생 수업을 받는다. 명선이라는 기생 호명을 받게 된 것은 7~8세에 이른다. 명선은 너무 어릴 때 기생이 되었고, 기생이 될 수밖에 없는 상황이기에 스스로 매우 이른 시기였다고 서술한 것이다. 명선이라는 호명은 두 가지 의미를 갖는다. 하나는 명월 같은 얼굴이 선연하였기 때문이고, 다른 하나는 명만천하(名滿天下)의 큰 이름이 선종할 뜻이었기 때문이다. 어떤 경우를 우선순위에 두었는지는 글을 통해서는 알 수 없다. 하지만, 명선의 이름이 내외적으로 큰 의미가 있음을 밝히고 있다. 그러나 이 이름과는 별개로 명선은 기생이 된 자신을 원망한다. 이 부분은 어린 나이에 기생이 될 수밖에 없었던 이유와 기명(妓名)을 갖게 된 동기를 서술한 것이다.

명선은 자신의 어린 시절을 회상하며, 남성으로 태어나지 못한 인생을 원망한다. 그러나 그보다는 일반 여성처럼 살고 싶은 간절한 마음을 드러낸다. 걸음을 걷기 시작할 때부터 기생이 될 수밖에 없었던 상황을 제시하며, 어린 시절 춤을 배웠던 자신의 모습을 회상한다. 그리고 어쩔 수 없이 기생이 되어야만 했던 상황에 안타까워한다.

도임 쵸에 슈쳥ᄒ라 닉힝ᄎ예 젼빅ᄒ라/ 이십이 늣즌커든 십이 셰에 셩인ᄒ니/ 어딕 당한 예졀인지 금슈와 일반이라/ 문호승젹은 완한이 각 다

른딕/ 슌ᄉᆞ쏘 거식ᄒᆞ여 경ᄉᆞ부게 도라가니/ 복길셩이 ᄂᆡ림ᄒᆞ고 월ᄒᆞ노인 지시런가/ 죨부귀불ᄉᆞᆼ이라 무슴 복이 이러ᄒᆞ리/ 즁낭부니랑쳐로 ᄂᆡ 몸 맛난 긔틀이라

명선이 기생이 되어서 하는 일을 언급한 것이다. 명선은 기생으로서 고단한 삶을 살고 있다. 기생은 사또의 수청뿐만 아니라 사또 부인의 시종 역시 기생의 일이라고 한다. 하지만 명선에게는 무엇보다도 잠자리를 가져야 하는 상황이 너무 처량하다. 20세도 늦은 나이는 아니지만, 명선은 7~8세에 기생이 되었고, 12세에 잠자리를 가져 성인 의식을 치러야 함에 짐승 같다며 기생으로서의 신분과 처지를 원망한다. 그럼에도 명선은 운명에 순응하며 자신의 삶을 살아간다. 무엇보다도 자신을 사랑해주던 순사또가 서울로 돌아감에 다시 평범한 기생으로 살아야 하는 운명과 처지에 한탄한 것이다.

옥노화간 웃지마소 눈 쇽의 숑빅일세/ 풍치 문즁 ᄌᆞ랑마소 양주의 더진 귤이/ 그ᄃᆡ 술에 밋칠숀가 두심낭의 투강ᄉᆞ도/ ᄉᆞ람 모른 허물이라 홍불긔의 남복도주/ 그 누구을 위탄 말가 ᄒᆡ위일벽 죱은 ᄶᆡ의/ ᄉᆞ람 업난 타시로다 홀너가난 빅구광음/ 어ᄂᆡ덧 ᄂᆡ팔이라 아립다온 이ᄂᆡ 태도/ 고일님 바이 업셔 일부함원 오월비상/ 동ᄒᆡ효부 원이러니 지셩쇼도에 쳔필응은/ ᄂᆡ 졍셩의 감동난 듯

명선은 15세에 기생으로 명성을 날리게 되자, 남자들은 명선과 함께 시간을 보내고자 한다. 그러나 남자들이 명선에게 바라는 것은 잠자리뿐이다. 이에 명선은 몸만 바라는 남자들의 속물적인 모습에 실망하며 땅이 좁아 인물이 없음을 한탄한다. 즉, 명선은 기생이지만, 자신의 몸을 탐하는 것보다는 진정한 사랑을 해주는 한 남자가 필요했던 것이다. 그러면서 명선은 기생이라 비웃지 말라며 스스로를 눈 속의 소나무와 잣나무처럼

지조와 절개를 지닌 인물임을 강조하고 있다. 두목지(杜牧之)는 풍채와 문장이 뛰어난 인물로 기생들 사이에 이름이 높았다. 그러므로 명선은 남성들에게 그와 비교할 바가 되지 못하니 자랑하지 말라고 당부한다. 명선은 풍채와 문장, 인물이 뛰어난 두목지 같은 사람을 원하지만, 해주 땅에서는 그녀를 만족시킬 수 있는 사람은 아무도 없다고 토로한다. 또한, 두십랑과 홍불기처럼 목숨을 바쳐 사랑을 위해 자신의 목숨까지 바칠 수 있는 그런 사람을 원한다. 이는 곧 기생 명선의 욕망을 드러낸 부분이라 할 수 있다. 즉, 명선은 성적 만족을 최고라 생각하는 일반 남성들과는 달리 목숨을 바쳐서라도 사랑을 지켜주는 그런 이상적인 남성을 만나고 싶은 염원을 담고 있는 것이다.

이런 까닭에 기생 명선은 정성을 다해 좋은 님을 만나게 해달라고 하늘에 기도한다. 16세에 이르는 날, 드디어 명선은 김진사를 만나고, 김진사를 보고 첫눈에 반한다. 명선은 김진사의 풍채, 문장 등을 드러내 김진사가 명선의 이상형과 일치하는 사람임을 강조한다.

> 구관 안젼 올나가고 신 ᄉ도 도영ᄒ니/ 부로난이 명본쥬요 죠르난 곳 허다토다/ 달연한 누른 금이 집불을 두려ᄒ며/ 임 향한 일편단심 빅인 ᄒ의 굴할손가/ 화방금누 뜻 업스니 옥식나의 싱각할가/ 뇌성 위염 발치마오 ᄉ싱을 두리잔쇼/ 이리져리 방ᄎᄒ니 일신 난감 괴롭도다

명선과 김진사가 헤어지고 난 후, 김진사를 그리워하는 명선에게 닥친 가장 큰 위기를 서술하고 있다. 옛 사또가 올라가고 새로운 사또가 부임하게 됨에 따라 사또는 명선에게 명령으로 수청을 강요한다. 명선은 님과 헤어지고 오랫동안 님을 그리워하지만, 새로 부임한 사또는 기생의 절개를 꺾으려 한다. 그러나 명선은 흔들리지 않는다. "좋은 집에 뜻 없으니, 좋은 옷과 밥을 생각할까"라는 문장에서 좋은 집, 좋은 옷과 밥은 새로운 사또를 의미한다. 즉, 새로운 사또의 수청을 허락한다면 지금보다 좋은

집에서 좋은 옷과 밥으로 풍요로운 삶을 누릴 수 있다. 그러나 명선에게는 그것보다 님에 대한 사랑, 일편단심(一片丹心)인 자신의 마음이 더 중요하다고 강조한다. 마지막 부분에서 새로운 사또는 명선의 수청을 계속 강요하고, 그런 강요에 거절하는 스스로가 난감하고 괴롭다고 말한다. 이 부분에서는 명선의 지조와 욕망을 동시에 엿볼 수 있다.

> 다수다병 닉 기질의 밥 못 먹고 줌 못 자니/ 닉 한몸도 무겁거든 갑업신 중한 네 몸/ 무사할 줄 몰나드니 십 싁의 희복ᄒ니/ 어화 질거울ᄉ 옥갓튼 남ᄌ로다

명선은 김진사에게 원망의 말을 남긴다. 항상 수심에 잠겨 있고, 병이 많은 자신의 몸 상태로 인해 멀리 떠나 이별을 하게 된 김진사를 원망한다. 밥도 못 먹고, 잠도 못자니 몸이 무겁다고 한다. 이 부분은 이중적 의미가 담겨 있다고 볼 수 있다. 하나는 님과 이별한 후유증으로 인한 결과이고, 다른 하나는 임신으로 몸의 변화가 생긴 결과이다. 여기서는 뒷 구절의 십 삭이라는 용어는 임신해서 몸을 푼다는 의미로 보아야 한다. 명선에게 고통은 있었으나 사내아이를 출산하고는 매우 즐거워하고 있다. 명선에게 사내아이는 옥같이 귀한 존재이다. 그 귀중함은 자신[명선]의 명예와 욕망을 추구하기 위한 것이라 할 수 있다. 이는 명선의 즐거운 욕망의 모습을 드러내는 부분으로, 태어난 아이가 사내아이가 아니었다면 이렇게 즐거웠을 수 있었을까?

> 계성이 흠양ᄒ고 셔각이 풍영ᄒ니/ 헌헌한 중부 긔상 진ᄉ님을 승딕한 듯/ 놉푼 코 모난 입과 성신 와즘 말근 눈이/ 엄연이 님이로다 남ᄌ 안여 여ᄌ라도/ 임의 긔출 귀ᄒ려던 ᄒ물며 네 모양이/ 부십을 타고나니 ᄉ랑홉고 귀ᄒ기가/ 그 무엇셰 비찬 말가 숨종의탁 죠흘시고/ 쳔금 갓튼 너을 보니 즙싱각이 바이 업다/ 홍문 옥당 못 바라나 소년 급졔 취직 넘겨/

수문중 훌연주부 션견관 구군 츠ㅈ/ 번지 영즁 이력닥가 방어ㅅ야 못할 쇤가/ 수슴싴 지나가니 쏨틀쏨틀 누의 놀 듯/ 너울너울 잉어놀 듯 혼ㅈ 보긔 졀통ㅎ다/ 임과 갓튼 너을 보니 임 본 듯 반갑거든/ 진ㅅ님이 너을 보면 나와 갓치 ㅅ랑할 듯/ 나은 네 게 뜻 부치니 ㅅ랑쳐나 잇거이와/ 갓득ㅎ신 너의 부친 날 못보와 병 되난 즁/ 네 싱각이 오작ㅎ랴

　사내아이의 형상과 더불어 명선의 욕망이 가장 잘 나타난 부분이다. 아이의 울음소리는 우렁차고, 이마는 넓은 장부 기상이며, 높은 코, 모난 입, 별 같은 눈동자와 누에 같은 긴 눈썹을 가졌다고 한다. 이를 볼 때, 그 생김새가 매우 수려하다는 것을 알 수 있다. 이러한 형상은 님을 닮았다고 한다. 명선의 아이가 여자아이였더라도 물론 사랑을 받았겠지만, 사내아이로 아버지를 닮았기 때문에 더더욱 귀하고, 귀할 뿐이라고 말한다. 여자가 따라야 할 세 가지 도리인 '삼종의탁(三從依託)'은 시집가기 전에는 아버지를, 시집가서는 남편을, 남편이 죽은 뒤에는 아들을 좇는 도리라 한다. 그러나 이 가사에서는 시집가기 전 상황은 명확하게 드러나지 않았다. 그렇기 때문에 이를 배제하더라도 김진사의 부름을 받아 떠나는 지금 상황은 삼종의탁에 딱 맞는다. 김진사를 만나 사랑을 하고, 천금 같은 사내아이를 낳았다는 것만으로도 명선의 자부심과 의지는 예상을 뛰어넘을 수준에 이른다고 할 수 있다. 또한, 아이를 낳고 꿈틀대던 그 모습을 마치 누에 놀 듯, 잉어가 노는 듯이라며 건강하고 씩씩한 모습을 형상화하고 있다. 무엇보다도 님과 이별하여 홀로 키워야 했던 그 시간들이 '절통'하다면서 혼자 보내야 했던 시간에 대해 토로한다. 그러면서 명선은 김진사가 자신을 보러 오지 않음을 슬퍼하기보다는 꼬물대는 아이의 모습을 보지 못함을 위로한다. 그러나 아이의 얼굴에서 님의 얼굴을 볼 수 있으니 반가운 일이라며 기쁨을 제시한다. 그러므로 명선은 님이 나를 사랑해 준 것처럼, 아이 역시 사랑해 줄 것임을 확신한다. 명선은 오직 님과 아이 생각뿐이다.
　명선은 자신의 욕망을 여지없이 드러낸다. 명선은 아직 자라지도 않은

간난 아이에게 소년 급제를 꿈꾸고, 재주가 뛰어나 선발됨에 수문장, 훈련 주부, 선전관, 구군 등으로 변방 장수의 이력을 도맡아 하게 될 것이라며 아이의 장래에 대한 포부를 이야기하고 있다. 급기야는 방어사에 이르는 그런 아들이 되기를 갈망한다. 사내아이는 서자(庶子)이기에 높은 벼슬을 할 수 없다. 그럼에도 불구하고 서자에게서 가장 높은 지위에 오를 수 있는 그런 자신의 아들을 소망하고 열망한다.

2. 양반 김진사

작품에서 김진사는 명선에 의해 묘사된다. 명선의 자기 서술과는 달리 김진사에 대해 자세히 드러내지 않고, 다만 몇 구절만으로 그의 외모, 인물됨 등을 나타내고 있다. 김진사는 사또와 관련이 있는 인물로, 그 내용은 다음과 같다.

> 딕쳥 도광 이십오의 흑뇽 쳥ᄉ 상합ᄒ여/ 박동 ᄉᄯᅩ 좌정ᄒ니 사도 계지 김진ᄉ님/ 연광이 이십여요 문중이 쳥연이라/ 풍유ᄌ직난 승여와 일반이요/ 봉친합의난 졍원화와 방불토다/ 어화 반가울ᄉ 늬의 진짓 소원이라/ 화죠월셕 사른 의와 양신가졀 씨인 시름/ 오날이야 푸러볼가 양졍이 합의ᄒ니/ 임안부 화류 중의 미류랑을 싸르난 듯/ 쳔진교 계낭ᄌ난 형효길을 만나난 듯/ 쇼원이 여합ᄒ니 타ᄉ가 쑴쇽이라/ 날노 심한 이늬 졍을 님도 나와 일반이라/ 츈ᄒ츄동 ᄉ시졀의 ᄮᅵ로 더욱 간졀토다

기생 명선과 김진사의 만남을 나타낸 부분이다. 두 사람의 만남은 박동 사또와 만나는 자리에서 시작된다. 김진사는 사또 막내[8]로 등장한다.

---

[8] 원문에서 김진사를 사또의 '계지'라고 했다. 막내라는 뜻인데, 김정집은 부임 직전인 1844년에야 창남 창희를 낳았다. 이렇게 보면 사또 '계지'는 아들이 아닌 동생 중집으로 보아야 할 듯하다. 김중집은 1819년생으로 이때 이미 진사였다. 연령이나 지위가 작품 내의 김진사와 일치한다. 김중집은 나중에 임실현감을 지냈다. 정병설, 위의 책, 2007, 34쪽.

사또와 만나는 자리라면 관아일 가능성이 높다. 어떠한 이유로 박동 사또가 막내를 데려왔는지 정확하게 알 수 없다. 하지만, 명선은 그 자리에서 그를 보고 한 눈에 반해 마음에 두게 된다. 그에게 마음을 둔 이유는 명선이 하늘에 지성으로 기도를 드린 그런 성품의 소유자였기 때문이다. 외모와 풍채, 문장에 이르기까지 다양한 재주를 지닌 인물이었다. 작품에 드러난 "디쳥 도광 이십오"는 청나라 도광 25년으로, 1845년을 의미한다. 그때 명선의 나이는 16살이고, 님의 나이는 20살이니 딱 4살 차이가 난다. 명선은 김진사를 '이백', '사마상여', '정원화'에 비유하고 있다. 풍류와 외모는 사마상여(司馬相如)를 닮았다고 했고, 문장은 이백(李白)처럼 뛰어났으며, 집안은 정원화(鄭元和)와 같다고 한다. 이는 모두 역대 뛰어난 인물들을 비유한 것으로 그 가운데서도 가장 뛰어난 특징들을 강조하며 김진사를 닮았다고 말한다. 그리고는 기생 명선은 님을 만나게 해달라는 기도의 소원을 들어줬다고 생각하여 반가운 기색을 드러낸다. 그동안 아침, 저녁으로 고민하고 봄에 쌓였던 시름은 김진사를 만난 오늘에 이르러서야 풀리게 되었음을 고백하며 그동안 간절한 마음으로 소원하고 염원했음을 언급하고 있다.

> 이리져리 날 당ㅎ니 쵸이슴취 슴교포난/ 닉의 가슴 터지난 듯 근 일싀 주린 몸을/ 승교의 셜이 다마 쳥단의 즉별ㅎ니/ 밧치난이 젹담이요 흐르나니 혈누로다/ 예로 잇난 쳥간포난 푸로즌여 불거잇고/ 부지의락 돌중 승은 날 위ㅎ여 낙누로다/ 집 스노코 긔별ㅎ마 빅반 말고 올나오라/ 결신ㅎ여 디ㅎ리니 잇지 말고 다려가오 .... (중략) ....
> 계쵸명 힝츠 굴영 나에 썩시 훗터진다/ 눈물 색려 ㅎ즉ㅎ고 손을 논아 이별 시에/ 줄 잇거라 보즁ㅎ오 혈마 다시 쏘 못 보랴/ 츈즁이 긔단이요, 명목이 욕암이라.

이는 김진사가 명선에게 이별을 알리고, 이후 이별하는 때에 들었던 심정을 드러낸 부분이다. 명선은 슬픈 마음을 감추지 못한다. 이별의 슬픔이 크다는 것은 사랑하는 마음이 크고 간절했음을 의미한다. 그러므로 명선은 김진사와의 헤어짐이 감당할 수 없을 만큼의 고통이라 말한다. 그러면서 그 감정을 피가래가 받히고, 피눈물이 흐른다고 표현한 것이다. 그러나 김진사는 명선에게 "집 사놓고 기별할 테니, 배반하지 말고 올라오라"고 당부한다. 사랑하는 님을 걱정하고, 헤어짐을 염려하는 명선의 모습에서는 명선에 대한 김진사의 따뜻한 배려를 드러냈다고 볼 수 있다. 그러나 이 부분을 통해서는 김진사의 진짜 속마음을 알 수 없다. 두 사람 모두 당장 헤어져야 하는 안타까운 마음이기도 하거니와 지금 헤어지면 언제 다시 만날 수 있을지에 대한 기약도 없기 때문이다. 그러므로 김진사는 명선을 안심시키기 위해 그냥 했던 말인지도 모른다. 하지만, 그렇게라도 명선의 마음을 위로하고자 따뜻한 말 한마디 남기는 모습에서 김진사의 사람됨을 알 수 있다.

명선은 이별의 상황에서 님을 배웅하기 위해 이른 새벽 행사 군령에 나간다. 눈물을 떨구고 있는 명선에게 김진사는 "잘 있으랴", "설마 다시 또 못보랴"는 말을 남긴다. "잘 있으랴"는 말은 헤어짐을 나타내는 말로, 진한 아쉬움이 묻어나고, "설마 다시 또 못보랴"는 말에서는 다시 만나자는 의미를 내포하고 있다. 하지만, 명선의 입장에서 김진사가 남긴 말은 지금 당장 헤어져야 하는 상황에서 의미 없는 안타까움을 드러낼 뿐이다.

> 정영 말슴ᄒ신 언약 주야 고디 바라드니/ 화양 금풍 교시절의 교군 가마 보니시니/ 유신도 유신할소 쳔연불기 군ᄌ일언/ 오날이야 밋부도다 정녕 말씀하신 언약/ 주야 고대 바라더니 맑고 높은 가을 하늘/ 교군 가마 보내시니 미덥기도 미더울사/ 쳔년불개 군자의 말 오늘에야 믿부도다

이는 명선이 사내아이를 낳은 다음, 김진사가 기별하여 서울로 오라는 소식을 전하고 있는 부분이다. 명선은 이별한 후부터 김진사의 기별만을 기다리고 있었다. 명선은 밤낮으로 바라고 바랐더니 좋은 소식이 들렸다며 기쁨을 감추지 못하고 있다. 이는 명선에게 김진사가 했던 약속을 지

키는 순간이다. 더군다나 맑고 높은 가을 하늘의 좋은 날이다. 기쁜 일이 있어 날씨까지 좋은 듯하다. 김진사는 명선을 위해 가마를 보낸다. 그리고 명선은 그런 그를 군자(君子)라고 말한다. 그러나 그런 이유만은 아닐 것이다. 김진사의 아이를 낳은 명선을 위한 것일 수도 있지만, 명선이 낳은 자신의 아이를 위한 것일 수도 있다. 이유야 어찌됐든 김진사는 명선과의 약속을 지켰고, 그 약속을 지킨 김진사는 명선에게 미덥다는 말과 더불어 군자라 불리게 된다.

인물의 특징을 통해 본 욕망 구조

작품 속의 인물은 내러티브 구조 안에서 의미작용을 하며 독자를 작품의 세계와 연결시켜주는 역할을 한다. 작품 속에서 인물은 항상 관계를 이루고 있기 때문에 개별적인 인물 분석도 중요하다. 뿐만 아니라, 이를 토대로 하여 인물들 사이에 드러나는 의미작용의 체계를 분석하는데 의미가 있다고 볼 수 있다. 무엇보다 의미체계를 분석하는데 적합한 이론은 그레마스 행위소 모형이라 생각한다.9)

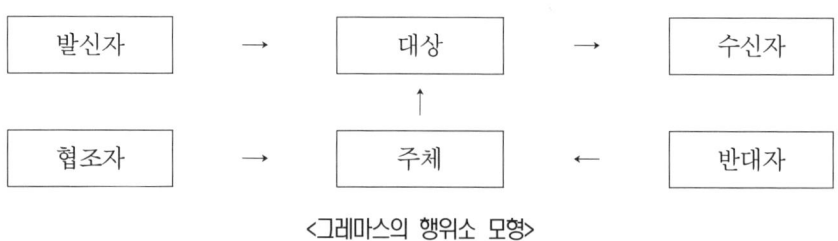

<그레마스의 행위소 모형>

---

9) 작품의 내러티브 속 다양한 관계에 의해 의미가 형성되는 인물들은 작품 세계 안에서 규칙과 관습 등을 규정하고 종합적인 의미 작용으로 독자에게 인식된다. 작품 속에 등장하는 인물들의 특징은 그 사이에서 상호 작용하며 각각의 성격과 특징을 구체화한다. 이러한 구체화 행위가 어떤 체계를 가지고 있는지 그 결과의 행위에서 어떻게 의미가 생성되어 분류되는지를 분석하는 것은 중요하다. 류우희, 「그레마스 기호학적 접근을 통한 애니메이션 캐릭터 분석- TV애니메이션 <NEW 아기공룡 둘리>를 중심으로」, 『한국디자인포럼』 30, 한국디자인트렌드학회, 2011, 168쪽.

이 그레마스의 행위소 모형은 주체와 대상, 발신자와 수신자, 협조자와 반대자로 나누어 설명할 수 있다. 주체는 욕망을 실현하는 자, 대상은 욕망의 대상이다. 발신자는 욕망을 일으켜 발하는 곳이며, 수신자는 실현된 욕망을 누리는 자이다. 조력자는 욕구를 강화하는 것이며, 적대자는 욕망에 대한 억압, 꿈에 대한 현실을 구체적으로 표상한 자를 의미한다.[10]

〈춘 희영 명긔 명션이라〉에 등장하는 인물은 명션, 김진사, 어머니, 박동 사또, 기생들이다. 그러나 이 작품은 대체적으로 명션이 글을 이끌어 나가는 시적 화자 즉, 주체에 해당되기 때문에 대상인 김진사가 등장하여 사랑과 이별에 관한 내용을 언급하고 있다. 작품의 의미 분석을 위해 앞에서 제시한 인물의 특성들을 작품의 의미체계 분석에 적합한 그레마스 행위소 모형에 대입하고자 한다. 즉, 작품의 주체와 대상, 발신자와 수신자, 협조자와 반대자[방해자]라는 의미체계를 통해 작품에 드러난 인물의 욕망 구조를 살펴보겠다.

1. 기생 명션의 욕망 구조

명션은 자신의 욕망을 노골적으로 표현하고 있다. 사내아이를 낳고 김

---

[10] 그레마스는 주체, 대상, 발신자, 수신자, 적대자, 조력자를 다음과 같이 정리하였다. 세로축은 주체가 대상을 추구하는 욕망의 축이다. 상부의 가로의 축은 발신자가 수신자에게 대상을 전달하는 전달의 축이다. 하부의 가로의 축은 주체를 방해하거나 도와주는 능력의 축이다. 주체는 대상을 추구하거나 원하는 존재, 인간의 욕망과 관련시킬 때는 그 욕망을 실현하는 자이다. 대상은 주체가 추구하는 객체, 주체에 의해 원해진 존재, 욕망과 관련시킬 때 욕망의 대상이다. 발신자는 대상을 주체와 만나도록 이끄는 자, 욕망과 관련시킬 때는 욕망을 일으켜 발하는 곳이다. 수신자는 주체가 대상을 구현함으로써 그 혜택을 받는 자, 욕망과 관련시킬 때는 실현된 욕망을 누리는 자이다. 조력자는 주체가 대상을 추구하는 것을 도와주는 자, 욕망과 관련해서는 욕구를 강화하는 자이다. 적대자는 주체가 목적을 구현하려는 행위를 방해하고 주체에게 해악을 끼치는 기능을 수행하는 자, 욕망과 관련시킬 때는 욕망에 대한 억압, 꿈에 대한 현실을 구체적으로 표상한 자이다. 지금까지의 논의는 A.J. Greimas, Strucuural Semantics, Daniele McDowell, Ronald Schleifer and Alan Velie, Lincoln: Univ. of Nebraska Press, 1966, pp197~221. 참고. 재인용, 이도흠, 「현대 기호학의 흐름과 새로운 전망」, 『한국학연구』 19, 고려대학교 한국학연구소, 2003, 20쪽.

진사의 부름을 받아 서울로 가는 길이나 김진사는 가마꾼을 보내 기생 명선을 데려오려 한다. 손수 가마꾼을 보내주는 세심함도 엿볼 수 있지만, 이는 결국 자신의 사내아이를 위해 보내 준 행위로 보인다. 〈츈 희영 명긔명션이라〉의 그레마스 행위소 모형을 살펴보면 다음과 같다.

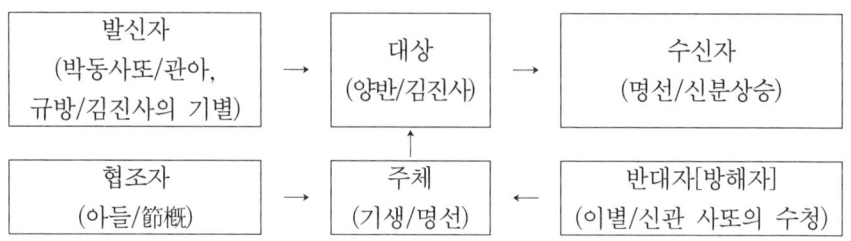

〈츈 희영 명긔명션이라〉의 행위소 모형1

이 모형1의 주체는 '기생 명선'이다. 이 작품의 시적 화자이기도 하면서 작품의 내용을 이끌어가는 주동 인물이 된다. 처음 기생이 된 명선은 순사또를 모시며 행복한 시간을 보내지만, 순사또가 서울로 돌아가고 홀로 남겨져 스스로 기생이 된 자신의 인생을 원망한다. 그러나 이러한 계기로 자포자기하는 마음을 가지고 있다가 기생으로 이름을 날리게 된다. 그러나 명기(名妓)가 되자 남성들이 바라는 것은 잠자리였고, 이런 남성들이 명선의 눈에는 하찮게 보일 뿐이다. 그러니 명선에게 좁은 해주 땅의 남성들에게 마음을 주지 못하고, 그런 남성들에 대해 환멸을 느낀다. 그리고는 진정 목숨을 내놓을 수 있을 만한 님을 찾고자 지극 정성으로 하늘에 기도하며, 진정한 님을 만나기 위해 노력한다. 그 이후 명선은 관찰사로 온 박동 사또의 막내 김진사를 만난다. 그와 첫눈에 반하게 되고, 결국 사랑에 빠지게 된다. 결국, 욕망의 주체는 명선이 되고, 명선의 욕망은 사랑의 추구로 볼 수 있다. 그리고 그 대상은 박동 사또의 막내 '김진사'가 된다. 김진사의 나이는 20세이고, 문장은 이백에 버금가며, 풍류 재모는 사마상여와 다를 바 없으니 외모, 문장, 풍류에 이르기까지 자신이 바랐던 대상인 것이다.

이 작품에서 발신자는 욕망을 일으키게 만드는 자이므로 '박동 사또'가 된다. 즉, 명선과 김진사가 만날 수 있게 자리를 마련해 준 인물이 바로 박동 사또이기 때문이다. 박동 사또가 황해도 관찰사로 오지 않았더라면 김진사와 명선의 만남 역시 이루어질 수가 없었을 것이다. 또한, 두 사람이 서로 만날 수 있는 장소를 생각해 본다면, '관아'나 '명선의 규방'일 것이고, 기생이 욕망을 추구할 수 있게 해주는 것은 '김진사의 기별'일 것이다. 물론 김진사의 기별은 사내아이의 출산으로 인해 얻어지는 요소이다. 하지만, 욕망을 추구하기 위한 발신자는 '김진사의 기별'이 된다. 또한, 수신자는 실현된 욕망을 누려야 하기 때문에 '명선'이 된다. 명선은 자신이 원하는 욕망을 추구하는 인물로 욕망을 누리는 자이기도 하다. 박동 사또에 의해 명선은 김진사와 만나게 되고, 그 만남을 발단으로 사랑하고 이별하는 과정을 겪게 된다. 매일을 그리워하다가 사내아이를 출산하고 결국 김진사의 부름을 받고 서울로 가기에 이른다. 김진사가 기별하여 서울로 간다는 것은 곧 기생으로서의 삶이 아닌 양반 첩의 삶을 의미한다. 따라서 명선은 사랑하는 님을 만나 사랑만 하는 것이 아니라 양반 남성을 만나 그 남자의 첩으로 살아 기생으로 누릴 수 없었던 신분상승의 욕망을 이루고자 했음을 알 수 있다.

협조자 혹은 조력자는 명선과 김진사의 만남에서 도움을 주는 인물이다. 그러므로 헤어져 있는 두 사람의 만남에 큰 힘이 되는 것은 '사내아이의 출산' 혹은 '사내아이'라고 해야 할 것이다. 시도 때도 없이 매일 님만 그리워한다. 하지만 명선은 사내아이의 출산으로 님과 닮은 아이를 갖게 되었고, 아이를 매개로 님과 다시 만날 수 있는 기회를 마련하였을 뿐만 아니라 서울로 올라갈 수 있게 된다. 결국 사내아이로 인해 그렇게 그리워하던 님과 다시 만날 수도, 님의 기별을 받고 서울로 올라가는 욕망을 이루게 된 것이다. 반면, 반대자 혹은 방해자는 명선과 김진사의 사랑을 이룰 수 없게 하는 것으로 '이별'과 '신관 사또의 수청'을 들 수 있다. 이 둘 사이를 막아 다시 만날 수 없는 사이가 된 두 사람은 이별을 해야 한다. 이별의 원인은 정확하게 드러나지는 않지만, 막내로 따라왔기 때문에 관찰사의 부름이라고 볼 수 있을 것이다.11) 또한 명선과 김진사의 이별로 기생으로서의 절개를 지키며 님을 기다리고 있는 명선에게 신관 사또의 수청은 또 다른 방해 요인이 된다. 결국 신관 사또의 수청을 들지 않았으나, 거절하기 난감하고 괴롭다고 말하고 있다.

2. 양반 김진사의 욕망 구조

양반인 김진사에게 엿볼 수 있는 욕망은 잘 나타나지 않는다. 그러므로, 명선을 통해 알 수 있는 욕망 구조로 김진사 역시 욕망하고자 하는 것이 무엇인지를 살펴보아야 할 것이다. 이는 김진사의 인물됨을 드러내는 특징이 작품에서는 잘 드러나지 않기 때문이다. 따라서 명선의 이야기를 통해 김진사가 욕망하는 것을 찾아보도록 하자.

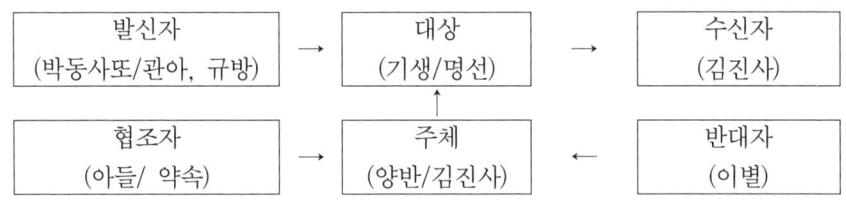

<춘 희영 명긔명션이라>의 행위소 모형2

이 모형2의 주체는 '김진사'이고, 대상은 '명선'이다. 김진사와 명선은 서로 사랑하는 사이이므로, 주체와 대상이 서로 욕망하고자 하는 것은 사랑임을 알 수 있다. 작품에서 김진사는 외모, 풍류, 문장 등 어느 것 하나도 빠지지 않는 사람으로 성격 역시 따뜻한 정이 있는 사람으로 그려지고 있다. 즉, 주체와 대상에는 사랑이 내재되어 있다. 사랑으로 맺어진 두 사람은 서로 추구하는 욕망은 조금 다르다. 앞에서 살펴보았듯이, 명선은

---

11) 사또의 갑작스런 경질로 인해 서울로 올라가게 된 것을 이유로 삼았다. 당시 황해도 관찰사 김정집은 1845년 1월에 발령을 받아, 1846년 6월에 경질되었다고 한다. 김진사를 김중집으로 보면 명선과의 만남이 길어야 일 년 남짓일 것이라 하였고, 작품에 나타난 기간과 계절도 이와 다르지 않다고 한다. 정병설, 앞의 책, 36쪽.

사랑을 목적으로 신분상승의 욕망을 갖고 있었지만, 김진사는 사랑 그 하나만이 목적이었다고 볼 수 있다.

이 작품에서 발신자는 '박동 사또'가 된다. 명선이 주체인 경우와 마찬가지로 김진사 역시 명선을 만날 수 있게 해준 인물이 박동 사또이기 때문이다. 혹은 서로 만날 수 있는 공간 역시 '관아' 혹은 '명선의 규방'일 것이다. 그러나 수신자는 '김진사'가 된다. 박동 사또에 의해 명선을 만나고, 그 만남은 결국 아들까지 얻게 되기 때문이다. 또한, 협조자 혹은 조력자는 둘 사이를 다시 만나게 해주는 '사내 아이' 즉, '아들'이다. 또는 집을 마련해 놓고 다시 연락하겠다고 '약속' 역시 협조자가 된다. 명선에게 아들이 없었다면, 김진사는 다시 연락을 하지 않았을 지도 모른다. 그러나 명선이 아들을 낳았고, 다시 돌아오겠다는 그녀와의 약속을 지키기 위해 가마꾼까지 보내 명선과 아들을 서울로 데려오게 된다. 반면, 반대자 혹은 방해자는 명선의 경우와 마찬가지로 '이별'이 된다. 김진사의 갑작스러운 이별 통보는 명선과의 긴 이별을 만들게 되었고, 다시 만나기 어려운 상황 속에서도 김진사를 그리워하는 마음으로 가득하게 된다.

<츈 희영 명긔 명션이라>의 욕망 양상 - 결론을 대신하여

본고에서는 19세기 기생 가사 작품인 <츈 희영 명긔 명션이라>는 작품을 통해 욕망 양상을 살펴보았다. <츈 희영 명긔 명션이라>는 19세기에 기생들에 의해 창작된 『소수록』에 수록되어 있는 한 작품이다.

인간은 욕망을 위해 살아간다. 욕망은 환유이며, 대상은 잡는 순간 신기루처럼 저만큼 물러난다. 대상은 욕망을 완전히 충족시킬 수 없기에 인간은 대상을 향해 가고 또 간다. 욕망은 기표이다. 그것은 완벽한 기의를 갖지 못하고 끝없이 의미를 지연시키는 텅 빈 연쇄고리이다. 욕망의 구조에서 주체는 대상에게 욕망을 느낀다. 그것이 자신의 결핍을 완전히 채워줄 것이라고 믿기 때문이다. 그것만 얻으면 아무 것도 욕망하지 않으리라 믿는다. 그러나 그 대상을 얻어도 욕망은 여전히 남게 된다.[12]

작품의 두 주인공에 대한 욕망 양상은 다르게 나타난다. 기생 명선의 입장에서의 욕망은 내적 욕망과 외적 욕망으로 나눌 수 있다. 내적 욕망은 '신분상승'이고, 외적인 욕망은 '김진사와의 사랑' 혹은 '만남'이 된다. 신분상승에서의 욕망 추구 방식은 '만남'이고, 이 만남을 곧 사회적 측면으로 본다면 양반 남성의 첩이 된다는 것을 의미한다. 이것이야말로 기생으로서 최고의 행복일 수 있는 기회이다. 행복의 기준은 모호하지만 욕망 추구의 최상을 행복이라고 한다면, 행복은 명선이 김진사를 만나는 것이다. 두 사람이 이별의 원인이 아니라면 오랜 기간 헤어져 있는 두 사람이 다시 만나 서로 사랑할 수 있는 계기를 마련한다는 것은 최대의 욕망이라 할 수 있는 것이다. 기생들의 최대 욕망이었던 신분상승은 어떠한 조건 없이는 이루어질 수 없는 것이다. 결국 기생 명선은 '아들 출산'이라는 어려운 문제를 해결했고, 이를 통해 양반 남성의 허락으로 인해 이루어낼 수 있는 과제였던 것이다. 운 좋게도 명선은 김진사의 아들을 낳게 되고, 김진사는 약속을 지키게 되었다. 대체적으로 드러나는 조선시대 성공한 기생들의 이야기는 양반 남성을 만나 사랑하고 아들을 낳는 것이었다.

욕망 구조는 '명선 〉 김진사'로, 김진사에 비해 명선이 더 크다는 것을 알 수 있다. 명선의 욕망은 처음 김진사를 만났을 때는 '사랑'이었지만, 그 욕망을 다 추구하고 나니 또 다른 욕망이 발생하게 된다. 결국, 사랑을 이루어 아들을 출산하게 되고, 김진사를 기회로 삼아 '신분상승'이라는 큰 욕망을 이루고자 한 것이다. 결국 아들을 '신분상승'이라는 자신의 욕망 추구의 매개체로 활용하고 있음을 알 수 있다. 물론 김진사 역시 명선에게 기별을 보내 서울로 올라오게 한 것은 김진사 자신의 욕망이라는 것을 알 수 있다. 조선시대는 부계사회였기 때문에 아들을 낳아야만 했고, 이를 명선이 대신해 준 것이었다. 작품에서는 명선을 만나기 전에 김진사가 결혼을 했는지, 아들이 있는지는 정확하게 알 수 없다. 그러나 명선이 김진사를 만나 김진사의 아들을 낳았고, 그 아들로 인해 부계사회를 이끌

---

12) 자크 라캉, 권택영 옮김, 『욕망 이론』, 문예출판사, 1993, 19쪽.

수 있는 큰 역할을 하게 된 것이다.

　작품의 첫 부분에서 강조하고 있는 것처럼, '남성은 하늘이고 여성은 땅'이라는 조선시대 사상으로 인해, 남성은 만물의 근원이고 여성은 거기에 종속된 존재로 생각하고 있다. 즉, 사람으로 태어난 몸이지만 고금 영웅들이 남성의 몸이라며 공명현달(功名顯達)과 효제충신(孝弟忠信) 역시 남성의 일이라 하였다. 이만큼 남존여비사상이 가득했던 시기, 여성이 해야 할 일은 아들을 낳아 대를 잇는 의무를 다하는 것이었다. 그러므로 명선은 김진사의 집안의 대를 이어준 셈이다. 그러므로 서자라 하더라도 김진사 역시 자신의 후대를 잇는 큰 욕망을 이뤘기 때문에 명선이 아들을 낳은 것은 김진사에게도 큰 욕망 추구의 한 부분이라 볼 수 있을 것이다.

　〈츈 희영 명긔 명션이라〉는 작품을 통해 19세기 창작된 기생 가사의 전형적인 모습을 엿볼 수 있었다. 물론 다른 작품들도 살펴보아야 하겠지만, 대부분의 작품들에서 기생은 신분상승을 목적으로 하는 욕망을 추구하였고, 이는 '사랑'이라는 매개를 통해 이루어냈다고 볼 수 있다. 주체와 대상에 따라 욕망 추구 양상이 다르기 때문에 김진사와 명선의 욕망 추구 결과는 달라질 수밖에 없다. 그러므로 〈츈 희영 명긔 명션이라〉를 기생 가사의 대표로 삼아 기생과 양반 남성의 욕망 구조를 살펴본다고 해도 크게 무리가 없을 것이다. 이를 토대로 삼아 19세기 창작된 여러 기생 가사들을 통해 기생들의 욕망 구조를 살펴 19세기 사회문화적 차원에서의 기생의 역할까지 살펴볼 수 있었다.

참고문헌

1. 1차 자료
국립국어원표준국어대사전(https://stdict.korean.go.kr/search/searchResult.do).
『신증동국여지승람』, 민족문화추진회, 1985.
『艶謠』, 국립중앙도서관.
『영주재방일기』, 계명대학교 도서관.
『증보탐라지』, 제주문화원, 제주시, 2005.
『한국지명유래집』, 충청편, 국토해양부 국토지리정보원, 2010.
국사편찬위원회(http://sillok.history.go.kr/id/kza_11104009_001).
한국번역원(https://db.itkc.or.kr).

2. 논문 및 단행본
강명관, 「조선후기의 중간계층과 유흥의 발달」, 『민족문학사연구』 2권, 민족문학사학회·민족문학사연구소, 1992.
_____, 「조선 가부장제의 성적 욕망과 기녀」, 『코기토』 62, 부산대 인문학연구소, 2007.
_____, 「조선후기 기녀제도의 변화와 京妓」, 『한국고전여성문학연구』 18집, 한국고전여성문학회, 2009.
강문구, 「우리나라 중세 사대부의 기녀에 대한 판타지」, 『동방한문학』 64집, 동방한문학회, 2015.
강혜정, 「〈거사가〉와 〈임천별곡〉을 중심으로 본 조선 후기 대화체 가사의 특수성」, 『한민족어문학』 68권, 한민족어문학회, 2014.
고순희, 「18세기 가사에 나타난 기생 삶의 모습과 의미」, 『고전문학연구』 10집, 한국고전문학회, 1995.
_____, 「〈군산월애원가〉의 작품세계와 19세기 여성현실」, 『이화어문논집』 14집, 이화여자대학교 이화어문학회, 1996.
그레마스, 김성도 역, 『의미에 대하여- 기호학적 시론』, 인간사랑, 1997.
김경미, 「서울의 유교적 공간 해체와 섹슈얼리티의 공간화」, 『고전문학연구』 35집, 한국고전문학회, 2009.

김명희, 「기녀 문학의 특질」, 『시조학논총』 9, 한국시조학회, 1993.
김미란, 「19세기 전반기 기녀, 서녀시인들의 문학사적 위치」, 『고전문학과 문학집단』, 한국고전문학회, 1995.
김윤희, 「이별에 대한 사대부와 기녀의 상대적 시선」, 『한국학연구』 42집, 고려대학교 한국학연구소, 2012.
_____, 「19세기 사대부 가사에 표면화된 기녀와의 애정 서사와 형상화의 특질」, 『어문논집』 67집, 민족어문학회, 2013.
김진영, 『조선후기 소수자의 삶과 형상』, 보고사, 2007.
김형태, 「〈갑민가〉의 이본 및 대화체 형식 연구」, 『열상고전연구』 18집, 열상고전연구회, 2003.
_____, 「대화체 가사 유형별 특성 고찰」, 『열상고전연구』 21집, 열상고전연구회, 2005.
_____, 『대화체 가사의 유형과 역사적 전개』, 소명출판, 2009.
김혜영, 「소수록의 성격과 작자 문제」, 『어문론총』 61호, 한국문학언어학회, 2014.
_____, 「소수록의 소설 수용과 그 의미- 〈논창가지미〉를 중심으로-」, 『한민족문화연구』 48권, 한민족문화학회, 2015.
김홍규, 「18·19세기 예술사의 구도와 시가의 미학적 전환」, 『한국시가연구』 11집, 한국시가학회, 2002.
동고어초 작, 안대회, 이창숙, 『북상기』, 김영사, 2011.
류우희, 「그레마스 기호학적 접근을 통한 애니메이션 캐릭터 분석- TV애니메이션 〈NEW 아기공룡 둘리〉를 중심으로」, 『한국디자인포럼』 30, 한국디자인트렌드학회, 2011.
뢰 정, 『《북상기》 연구』, 서울시립대학교 일반대학원 석사학위논문, 2013.
_____, 「《북상기》의 곡문에 나타난 글쓰기 특징- 김성탄 비평본《서상기》와 《도화선》의 비교를 중심으로」, 『어문논집』 75집, 민족어문학회, 2015.
마거릿 버트하임, 박인찬 역, 『공간의 역사』, 생각의 나무, 1999.
문용식, 「적강 및 환생화소의 쓰임새」, 『한양어문연구』 11집, 한양언어문화학회, 1993.
미셸푸코, 이정우 역, 『담론의 질서』, 서강대 출판부, 1998.
박영민, 「조선시대 신분제 사회와 하위주체의 고독」, 『한문학논집』 37집, 근역한문학회, 2013.
박애경, 「조선후기 장편가사의 생애담적 기능에 대하여: 〈이정양가록〉과 〈소수록〉을 중심으로」,『열상고전연구』 18집, 열상고전연구회, 2003.
_____,「19세기 시가사의 전개와 잡가」,『한국민요학』 4집, 한국민요학회, 1996.
_____,「조선 후기 유흥공간과 일탈의 문학」,『여성문학연구』 14, 한국여성문학학회, 2005.
_____,「소수자 문학으로서의 기녀문학」,『고전문학연구』 29, 한국고전문학회, 2006.
박종성,『백정과 기생-조선천민사의 두 얼굴』, 서울대학교 출판문화원, 2002.
박혜숙,「여성 자기서사체의 인식」,『여성문학연구』 8호, 한국여성문학학회, 2002.
서지영,「조선후기 중인층 풍류공간의 문화사적 의미」,『진단학보』 95집, 2003.
사마천, 소준섭 역,『사기(史記) 상』,〈편작, 창공열전〉, 서해문집, 2008.
사마천, 김원중 역,『사기열전』 2, 민음사, 2018.
서형범,「조세희「난장이가 쏘아 올린 작은 공」의 서사층위분석 시론」,『겨레어문학』 43집, 겨레어문학회, 2009.
성무경,「교방가요를 통해 본 19세기 중 후반 기방의 관변 풍류」,『시조학논총』 17, 2001.
송미리,「그레마스 이론에 의한 Maupassant,「La Parure」의 기호학적 분석」, 조선대학교 석사학위논문, 2002.
신정근,「한국 풍류와 미학의 연관성」,『동양철학』 43집, 2015.
안대회,「19세기 희곡《북상기》연구」,『고전문학연구』 33집, 2008.
안현수,「푸코의 권력 이론의 양상과 '주체'의 문제」,『동서철학연구』 72호, 2014.
안혜진,「금루사 연구」,『이화어문논집』 21집, 이화여자대학교 국어국문학과, 2003.
양영자,「제주민요의 배경론적 연구」, 제주대 탐라문화연구소, 2006.
오정근,『기호학적 접근방법에 의한 축제의 의미와 의미구조』, 한국학술정보, 2009.
요한 호이징하, 김윤수 역,『호모 루덴스』, 까치, 2014.
유흠, 임동석 역,『서경잡기』, 동서문화사, 2009.
이능화,『조선해어화사』, 동문선, 1992.
이도흠,「현대 기호학의 흐름과 새로운 전망」,『한국학연구』 19, 고려대학교 한국학연구소, 2003.
이동성,「라캉의 구조주의 욕망이론」,『동서언론』 9집, 동서언론학회, 2005.
이무용,『공간의 문화정치학』, 논형, 2005.
이상규,『남환박물』, 푸른역사, 2009.
이수광,『조선을 뒤흔든 16인의 기생들』, 다산초당, 2009.
이영권,『제주역사기행』, 한겨레신문사, 2004.

_____, 『새로쓰는 제주사』, 휴머니스트, 2005.
이윤갑, 「조선후기의 사회변동과 지배층의 동향」, 『한국학논집』 18, 계명대학교 한국학연구원, 1991.
이정진, 「군산월이원가고」, 『향토문화연구』 3집, 원광대학교 향토문화연구소, 1986.
이창숙, 「《北廂記》의 곡패 운용」, 『문헌과해석』 56권, 태학사, 2011.
이해수, 「1960~1973년 동심의 낙원, 남산공원의 문화정치」, 『미디어 젠더 & 문화』 33권 4호, 한국여성커뮤니케이션학회, 2018.
이혜경, 「〈고공가〉와 〈고공답주인가〉에 나타난 대화체의 양상과 의미」, 『한국학논집』 69집, 계명대학교 한국학연구원, 2017.
이화형, 「기생시가에 나타난 자의식 양상 고찰」, 『우리문학연구』 34, 우리문학회, 2011.
임기중, 「금루사」, 『한국역대가사문학집성』, Krpia, 2005.
임운주, 「그레마스 기호학적 접근을 통한 애니메이션 캐릭터 분석- 장편 애니메이션 "슈렉"을 중심으로」, 『한국문화콘텐츠학회논문지』, 한국문화콘텐츠학회, 2009.
임재욱, 「가사와 시조에 활용된 대화체의 변천과 그 의미」, 『국어교육연구』 61집, 국어교육학회, 2016.
자크 라캉, 권택영 옮김, 『욕망 이론』, 문예출판사, 1993.
정 민, 『탐라문견록, 바다밖의 넓은 세상』, 휴머니스트, 2008.
정병설, 「해주기생 명선의 인생독백」, 『문헌과 해석』 15호, 태학사, 2001.
_____, 「기생 잔치의 노래: 〈염요〉」, 『국문학연구』 13, 국문학회, 2005.
_____, 『나는 기생이다.- 소수록 읽기』, 문학동네, 2007.
정우락, 「조선시대 선비들의 풍류방식과 문화공간 만들기」, 『퇴계학논집』 15호, 영남퇴계학연구원, 2014.
정은영, 『조선후기 한문서사의 성 담론: 《절화기담》, 《포의교집》, 《백상루기》를 중심으로』, 한양대학교 일반대학원 석사학위논문, 2009.
정인숙, 「남성작 애정가사에 나타난 기녀의 형상화 방식」, 『한국고전여성문학연구』 16집, 한국고전여성문학회, 2008.
정후수, 『조선후기 중인문학연구』, 깊은샘, 1990.
정해은, 「봉건체제의 동요와 여성의 성장」, 『우리 여성의 역사』, 청년사, 1999.
조동일, 「문학과 텍스트언어학; 문학작품과 구조분석」, 『텍스트언어학』 9권, 2000.
조명래, 『공간으로 사회 읽기』, 한울아카데미, 2013.
주화정, 『조선후기 시가의 하층여성 형상과 문학적 의미』, 한국교원대 석사학위논문, 2009.

최성심, 「가사에 나타난 대화체론」, 『국어국문학 논문집』 12집, 동국대 국어국문학부, 1983.
최용철, 『전등삼종(상)』, 소명출판, 2005.
푸코, 홍성민 옮김, 『권력과 지식』, 나남출판, 1997.
H. Meyerhoff, Time in Literature, 김준오 역, 『文學과 時間現象學』, 심상사, 1979.
홍재휴, 「〈금루사〉고」, 『국문학연구』 5집, 효성여대 국어국문학연구실, 1976.
황충기, 『한국학 주석사전』, 국학자료원, 2001.
황혜진, 「조선시대 기생의 몸에 대한 자의식 연구」, 『고전문학연구』 46집, 한국고전문학회, 2014.

◼ 색 인

〈ㄱ〉

감정 25 29 59 67 68 74 90 98 113 136 211

견우직녀 57 58 66 67 72

결핍 26 29 42 171 217

고사(故事) 인용 20 22 54

고정 공간 6 68 69 70 76

군산월애원가 45 220

권력 7 36 66 127 128 133 138 140 141 144 145 149 152 155 157 160 161 163 164 166 167 168 170 222 224

그레마스 6 7 13 15 30 31 33 35 41 42 197 198 212 213 214

금루사 6 13 14 15 16 29 31 35 37 38 41 42 45 114 224

기녀 14 21 44 45 46 47 48 52 56 61 65 107 116 140 161 192 193 198 199 220

기녀제도 44 45 106 127 128 137 138 139 140 141 220

기생 애월 14 15 21 22 25 26 30 31 33 34 35 38 39 41 42

기행가사 16 38

김진형 44 46 49 53 56 65 75

김학사 47 48 49 51 52 53 56 57 58 59 62 63 64 65 66 67 68 69 70 71 72 73 74 75

〈ㄴ〉

나이 차이 56 65

낙포선녀 15 16 17 18 25 29 30 31 32 33 41

남복 51 52 62 71 205

〈ㄷ〉

당당함 68 139

대상 5 13 17 18 30 31 32 33 34 35 39 40 42 45 85 101 132 135 141 142 143 144 172 198 212 213 214 216 217 219

대화체 50 52 60 76 150 151 220
독백 74 150 197 223

〈ㅁ〉
만언사 56
민우룡 13 14 15 25 26 29 30 31 33 34 38 39 40 41 42

〈ㅂ〉
발신자 30 31 33 34 35 42 212 213 214 215 216
변심 27 28 34 42 48 52 56 62 65 68
변화 19 25 31 33 57 60 68 70 76 85 103 104 134 137 144 161 207
북천 57 66 72 73 74
북천가 44 45 46 47 49

〈ㅅ〉
사대부 16 29 36 44 46 64 79 80 85 134 161 169 171
사회문화적 7 41 77 79 86 104 106 134 141 142 219
상상(환상) 공간 68
생초목 55
선객 15 16 17 18 31 32 33 42
선계 15 17 32
선관 15 18 25 26 29 30 31 32 39 41 42
성적 욕망 44 128 138 140 141
수신자 30 31 34 35 42 212 213 214 216 217
슬픔 47 48 49 52 55 58 63 67 68 90
시점 변화 60 76
신분상승 134 214 215 217 218 219
신분제도 29 30 34 35 39 42 80 85 134 138 139 141
신정(新情) 26 27 34

〈ㅇ〉
애정가사 13 14 15 38 39 41 42 44 46 47 75

색 인 227

액자구성 29 30

약속 7 23 27 52 57 58 63 64 70 72 75 188 189 190 192 195 199 201 211 212 216 217 218

양반 남성 7 39 44 45 77 80 85 89 101 104 105 114 115 120 123 125 128 135 136 137 139 140 216 218 219

억울함 68

역설적 68 92 108

연북정 36

염요 7 77 78 79 81 82 83 84 86 87 92 102 104 105

영원한 사랑 26 27 41 69

영주산 18 19 20 32

영주재방일기 13 14 27 34

옥단춘 21 56 59 65

욕망 구조 6 7 26 29 41 42 197 198 212 213 216 218 219

운명적 만남 69 113 120

월하노인 20 120 121

유배 15 16 36 38 39 46 47 51 52 53 57 63 64 69 70 89 173 174 181 182 190

이기심 65

이동 공간 6 68 70 71 73 76

이부불경 56 72

일편단심 58 75 124 206 207

〈ㅈ〉

전적벽부 103 104

적대자 30 31 32 34 35 42 213

절망 59 67

절행 59 61 75

제주 13 14 15 20 30 32 34 35 36 37 38 39 40 41 42 43

조력자 30 31 32 34 35 42 179 213 215 217

주체 7 17 29 30 31 32 33 34 39 42 46 49 54 60 68 101 107 135 141 142 144 145 152 157 158 161 166 168 198 212 213 214 216 217

지상계 15 17 18 21 30 31 33 34 37 38 39 41

〈ㅊ〉

천상계 15 17 18 19 21 25 26 29 31 32 33 34 35 37 38 39 41 42

체면 52 56 63 64 65 75

춘향 56 59 65

칠보산 56 65 69 70 72

〈ㅌ〉

탄막 62 71

〈ㅎ〉

함경도 명천 44 69

해배 48 49 57 65 71 73 75

행복 53 69 95 122 123 214 218

행위소 모형 6 7 13 30 31 33 34 35 42 198 212 213 214 216

향산 52 53 65 71

호접몽 24

황옥경 25